# Krakau und Umgebung

Ein illustriertes Reisehandbuch

von
Izabella Gawin
und
Dieter Schulze

**EDITION TEMMEN**

Die Deutsche Bibliothek – CIP-Einheitsaufnahme
**Gawin, Izabella:** Krakau und Umgebung :
ein illustriertes Reisehandbuch / von Izabella Gawin und Dieter Schulze. –
Bremen : Ed. Temmen, 1995
ISBN 3-86108-415-5
NE: Schulze, Dieter:

**2. verbesserte Auflage 1997**

Wir danken der polnischen Fluggesellschaft LOT sowie den Fremdenverkehrsgesellschaften von Krakau und Umgebung für ihre Unterstützung.

Umschlagabbildung: János Kalmár, Wien
Karten: Kartendienst Andreas Toscano del Banner, München

**Bildnachweis:**

Polnisches Informationszentrum für Touristik, Köln: S. 69, 73, 175, 214f.
Manfred Probst, Haar: S. 105, 168f.
Wolfgang Schlott, Bremen: S. 49
Wojciech Smolak, Krakau: S. 42f., 45, 79, 81, 83, 85, 87, 90, 95,
103, 113, 115, 117, 163, 181
Touristeninformationszentrum Krakau: S. 66f., 84, 109, 137, 187
Tomasz Torbus, Hamburg: S. 101, 171, 221
Verlagsarchiv: S. 31, 80, 193

Alle übrigen Abbildungen wurden dem Verlag
von den Autoren zur Verfügung gestellt.

© bei Edition Temmen
Hohenlohestr. 21 – 28209 Bremen
Tel. 0421-344280/341727 – Fax 0421-348094

Herstellung: Edition Temmen

ISBN 3-86108-415-5

# Inhalt

Vorwort .................................................................................. 9
## Kulturgeschichtliche Einführung ................................... 10
Herrschaft der Piasten (966–1370) ........................................................ 10
Herrschaft der Jagiellonen (1386–1572) ................................................ 14
Herrschaft der Wahlkönige (1572–1795) .............................................. 20
Nation ohne Staat (1795–1918) ............................................................. 25
   Exkurs 1: Kulturrevolte um die Jahrhundertwende ......................... 27
   Exkurs 2: Lenin in Krakau ................................................................ 29
Aufstieg und Niedergang der Zweiten Republik (1918–1939) ............. 30
Krakau unter deutscher Herrschaft (1939–1945) .................................. 33
Sozialistische Volksrepublik (1945–1989) ............................................ 35
Parlamentarische Demokratie (ab 1989) ............................................... 39
Epilog ..................................................................................................... 41

## Königsstadt Krakau: Streifzüge und Erkundungen ....... 44
1. Rund um den Großen Platz ......................................................... 44
2. Marienkirche ................................................................................ 54
3. Königstrakt .................................................................................. 59
4. Mythenumrankter Wawel ............................................................ 65
5. Von der Gasse der Kanoniker zum Bischofspalast .................... 74
6. Universitätsviertel ........................................................................ 78
7. Vom Alten Theater zum Palais Czartoryski ............................... 83
8. Planty ........................................................................................... 88
9. Kleparz ......................................................................................... 93
10. Jüdisches Kazimierz .................................................................... 96
11. Kościuszko-Hügel ..................................................................... 112
12. Wolski-Wald .............................................................................. 114
13. Nowa Huta ................................................................................. 116

## Krakauer Portraits ............................................................ 120
Nikolaus Kopernikus ........................................................................... 120
Jan Kochanowski ................................................................................. 120
Tadeusz Kościuszko ............................................................................ 121
Jan Matejko ......................................................................................... 122
Stanisław Wyspiański .......................................................................... 123
Joseph Conrad ..................................................................................... 125
Wisława Szymborska ........................................................................... 126
Leon Kruczkowski ............................................................................... 127
Tadeusz Kantor .................................................................................... 129
Krzysztof Penderecki .......................................................................... 130
Roman Polański ................................................................................... 131
Andrzej Wajda ..................................................................................... 132

Sławomir Mrożek .................................................................. 133
Karol Wojtyła alias Papst Johannes Paul II. ........................... 133
Czesław Miłosz .................................................................... 136

## Kulturmetropole Krakau:
## Informationen und praktische Tips ............ 138
Unterkunft ............................................................................ 138
Restaurants .......................................................................... 141
Cafés .................................................................................... 146
Museen ................................................................................ 147
Galerien ............................................................................... 155
Kulturinstitute ...................................................................... 160
Theater ................................................................................. 162
Traumfabrik Kino ................................................................ 165
Klassik ................................................................................. 166
Jazz, Rock, Folklore ............................................................ 170
Kabarett ............................................................................... 172
Bars und Kellerkneipen ....................................................... 174
Discos und Casino ............................................................... 174
Sport .................................................................................... 175
Kinderfreuden ...................................................................... 176
Einkäufe .............................................................................. 177
Festivals und Feiertage ........................................................ 178

## Ausflüge in die Umgebung .............................. 182
Wieliczka ............................................................................. 182
Niepołomice ........................................................................ 183
Tyniec .................................................................................. 184
Ojców-Nationalpark ............................................................ 185
Tschenstochau ..................................................................... 188
Auschwitz ............................................................................ 191
Zakopane ............................................................................. 194

## Info A–Z ............................................................ 197

## Anhang ............................................................. 207
Kleiner Sprachführer ........................................................... 207

## Literaturverzeichnis ....................................... 212
Danksagung ......................................................................... 213

# Vorwort

*»Krakau, das ist die Mischung aus habsburgischem Charme, italienischer Grandezza, polnischem Widerspruchsgeist und nicht zuletzt katholischer Sinnenfreude.« (Veronika Schlüter)*

Fällt der Blick auf die Karte Mitteleuropas, kristallisiert sich eine heimliche Hauptstadt heraus: die Kulturmetropole Krakau, schönste und attraktivste Stadt Polens. Nur etwa 300 km liegt sie von Prag, Wien, Budapest und Lemberg entfernt – und wenn man den Kreisbogen weiter schlägt, erscheinen an der Peripherie die Städte Triest, München und Berlin, Königsberg, Wilna und Kiew. Die Fremden zieht es schon seit über 1000 Jahren in diese Stadt, es kamen Händler, Kaufleute und Künstler, darunter viele Deutsche, Italiener und Juden. Krakau war Hauptstadt bis zu Beginn des 17. Jahrhunderts und blieb Polens kulturelles Zentrum bis zum heutigen Tag. Nur wenige Orte können sich rühmen, auf engem Raum so viele Kunstschätze aus spätem Mittelalter, Renaissance und Barock zu vereinen wie Krakau. Poeten nennen sie liebevoll »Stadt der sprechenden Steine«: von bewegter Geschichte künden Bürgerhäuser und Adelspaläste, über 100 Kirchen und Klöster, eine der ältesten Universitäten der Welt; im Wawelschloß, wo sich bis ins 18. Jahrhundert die polnischen Könige krönen ließen, residierte in den Jahren 1939-45 ein deutscher Generalgouverneur.

Der mittelalterliche Stadtkern blieb im Zweiten Weltkrieg unzerstört, kein künstlicher Wiederaufbau historischer Stätten tat not. Dem heutigen Besucher präsentiert sich Krakau als Schnittpunkt kultureller Strömungen, kirchlich-konservative Tradition kontrastiert mit Lebensmustern der Moderne. Den Widerspruch bekunden Kantor und Penderecki, Polański und der Papst, allesamt Bürger dieser Stadt. Der Ruf der Kirche ist derweil ein wenig angeschlagen. Zwar verfügt sie in Krakau nach wie vor über riesigen Besitz, doch vor allem unter jüngeren Polen macht sich Mißmut breit über klerikalen Herrschaftsanspruch, wächst der Widerstand gegen bevormundende Praktiken. Auf die sozialistische soll keine weitere Gängelung folgen – nur das wird bejaht, was dem individuellen Vergnügen keine Schranken auferlegt.

Auf seinen Streifzügen durch die Stadt fühlt sich der Besucher ein ums andere Mal angezogen vom Rynek, einem der größten mittelalterlichen Plätze Europas: Seit über 700 Jahren ist er Zentrum des öffentlichen Lebens. An Sommertagen herrscht hier fast südländische Ausgelassenheit: In den Straßencafés trifft sich ein buntes Gemisch von Bürgern und Studenten, Schauspielern und Künstlern – und wer sich ein wenig nach österreichischem Laissez-faire zurücksehnt, begibt sich in eines der Cafés in den Tuchhallen, wo vielleicht schon bald wieder Kaiser Franz Joseph die Wände schmücken wird.

In den Abendstunden wartet Krakau mit einem reichhaltigen Kulturangebot auf. Theater und Kabarett verheißen unterhaltsame Stunden, aus Kellergewölben ertönt Live-Musik. Vor allem die Film- und Musikfestivals, die Graphik-Triennale und die Woche der jüdischen Kultur locken internationales Publikum nach Krakau. Allerdings blieb die Stadt dank ihrer abgeschiedenen Lage bisher davor bewahrt, von Touristen überschwemmt und trivialisiert zu werden.

# KRAKÓW

## Kulturgeschichtliche Einführung

Die Krakauer lieben es, Geschichte in Legenden zu kleiden. Die Stadt, so beteuern sie, sei benannt nach Krak, einem polnischen Fürsten aus der Zeit des 7. Jahrhunderts. Auf dem Wawel habe er gewohnt, einem hohen, von den Wellen der Weichsel umspülten Hügel. Er war großmütig und tapfer, scheute keine Mühe, wenn es galt, von seinem Volk Unheil abzuwehren. Zu seinen größten Heldentaten gehörte die Tötung eines feuerspeienden Drachen, der in einer Höhle am Fuße des Wawelhügels hauste und Rinder und Schweine, mit Vorliebe aber junge Frauen verspeiste. Listenreich gelang es Krak, das Ungeheuer zur Strecke zu bringen. Er bestellte ein Schaf, füllte den Kadaver mit Schwefel, Pech und glühender Asche und warf ihn dem Drachen zum Fraße vor. Gierig verschlang dieser das Schaf und wurde alsbald von schrecklichem Durst gequält. Mühsam schleppte er sich zum Fluß und stürzte sich auf das Weichselwasser, doch der Durst war unstillbar. Der Drachen schlürfte und trank, bis daß sein Magen zerbarst und die reißenden Fluten seinen Körper davontrugen...

Über die frühe Geschichte Krakaus ist wenig bekannt. Als gesichert darf gelten, daß sich im 8. Jahrhundert slawische Stämme an den Seitenarmen der Weichsel niederließen und auf sumpfigem Gelände Behausungen aus Lehm und Holz schufen. Der fruchtbare Boden begünstigte den Anbau landwirtschaftlicher Produkte, die Gewässer waren reich an Fisch; bald legten zugewanderte Handwerker und Kaufleute Straßen an, errichteten erste Häuser aus Stein. Bereits im 10. Jahrhundert war die Weichselstadt eine bekannte Handelsniederlassung an der Bernsteinstraße zwischen Ostsee und Südeuropa sowie der Route zwischen Prag und der Krim. Dies ist belegt durch Reisenotizen des arabischen Kaufmanns Ibrahim Ibn Jakub aus dem Jahr 965.

## Herrschaft der Piasten (966–1370)

In jener Zeit waren nicht nur Kaufleute unterwegs. Von deutschen Bistümern und Erzbistümern starteten Missionare in Richtung Osten, um heidnische Stämme zum Christentum zu bekehren. Fürst Mieszko aus dem Herrschergeschlecht der Piasten, der das Gebiet des heutigen Großpolen kontrollierte, ließ sich 966 nach römisch-katholischem Ritus taufen, erwarb Anspruch auf päpstlichen Schutz und durfte nun seinerseits missionierend tätig werden. Binnen weniger

Jahrzehnte gelang es den Piasten, das gesamte Terrain zwischen Oder und Weichsel im christlichen Glauben zu vereinen. Zu Beginn des 11. Jahrhunderts durfte Polen als ein christlicher Staat gelten, dem mit der Gründung des Erzbistums Gnesen im Jahr 1000 auch die angestrebte religiöse Unabhängigkeit von der deutschen Kirche zugestanden wurde.

Zu dieser Zeit war Krakau bereits Bischofsstadt und dem Herrschaftsbereich der Piasten unterstellt. Mieszkos Sohn Bolesław ließ auf dem Wawelhügel die erste Kathedrale errichten, es entstanden Befestigungsanlagen und romanische Bauten. Als Bolesław 1025 starb, grenzte Polen im Westen an das Römische Reich Deutscher Nation, im Osten an das Byzantinische Reich. Auf der Landkarte mochte das Land groß erscheinen, stabilisiert war es mitnichten. Bereits unter Mieszko II. (1025-1034) zerfiel das Herrschaftsgebiet: Es mehrten sich Aufstände heidnisch gebliebener Gruppen, Pommern und die Lausitz spalteten sich ab. Nach dem Einfall der Böhmen im Südwesten des Landes beschloß König Kasimir I. im Jahr 1038, die polnische Hauptstadt von Gnesen nach Krakau zu verlegen. Zwei Jahre später wurde die Wawelburg offizielle Königsresidenz, mit Hilfe der christlichen Nachbarfürsten gelang es Kasimir, die Piastenherrschaft über Schlesien und Großpolen wiederherzustellen. Für die Gegend um Krakau kam die Bezeichnung »Kleinpolen« auf, d.h. zweites oder neues Polen.

Kasimirs Nachfolger setzten das Werk der Christianisierung fort, es häuften sich jedoch Unstimmigkeiten zwischen polnischen Regenten und dem Papst. Auch innerhalb des Piastenhauses gab es Spannungen; um diese zu beenden, führte Bolesław III. (1106-1138) eine neue Erbfolgeregelung ein, die mit seinem Tod in Kraft gesetzt wurde. Die Senioratsverfassung legte fest, daß der älteste Sohn »primus inter pares« war: Ihm fiel die Herrschaft über Krakau und Gnesen zu, die Brüder hatten sich zu bescheiden mit den verbliebenen Landesteilen und waren dem Senior untergeordnet.

Die neue Ordnung bewährte sich nicht, Konflikte brachen aus und die Zentralmacht zerfiel. Da der Herrscher über Krakau auch die Großfürstenwürde über die übrigen Teilfürstentümer besaß, konzentrierten sich die Erbstreitigkeiten zumeist auf die Macht in dieser Stadt: über 150 Jahre rangen Mitglieder der Piastendynastie erbittert um die politische Vorherrschaft.

Die Zersplitterung in Teilfürstentümer erschwerte die Abwehr feindlicher Übergriffe. Im Kampf gegen die heidnischen Pruzzen im Nordosten des Landes rief Herzog Konrad von Masowien 1225 den Deutschen Ritterorden zu Hilfe, der sich seine Dienste teuer bezahlen ließ: Östlich von Danzig entstand ein militärisch mächtiger Ordensstaat, der von Marienburg aus regiert wurde. Doch auch an der Südflanke machte sich Polen verwundbar: 1241 stießen die Tataren – von Südosten kommend – bis in den Raum um Breslau vor; erst nach der Schlacht bei Liegnitz zogen sie sich wieder zurück.

Das alte Krakau wurde beim Einfall der Tataren fast vollständig zerstört. Von den im romanischen Stil erbauten Bauwerken blieben nur wenige erhalten, darunter die Andreaskirche in der Grodzkastraße, Fragmente der Adalberts- und Marienkirche sowie Teile der Wawelanlage. Doch der Wiederaufbau ließ nicht lang auf sich warten. Schon am 5. Juni 1257 erhielt Krakau eine neue, am

Magdeburger Stadtrecht orientierte Verfassung, die den Zuzug der Bewohner regelte. Wer sich in Krakau niederließ, war fortan befreit von Frondienst und lehnsherrlichen Pflichten. Dieses Privileg galt freilich nicht für alle. Ausgenommen waren die Leibeigenen des Fürsten und die Bauern der Region. Der Entvölkerung des Umlandes wollte man vorbeugen, der Adel sollte seiner Pachteinnahmen nicht verlustig gehen.

Unter den Fremden, die nach Krakau kamen, bildeten die Deutschen die Mehrheit; sie genossen hier die vollen Bürgerrechte und bekleideten bald wichtige Funktionen in der städtischen Verwaltung, dominierten den Stadtrat und übernahmen den Vorsitz des Schöffengerichts. Ihre Macht manifestierte sich in der Übernahme des Deutschen als Amtssprache.

Der Wiederaufbau Krakaus erfolgte nach dem Vorbild der Stadt Breslau. Eine Befestigungsmauer wurde rund um den Stadtkern gezogen, dessen Mittelpunkt ein großer viereckiger, von Laubengängen flankierter Marktplatz bildete. In der Mitte des Platzes standen die Tuchhallen; hier priesen Stoff- und Tuchverkäufer ihre Waren an, Sattler und Schuster fertigten Jacken und Stiefel, Taschen und Sattel. Ringsum stellten fahrende Kaufleute ihre Zelte auf; sie deponierten dort feine Gewürze und Seide, Bernstein und Perlen. Eine Waage in einem kleinen Holzhaus diente zur Überprüfung des Gewichts; stellte sich heraus, daß ein Kunde betrogen worden war, so wurde der Verkäufer an den Pranger gestellt und dem Gespött der Menge preisgegeben.

Binnen weniger Jahre entwickelte sich Krakau zu einem der bedeutendsten Handelszentren im spätmittelalterlichen Europa. Doch wollte es keinem der zerstrittenen Piastenabkömmlinge glücken, Krakau wieder zur Hauptstadt eines geeinten Polens zu machen. Die Schwäche der polnischen Thronanwärter wird in folgender Legende karikiert:

*Henryk IV. Probus, Herzog von Breslau und Krakau (1288-90) suchte seinem Thronanspruch durch päpstlichen Segen Nachdruck zu verleihen. Die zur Bestechung des Papstes nötigen Geldsummen lieh er sich von einer Hexe, die in Zwierzyniec, vor den Toren der Stadt lebte. Doch diese verlangte einen Pfand: Die treuesten seiner Ritter sollten in Tauben verwandelt werden und erst dann wieder Menschengestalt annehmen dürfen, wenn der Herrscher von seiner Mission erfolgreich zurückgekehrt sei. Henryk IV. verließ das Haus der Hexe und ward begleitet von einer Heerschar verzauberter Ritter. Kaum war der Zug an der Marienkirche angelangt, flatterten die Tauben auf die Turmspitze. Dort kratzten sie mit ihren Krallen an mürbem Gestein: es fiel hinunter, verwandelt zu Gold.*

*Auf dem Weg nach Rom verpraßte Henryk IV. das gesamte Vermögen. Mit Mühe gelangte er bis zur Heiligen Stadt, um dort als armer Wicht eines wenig glücklichen Todes zu sterben. Seine Ritter warteten vergebens auf die Rückkehr des Herrn. Sie waren zu einem Leben als Tauben verdammt, sollten nie wieder unter die Menschen zurückkehren dürfen. Weil die Bevölkerung um die wahre Identität der Krakauer Tauben weiß, umsorgt sie diese liebevoll – bis zum heutigen Tag.*

Als im Jahr 1300 der böhmische König Wenzel II. zugleich Herrscher von Krakau wurde, jubelte die mehrheitlich deutsche Bevölkerung. Der Jubel währte nur kurz, denn bereits sechs Jahre später starb Wenzel, woraufhin ein heftiger Streit

*Unter den Arkaden am Rynek*

um die weitere Machtausübung entbrannte. Gegen den Willen der Bewohner, die einen Anschluß an Böhmen wünschten, setzte Władysław I. aus dem Haus der Piasten seinen Besitzanspruch mit allen ihm zur Verfügung stehenden Mitteln durch. Im Mai 1311 scheiterte ein vom Krakauer Bischof unterstützter Aufstand deutscher Bürger, worauf die Rebellen einer schweren Bestrafung ausgesetzt wurden. Viele derer, die nicht imstande waren, die polnischen Worte »soczewica, koło, miele, młyn« korrekt auszusprechen, wurden an Pferde gefesselt und auf dem Marktplatz zu Tode geschleift. Der Stadtrat Krakaus wurde in der Folgezeit scharf kontrolliert, Deutsch war nicht mehr alleinige Amtssprache.

In der polnischen Geschichtsschreibung wird Władysław I. ob seiner Verdienste gepriesen: Es gelang ihm 1314, Großpolen zu besetzen und so den Einigungsprozeß der auseinandergefallenen Fürstentümer entscheidend voranzutreiben. 1320 durfte der feierliche Akt vonstatten gehen: Krakau wurde wieder Hauptstadt Polens, Władysław I. ließ sich als erster König in der Wawelkathedrale krönen. Er begründete damit eine Tradition, die erst im Jahr 1764 abreißen sollte. Unter der Herrschaft seines Sohnes Kasimir III. (1333-70) wurde die politische Zentralmacht konsolidiert, der Einflußbereich auf Masowien und Galizien ausgedehnt. Kasimir, dem der Beiname »der Große« verliehen wurde, ließ sich bereits von aufstrebenden Patriziern beraten und finanziell unterstützt; er vereinheitlichte das Rechtswesen und die Verwaltung, förderte Handel und Baugewerbe. Die Salzbergwerke im nahegelegenen Wieliczka wurden in dieser Zeit zur bedeutendsten Einnahmequelle des Herrscherhauses. In der von Wehrmauern umgrenzten, etwa 10.000 Einwohner zählenden Stadt entstanden zahlreiche Backsteinbauten, darunter Krankenhäuser und öffentliche Bäder. Im gotischen Stil ließ der König auf dem Wawel ein neues Schloß errichten, jenseits der Stadtmauern gründete er die Orte Kazimierz und Kleparz. Beharrlich verfolgte er auch die Förderung von Kultur und Wissenschaft. Im Jahr 1364 legte er den Grundstein für die Krakauer Universität – nach Prag die älteste in Mittel- und Osteuropa. Und während in fast ganz Europa die Juden als Verursacher der Pest, als Wucherer und Schacherer verfolgt wurden, erfreuten sie sich in Polen der Gunst des Königs und wurden bereitwillig aufgenommen; binnen weniger Jahre entstand hier die größte jüdische Gemeinde auf dem europäischen Kontinent.

## Herrschaft der Jagiellonen (1386–1572)

Kasimir III. starb kinderlos, die Dynastie der Piasten trat ab von der politischen Bühne. Sein Neffe, Ludwig I. von Ungarn aus dem Hause Anjou, sah sich zu weitreichenden Zugeständnissen an den polnischen Adel gezwungen, um die eigene Herrschaft sowie die Thronfolge seiner Tochter abzusichern. Der Adel brauchte fortan keine Steuern zu zahlen und sicherte sich das Privileg, sämtliche Beamten und auch die größte Zahl der Bischöfe ernennen zu dürfen.

An der Nordgrenze zum Baltischen Meer hatte derweil der Deutsche Ordensstaat eine ungeheure Machtfülle entfaltet. Nicht nur Polen, sondern auch Litauen fühlte sich von ihm in seiner staatlichen Existenz bedroht. Um gegen die

*Stammbaum der Jagiellonen (1506)*

»deutsche Gefahr« gewappnet zu sein, wurden fortan – nach einem Plan des reichen kleinpolnischen Landadels – beide Länder in Personalunion regiert. Durch die Heirat der polnischen Königin Jadwiga mit dem litauischen Großfürsten Władysław II. Jagiełło kam es zur Bildung eines gemeinsamen polnisch-litauischen Staates. Die litauische Führungsschicht wurde polonisiert, der heidnische Fürst nahm den christlichen Glauben an. Von Krakau aus herrschte er fast ein halbes Jahrhundert über den territorial größten Staat Europas und begründete die Jagiellonen-Dynastie, die bis 1572 Polen und Litauen regierte. 1410 gelang es Władysław II. Jagiełło, seine innenpolitische Position durch den Sieg über den Deutschen Orden bei Grunwald (Tannenberg) zu festigen; allerdings dauerte es weitere 56 Jahre, bis mit dem Friedensschluß von Thorn der Ritterorden gezwungen war, sich in die Gebiete um Königsberg zurückzuziehen.

Unter der Herrschaft der Jagiellonen konnte Polen wirtschaftlich und politisch erstarken, Krakau erlebte kulturellen Glanz. Zu seinen Einwanderern zählten Deutsche, Italiener und Juden, aber auch Tschechen, Rumänen und Ukrainer. Im Jahr 1439 trat die Stadt der Hanse bei, einem von Kaufleuten gegründeten europaweiten Städtebund, dessen Ziel es war, die Freiheit des Handels zu schützen. Die Handwerker der Stadt waren in über 60 Zünften organisiert, die über die Qualität der hergestellten Waren wachten. Auf dem Gebiet der Druckkunst stand man westeuropäischen Ländern nicht nach: 1473 wurde sie in Krakau eingeführt, in der Druckerei Kaspar Straubes erschien der erste Wandkalender.

Der bedeutendste Bildhauer des ausgehenden Mittelalters, der Nürnberger Veit Stoß, fühlte sich – gleich vielen anderen Künstlern aus Deutschland und Böhmen – vom geistigen Gärungsprozeß und dem großzügigen Mäzenatentum angezogen. Der in der Marienkirche ausgestellte spätgotische Hochaltar ist sein herausragendes Werk; daneben schuf er steinerne Kruzifixe und zahlreiche Grabplatten.

In der Zeit der Jagiellonenherrschaft entstanden die schönsten Bauwerke der Stadt. Viele von ihnen blieben bis heute erhalten, z.B. die Marienkirche auf dem zentralen Marktplatz und die umliegenden Bürgerhäuser. Der bürgerliche Glanz hatte allerdings eine – von polnischen Historikern zu oft vernachlässigte – negative Kehrseite. Im Schatten der prachtvollen Architektur, in den vom Rynek abzweigenden dunklen Gassen, versteckte sich geistige Intoleranz, die von der katholischen Kirche subtil geschürt wurde. Vor allem die im Handel erfolgreichen Juden erregten Argwohn und Neid. Immer häufiger wurden sie Opfer von Anschlägen und Aggression; brach ein Feuer aus, wurde es sogleich ihnen angelastet. 1495 gab König Jan Olbracht dem Druck der Straße nach und ordnete die Umsiedlung aller Juden in einen eng umrissenen Distrikt der Nachbarstadt Kazimierz an. Juden durften ihren Glauben fortan frei praktizieren und sich selbst verwalten – freilich nur in den Grenzen des Ghettos.

Es mag überraschen, daß sich Polen in den folgenden Jahrzehnten dennoch den Ruf erwarb, Zufluchtsort für Verfolgte und Bedrängte zu sein; während in den Staaten Westeuropas Religionskriege aufflammten, genoß die polnische Hauptstadt, vor allem unter der Herrschaft Sigismunds I. (1506-48) und Sigismunds II. (1548-72), eine Periode relativer Toleranz: Patrizier und Teile des Adels zeigten sich offen für das Gedankengut des Humanismus und der Reformation, es entstanden kirchliche Gemeinden der Lutheraner und Calvinisten. Auch in die theologische Fakultät kehrte ein freierer, fast ketzerischer Geist ein. Man studierte die Schriften des Protestanten Jan Hus, debattierte Thesen von Morus und Erasmus, lauschte den papstfeindlichen Vorträgen des Filippo Buonaccorsi (in Polen Kallimach genannt). Hochschullehrer und Studenten übten sich in demokratischer Streitkultur, für kurze Zeit mochte es scheinen, dogmatische religiöse Gefechte gehörten der Vergangenheit an.

Über Polens Grenzen hinaus vermochte die Krakauer Universität Neugier und Unruhe auszustrahlen: Tausende von Scholaren aus ganz Europa pilgerten nach Krakau, um hier einige Semester zu studieren. Der deutsche Geograph Hartmann Schedel hatte bereits 1493 in seiner Weltchronik notiert: »In Krakau gibt es eine berühmte Universität, die an vielen hervorragenden und gelehrten Männern reich ist, wo zahlreiche freie Künste gelehrt werden... Hier lebt man mit größerem Aufwand als im übrigen Polen. Du findest hier alles, was die menschliche Natur begehrt.« Berühmtester Absolvent der Hochschule wurde der in Thorn aufgewachsene Nikolaus Kopernikus, dem es gelang, das ptolemäische Bild von der Erde als einer flachen Scheibe umzustürzen. Auch Andrzej Modrzewski, begeisterter Anhänger der Reformation, nahm hier das Studium auf, in publizistischer Prosa setzte er sich mit politischen und gesellschaftlichen Problemen seiner Zeit auseinander. Begründer der nationalen polnischen Dichtung wurde Jan Kochanowski, bedeutendster Dichter der Renaissance. Als Student schrieb er vor allem geistvolle Sinnsprüche, später auch Traktate, Klagelieder und eine erste Tragödie.

Das Goldene Zeitalter der Stadt Krakau stand unter dem dominierenden Einfluß der italienischen Renaissance und spiegelte sich vor allem im Bereich der Kunst. König Sigismund I. betraute den Architekten Francesco da Firenze mit der Aufgabe, die Wawelresidenz in ein prachtvolles Schloß umzugestalten – der aus dem Elsaß zugereiste Johann Boner lieh dem König das dafür nötige Geld. Nach dem Tode Francescos 1516 wurde Bartolomeo Berrecci Hofarchitekt des Königs. Er schuf in den Jahren 1517-33 die berühmte Sigismundkapelle, Perle der Renaissance nördlich der Alpen. Den Wiederaufbau der niedergebrannten Tuchhallen übernahm 1556 Giovanni Maria Padovano: die eleganten Renaissance-Attiken gehören zu den herausragenden Schmuckstücken der Stadt.

»Cracovia totius Poloniae urbs celeberima« (Krakau ist die herrlichste Stadt ganz Polens): dieser Ausspruch war in jener Zeit in aller Munde, nicht nur in Polen, sondern in vielen Ländern Westeuropas. Mitglieder der italienischen Kaufmannsgilde, die vor allem dank des Einflusses Bona Marias, der aus Mailand stammenden Gemahlin Sigismunds I., mit großzügigen Hofaufträgen bedacht worden waren, erwarben zahlreiche Häuser rings um den Marktplatz; viele dieser Gebäude wurden mit Portalen und Attiken ausgeschmückt, schattige Arkadengänge verzierten die Innenhöfe. Italiener waren es auch, die den ersten regulären Briefverkehr Polens ins Leben riefen. Neben dem Haus der Dogen am Rynek starteten ab 1558 Postkutschen nach Italien und in andere europäische Länder. Erster Postmeister war Provano, sein Nachfolger wurde Montelupi. Sie garantierten die Zustellung eines Briefes nach Venedig binnen fünf Tagen.

*Ansicht Krakaus nach der Schedelschen Weltchronik*

Polen hat in seiner Geschichte nie wieder eine so langdauernde politische Stabilität genossen. Spätestens seit Albrecht von Hohenzollern, Hochmeister der Kreuzritter, dem polnischen König auf dem Krakauer Marktplatz den Treueschwur leistete (1525), war auch die Nordflanke befriedet; das früher vom Deutschen Orden kontrollierte Gebiet wurde formal der polnischen Krone unterstellt, Polen genoß freien Zugang zum Baltischen Meer.

Das Goldene Zeitalter währte mehrere Jahrzehnte und blieb doch nur ein Zwischenspiel. Seit der Mitte des 16. Jahrhunderts erstarkte das Adelsparlament und suchte den Einfluß der Städte zu mindern. Gleichzeitig setzte der polnische Kleinadel den König immer häufiger unter Druck, wollte seine Allianz mit dem Bürgertum unterminieren. Auch außenpolitisch zeichneten sich jetzt Gefahren ab – vor allem an der Ostgrenze. Zu den letzten Amtshandlungen König

*Holzschnitt, 1493*

Sigismunds II. gehörte die Unterzeichnung des Vertrages von Lublin 1569. Darin wurde die Verbindung zwischen Polen und Litauen untermauert, auch Königsberg und Livland waren polnischer Herrschaft unterstellt. Innenpolitisch zeigte sich der König außerstande, den Aufstieg der mit demokratischen Forderungen operierenden Feudalkräfte zu bremsen. Mit dem Tod Sigismunds II. endete die Jagiellonen-Dynastie. Fortan war es der Adel, der darüber befand, wer sich polnischer König nennen durfte.

# Herrschaft der Wahlkönige (1572–1795)

Der Sejm war das ausschließlich von Adligen gestellte oberste gesetzgebende Organ des Landes. Zum Adel zählten sowohl die reichen Großgrundbesitzer, die sogenannten Magnaten, als auch die Vertreter der Szlachta, des polnischen Kleinadels. Eine Besonderheit der Adelsdemokratie war das »Liberum veto«, das jedem adligen Mandatsträger zustand; da Beschlüsse nur einstimmig gefaßt werden durften, bedeutete dies, daß das Veto nur eines einzigen Abgeordneten ausreichte, um eine geplante Gesetzesänderung zu Fall zu bringen. Relativ leicht war es daher, den Reichstag arbeits- und beschlußunfähig zu machen. Den Nachbarmächten, die an einer Schwächung Polens interessiert waren, sollte dies in der Folgezeit die Intervention erleichtern.

Ab 1572 blieb die Entscheidung über die Königsnachfolge dem Adel vorbehalten. Das Prinzip der Wahlmonarchie degradierte den König zu einer Marionette herrschender Adelsfraktionen. Zur politischen Realität gehörte es in der Folgezeit, daß Günstlinge auswärtiger Herrschaftshäuser durch Bestechung führender Adelsgruppen zu polnischen Königen avancierten. Zwei Jahre blieb der Franzose Heinrich von Valois an der Macht, zwölf Jahre der Ungar Stefan Batory. Der schwedischen Wasa-Dynastie gelang es, von 1587 bis 1668 den Posten des polnischen Königs zu okkupieren.

Unter Sigismund III. Wasa, dem ersten schwedischen Regenten (1587-1632), endete die in Polen praktizierte religiöse Toleranz. Der König verordnete mittelalterliche Askese und machte sich zum Anwalt der katholischen Gegenreformation. Die Jesuiten, die mit päpstlicher Unterstützung in vielen Städten des Landes Klerikerschulen gründeten, begannen mit der Verfolgung sogenannter »Ketzer«. Die evangelische Kirchengemeinde sah sich bereits seit 1574 heftigen Angriffen ausgesetzt; in der Altstadt kam es wiederholt zu Straßenschlachten zwischen Universitätsstudenten, Verteidigern der reformatorischen Bewegung, auf der einen Seite und Jesuitenschülern, selbsternannten Moralwächtern und Sittenaposteln auf der anderen.

Das aufgeklärte Bürgertum verlor rasch an politischer Macht, neuer starker Mann wurde der Krakauer Bischof, der dafür sorgte, daß vom Wawel rund um die Uhr religiöse Gesänge erklangen. Die Zahl der Messen wurde vervielfacht, der Adel zu großzügigen Spenden angehalten. Es entstand eine Vielzahl neuer Klöster und Kirchen, z.B. die Peter-und-Paul-Kirche in der Grodzkastraße und die Annakirche im Universitätsviertel. Sie alle prunkten in üppigem Barock, der an die Stelle des bürgerlichen, schlicht-eleganten Renaissancestils trat. Giovanni Trevano und Baldassare Fontana profilierten sich dabei als herausragende Architekten des frühen 17. Jahrhunderts. Auch sieben bereits im Mittelalter erbaute Kirchen erhielten ein barockes Aussehen, darunter die Paulinerkirche in Kazimierz, die Bernhardinerkirche in Stradom und die Piaristenkirche in der Św.-Jana-Straße nahe dem Festungswall. Die Gegenreformation war begleitet von neuerlichen antisemitischen Tendenzen: Juden durften sich an Sonntagen generell nicht mehr in Krakau aufhalten, sondern mußten in Kazimierz bleiben, wo die Christen durch eine Mauer vor ihnen »geschützt« waren.

*Barockzeitliches Sandsteinrelief (Sukiennice, 1632)*

Der Niedergang der polnischen Nation fand sein Vorspiel in der Degradierung Krakaus. Die klassischen Handelsstraßen, die vom Balkan nordwärts zur Ostsee und von Bayern ostwärts nach Kiew führten, hatten aufgrund der Entdeckung fremder Kontinente und des zunehmenden Seehandels schon längere Zeit an Bedeutung verloren. Zum wirtschaftlichen kam der politische Niedergang: Der König aus der Wasa-Dynastie sah in Krakau nicht länger die geeignete Hauptstadt, Warschau war das neue geographische Zentrum des Reiches. Darum ordnete er an, daß zukünftig nicht allein der Reichstag in Warschau tage, sondern auch die königliche Residenz schrittweise dorthin verlegt werde. So geschah es, daß Krakau ab 1611 herrschaftlichen Glanz nur noch während der Krönungs- und Begräbnisfeierlichkeiten entfalten durfte.

Die Wasakönige verwickelten das Land in verlustreiche Kämpfe. Sie führten Kriege gegen Schweden, Türken, Kosaken, Russen und mußten vor allem an der Ostseite des Reichs weite Gebiete abtreten. Die Stadt Krakau wurde wiederholt das Opfer von Raub und Plünderungen, besonders schlimm traf es sie in den Jahren 1655-57, als schwedische Truppen Krakau besetzt hielten. Die Stadt war zu diesem Zeitpunkt kaum fähig sich zu verteidigen, denn die Pest, der berüchtigte Schwarze Tod, hatte 1652 mehr als die Hälfte der Bevölkerung hinweggerafft.

Nach Abdankung der Wasa-Dynastie war der polnische Staat nahezu unregierbar: die Interregnum-Phasen wurden länger, es häufte sich der Mißbrauch des Liberum veto. Als es dem polnischen Heer 1683 gelang, den türkischen Belagerungsring um Wien zu sprengen, durfte sich zwar Johann III. Sobieski als »Befreier Europas« feiern lassen, doch die verschärften wirtschaftlichen Pro-

*Stadtansicht Krakaus nach Matthäus Merian*

bleme des Landes wurden mit diesem Kraftakt nicht gelöst. Die Not der leibeigenen Bauern wuchs, der Adel dagegen ließ sich weiterhin mit Geld und Gold benachbarter Großmächte »aushelfen« und erklärte sich im Gegenzug bereit, deren Interessen im Sejm zu vertreten.

Die sächsische Dynastie der Wettiner regierte Polen von 1697 bis 1763. Doch weder König August II. (1697-1733) noch sein Sohn August III. (1734-63) konnten den fortschreitenden Zerfall des Staates aufhalten. In den Jahren 1702-09 wurde Krakau im Verlaufe des Nordischen Krieges nacheinander von schwedischen, russischen und sächsischen Heereseinheiten besetzt; Handelsgilde und Handwerkerzünfte mußten für den Schwedenkönig Karl XII. beträchtliche

*Radierung, 1635*

Geldsummen aufbieten, der wirtschaftliche Ruin war die Folge. Der Wawel wurde vorübergehend in eine Kaserne umfunktioniert und durfte nur noch einmal, am 17. Januar 1734, als Krönungsstätte dienen: August III. übernahm das Amt, kurz bevor österreichische und russische Truppen, die am Erbfolgekrieg teilnahmen, die Stadt abermals besetzten. Krakau degenerierte zu einem abgeschiedenen Provinzort, sogar Klöster mußten in großer Zahl geschlossen werden.

Die katholische Kirche setzte gleichwohl ihren Kreuzzug gegen Andersgläubige unablässig fort. In ganz Polen durften schon ab 1718 nur noch diejenigen Bürger öffentliche Ämter bekleiden, die sich aktiv zum katholischen Glauben bekannten. Den Nachbarvölkern lieferte die Unterdrückung Andersgläubiger einen zusätzlichen Vorwand, in Polen zu intervenieren. Rußland fürchtete um die Rechte der Orthodoxen, Preußen um die der Protestanten. 1764 einigten sich Rußland und Preußen auf die Wahl Stanisławs II. August Poniatowski zum neuen König von Polen. Doch die von ihm eingeschlagene Reformpolitik stimmte mit den Zielen seiner Auftraggeber nicht überein. Poniatowski zeigte sich inspiriert von den Ideen der Aufklärung, unter seiner Regentschaft wurde ein nationales Schulwesen eingeführt und die Aufhebung der Leibeigenschaft diskutiert. Vor allem mit seiner Forderung nach Aufhebung des Liberum veto und Aufstellung eines Heeres zur Sicherung der Unabhängigkeit des Landes erregte er den Zorn seiner Nachbarn.

Rußland machte sich umgehend zum Anwalt jener Adelsfraktion, die um ihre Privilegien fürchtete. Es ließ Truppen aufmarschieren und zwang den Reichstag 1768 zur Verabschiedung des »Toleranztraktats«: freie Königswahl und Liberum veto sollten dem Adel erhalten bleiben, die Diskriminierung der nichtkatholischen Glaubensgruppen wurde per Dekret untersagt.

Jene Adligen, die gegen eine russische Vorherrschaft und für die Restitution der katholischen Kirche eintraten, schlossen sich noch im gleichen Jahr in der Konföderation von Bar zusammen. Ihre Losung lautete »Für Glauben und Freiheit« – wobei »Glauben« hier selbstverständlich beschränkt war auf den katholischen Glauben. Ein Bürgerkrieg entbrannte, in dem vor allem die orthodoxen Bauern der Ukraine und Podoliens den Konföderierten schwere Verluste beibrachten. Letztere erhielten militärische Unterstützung von Frankreich, das zugleich die Türkei bewegen konnte, Rußland den Krieg zu erklären. Drei Monate verteidigten sich die Adelstruppen auf der Krakauer Wawelburg – erst die Niederlage der türkischen Truppen 1770 ließ den Widerstand der Konföderierten zusammenbrechen. Zwei Jahre später beschlossen die Herrschaftshäuser Preußens, Österreichs und Rußlands, einen Teil des polnischen Territoriums unter sich aufzuteilen. Polen war Spielball der Großmächte, der politische Handlungsraum extrem eingeengt. Mit pädagogischen und politischen Reformen suchte die Adelsrepublik unter Führung Poniatowskis einen Ausweg aus der inneren Krisensituation. Am 3. Mai 1791 gelang es den Reformern, im Sejm die Zustimmung zu einer neuen, an den Idealen der Französischen Revolution ausgerichteten Verfassung zu erlangen. Ein Erbfolgemodell sollte die demokratische Wahl des Königs durch den Adel ablösen, Städter sollten ein größeres Mitspracherecht in wichtigen politischen und sozialen Angelegenheiten erhalten.

Ihres Privilegs, bei jeder Königswahl mitentscheiden zu dürfen, wollten die sogenannten Erbmächte nicht verlustig gehen. Darum genügte ein Hilferuf konservativer Magnaten, um die Maiverfassung zu Fall zu bringen. Und weil das revolutionäre Frankreich der königlichen Republik nicht zu Hilfe kommen konnte, nutzten Rußland, Österreich und Preußen die Gunst der Stunde und teilten Polen ein weiteres Mal.

Der polnische Reststaat war mit einer Fläche von 240.000 km$^2$ und 3,5 Millionen Einwohnern nicht überlebensfähig. Als sich die absolutistischen Nachbarn daranmachten, den geschwächten polnischen Staat ein letztes Mal unter sich aufzuteilen, wurde in Krakau ein Aufruf zum Widerstand verkündet: Tadeusz Kościuszko leistete auf dem Marktplatz am 24. März 1794 den Eid auf die »nationale Erhebung« und gelobte, »die ihm anvertraute Macht ausschließlich für die Unabhängigkeit des Vaterlandes und die allgemeine Freiheit einzusetzen.« Der Aufstand scheiterte, Krakau wurde 1795 im Gefolge der dritten und damit endgültigen Teilung Polens österreichischer Herrschaft unterstellt. Schon im August des gleichen Jahres entsandte Kaiser Joseph II. den Fürsten Auersperg von Wien nach Krakau, damit ihm die Bürger der Stadt in der Marienkirche ihren Respekt bekundeten. Für den Adel und die Patrizier wurden Feste veranstaltet, und bevor das auf dem Wawel einquartierte Militär begann, polnische Rekruten für das österreichische Heer einzuziehen, wurde das gemeine Volk mit Freibier versorgt.

## Nation ohne Staat (1795–1918)

Doch die nationale Widerstandskraft der Polen war nicht gebrochen, Exil- und Oppositionsgruppen sammelten sich im revolutionären Frankreich. Tausende polnischer Patrioten kämpften im Heer Napoleons I. gegen Österreich und Preußen, erhofften sich von einem Sieg die Wiederherstellung des polnischen Staates. 1807 entstand für die Dauer von sieben Jahren das Großherzogtum Warschau, Verfassung und Verwaltung folgten dem französischen Vorbild. Zwei Jahre später wurde Krakau dem Großherzogtum eingegliedert. Erneut waren die Tuchhallen festlich geschmückt. Die 23.000 Einwohner zählende Stadt bereitete dem Fürsten Józef Poniatowski, dem Neffen des letzten polnischen Königs und späteren Feldmarschall in der napoleonischen Armee, einen begeisterten Empfang.

Und wieder wurden junge Soldaten angeworben – diesmal für den Krieg gegen Rußland. Kaum einer von ihnen kam lebend zurück. Russische Truppen besetzten Krakau 1813 und blieben zwei volle Jahre in der Stadt. Auf dem Wiener Kongreß 1815 kam es zu einer territorialen Neugliederung des Landes. Das Königreich Polen, das sogenannte »Kongreßpolen«, war fortan durch Personalunion an Rußland gebunden, das Großherzogtum Posen unterstand dem Herrschaftsbereich Preußens; Galizien wurde Teil der österreichischen Monarchie.

Dabei kam der Stadt Krakau, über deren Zugehörigkeit sich die Teilungsmächte nicht einigen konnten, eine Sonderstellung zu. Seit 1815 genoß sie unter dem Schatten der Schutzmächte eine »relative Autonomie«, die sich vor allem auf Verwaltungstätigkeiten bezog; auch profitierte die Stadt von Handelsgeschäften zwischen Österreich und Preußen. Krakau, einzige Stadt, in der polnisches Bürgerrecht galt, wurde wieder kultureller Mittelpunkt. Zu Manifestationen der Vaterlandsliebe gestalteten sich die Begräbnisse der nationalen Heroen. 1817 wurde Fürst Poniatowski in der Wawelkathedrale bestattet, zwei Jahre später ließ man die sterblichen Überreste Kościuszkos nach Krakau überführen. 1820 begann man mit der Aufschüttung des Kościuszko-Hügels in Zwierzyniec – nach dem mythisch-legendären Vorbild der Hügel von Krak und Wanda.

Krakau war das Zentrum patriotischer Bewegung. Nach der Niederschlagung des Aufstands in Kongreßpolen 1830 suchten viele Emigranten in der einstigen Königsstadt Asyl. Einer von ihnen, der Schriftsteller und Sozialist Edward Dombowski führte im Februar 1846 die Revolte gegen die habsburgische Besatzungsmacht an und starb im Kugelfeuer österreichischer Soldaten.

Nach Niederschlagung des Aufstands ging Krakau seiner Privilegien verlustig. Es wurde von österreichischen Truppen besetzt und im Rahmen des »Königreichs Galizien und Lodomerien« dem habsburgischen Teilungsgebiet eingegliedert. 1848 kam es abermals zu Kämpfen in der Krakauer Innenstadt, die aber von den auf dem Wawel stationierten österreichischen Militäreinheiten relativ rasch zu ihren Gunsten entschieden werden konnten. Die österreichische Besatzungsmacht schlug jetzt eine härtere Gangart an, forcierte die Germanisierung und erstickte alle demokratischen Willensbekundungen polnischer Patrioten. Erst nach ihrer Niederlage im Preußisch-Österreichischen Krieg 1866 verfolgte die habsburgische Monarchie – bedacht auf Absicherung verbliebener Herrschaft – einen liberaleren Kurs. Zwar blieb Krakau bis zum Ersten Weltkrieg politisch von Österreich dominiert, doch anders als im preußischen und russischen Herrschaftsbereich wurde den Bürgern Galiziens ein beträchtliches Maß an Freiheit zugestanden. Die Region durfte sich autonom verwalten, Krakau erhielt weitreichende Eigenständigkeit in kulturellen Fragen.

Die Liberalität barg für die Habsburger kein Risiko. Die konservativen Städter verhielten sich ihnen gegenüber loyal. Ihre Verlautbarungen im Krakauer Presseorgan »Czas« taten niemandem weh, im Bündnis mit der Geistlichkeit und dem Adel verordneten sie Rückbesinnung auf Kultur und christliche Werte. Die 1870 erneut polnisch gewordene Universität unterstand weitgehend ihrem Einfluß, die historische Schule um Michał Bobrzyński analysierte die Ursachen für den Untergang des polnischen Staates aus bürgerlich-konservativer Sicht. Daneben gab es ab 1872 noch eine mit Zustimmung des Kaisers gegründete Akademie der Wissenschaften, in der sich Gelehrte aus allen Teilen des Landes zu Vorträgen und Symposien trafen. Man war in Krakau dankbar für die von der Habsburger Monarchie gewährten kulturellen Zugeständnisse und suchte alles zu vermeiden, was dem Gedanken des Ausgleichs und der Versöhnung hätte zuwiderlaufen können.

Architekten aus Wien waren es, die in dieser Zeit das Stadtbild Krakaus besonders nachhaltig beeinflußten. Die bei dem großen Brand von 1850 zerstörten Baudenkmäler wurden wiedererrichtet, das Schloß auf dem Wawel und die Tuchhallen wurden restauriert. Die Schönheit der Stadt und ihr habsburgisches Ambiente zog vor allem die wohlhabende Aristokratie in ihren Bann. Viele bedeutende Adelsfamilien waren bemüht, Besitz in Krakau zu erwerben – einen eigenen Palast oder eine elegante Villa. 1876 wurde der Öffentlichkeit im Czartoryski-Palais eine bedeutende Kunstsammlung vorgestellt, drei Jahre später wurde das Nationalmuseum gegründet. Es entstand ein neues Theater, in dem bald auch polnische Stücke zur Aufführung gelangten, und in der Schule wurden die Werke der Nationaldichter Polens Pflichtlektüre. Das Geschichtsbild der

Krakauer wurde von Jan Matejko, einem Maler geprägt, der es besser als alle Historiker verstand, Mythen der glorreichen polnischen Vergangenheit im Bewußtsein der Betrachter zu verankern.

So bezog man hauptsächlich aus der Vergangenheit Kraft. Begierig wurde jede erdenkliche Chance genutzt, um wichtige Jahrestage zu feiern und sich von Helden der Nation zu verabschieden. 1890 wurde dem Dichter Adam Mickiewicz ein majestätisches Begräbnis zuteil, Hunderttausende kamen nach Krakau, um dem Romantiker auf dem Wawel die letzte Ehre zu erweisen. 1893 starb Jan Matejko – 100 Jahre später wurde seiner in Krakau mit einer Vielzahl von Feierlichkeiten gedacht.

Unter der paternalistisch-liberalen Herrschaft des Kaisers Franz Joseph hatte sich Krakau als solides Zentrum polnischer Wissenschaft und Kultur etabliert; hier wurden patriotische Bestrebungen geschickt integriert, das Nationalbewußtsein in Festakten wachgehalten. Und doch lag zugleich etwas Morbides über dieser Stadt. Das gesellschaftliche Leben erstarrte in Ritualen, saturierte Adlige und Bürger übten sich in vergeblichem Genuß. Sie sahen nicht oder wollten nicht sehen, daß die Zeit sich weiterbewegte. Vor den Toren der Stadt machte sich Unruhe breit: Ein Heer von Industriearbeitern wuchs heran, die Bevölkerung Krakaus stieg von 10.000 im Jahr 1870 bis auf 80.000 gegen Ende des Jahrhunderts. 1894 fanden in Krakau die ersten größeren Streiks statt und die Agitation der Sozialisten verstärkte sich – unter der Oberfläche der Saturiertheit begann es zu gären.

## Exkurs 1: Kulturrevolte um die Jahrhundertwende

Der miefig-morbide Provinzialismus der habsburgisch kontrollierten Stadt provozierte gegen Ende des 19. Jahrhunderts einen heftigen, mehrere Jahre währenden »Aufstand der Bohème«. Die Kultur erwies sich dabei als wirkungsvollstes Vehikel des Protests. Junge Maler an der Akademie der Schönen Künste lösten sich vom beherrschenden Vorbild Jan Matejkos und begannen, den Missionseifer der Historienmalerei in Frage zu stellen. Gemeinsam mit jungen Dramatikern und Poeten rebellierten sie gegen die spießerhafte Verengung bürgerlichen Lebens, gegen traditionellen Kunstgeschmack und blutleeren Akademismus.

Die Bewegung, die in den Folgejahren einen bedeutenden modernistischen Umbruch einleiten sollte, nannte sich das »Junge Polen«: eine merkwürdige Palette widerstreitender Richtungen und Tendenzen, die sowohl Neoromantiker als auch Symbolisten, Präexistentialisten und Bilderstürmer in ihren Reihen vereinte. Mit Begeisterung stürzten sich Krakaus Bürgersöhne auf die erstmalig ins Polnische übersetzten Texte von Baudelaire und Rimbaud, von Nietzsche und Stirner. Groß war die Zahl derer, die nicht nur lasen, sondern selber zur Feder griffen, um sich Lust, Leid und Haß von der Seele zu schreiben. Die Zeitschrift, die ihnen als Forum geeignet schien, war 1897 vom Dichter und Publizisten Ludwik Szczepański gegründet worden und trug den Namen »Życie«. Mit ihrem Titel drückte die Zeitschrift das aus, wonach sich alle Schreiber in dem bigotten Krakau sehnten: »das Leben«, Abkehr von einer Stadt der Gräber und den vom Bürgertum lebendig gehaltenen Nationalhelden.

Die neoromantische Bewegung, in den Veröffentlichungen von Karl Dedecius so vortrefflich portraitiert, forderte in enthusiastischen Manifesten die Rückkehr zur Phantasie: »Thron frei für den Menschen ohne Grundsätze, den Träumer, den Besessenen, den Fatalisten!« hieß es bei Stanisław Przybyszewski, und aus dem Ambiente von sozialer Verwesung und Zukunftslosigkeit stiegen die erotisch-dekadenten Verse des Kazimierz Tetmajer (1865-1940) auf, in deren selbstverliebter Trauer sich die Zuhörer in den Krakauer Salons lust- und wonnevoll wiedererkannten.

Einer ungehemmten, von sozialen Fesseln befreiten Lebens- und Kunstauffassung huldigte auch Adolf Nowaczyński, Sohn eines kaiserlich-österreichischen Beamten, der verliebt war in Satire und aggressiven Witz. Mit Verachtung strafte er die »braven Bürger« der Stadt sowie jene, die den Kampf gegen die Normalität allein mit künstlerischer Empfindsamkeit aufnehmen wollten. Der Inhalt seiner Satiren und Pamphlete war oft so beißend scharf, daß Zeitungen ihn nicht zu publizieren wagten – so auch 1899, als er in Anlehnung an Heine das Gedicht »Krakau: Eine Wintererzählung« schrieb und vergeblich seinen Abdruck in der Zeitschrift »Vorwärts« einklagte. 1902 veröffentlichte er seinen »Affenspiegel«, worin er die Stadt seiner Kindheit als »Kraksau« oder »Krähwinkel«, als Stadt der »Karrierekrüppel« denunzierte. Die in diesem Provinznest literarische Berühmtheit erlangten, schimpfte er »Globetrotter im Käfig«, »Individualisten ohne jede Spur von Originalität«.

Die antiautoritär bewegten Dichter, Maler und Schauspieler trafen sich am liebsten in Cafés. Hier wurden Konzepte vorgestellt, die dazu dienen sollten, Spießbürger zu verschrecken und verknöcherte Institutionen aufzuweichen; es wurde gestritten über die Kunst als Widerschein des Absoluten und der Seele, und mit Leidenschaft wurden die neuesten Theateraufführungen von Schnitzler, Ibsen und Strindberg diskutiert. Zum beliebtesten Dramatiker rückte Stanisław Wyspiański auf, der auch vor Verletzung von Tabus nicht zurückschreckte. Sein symbolistisch-visionäres Drama »Die Hochzeit« (1901) präsentierte eine eindringliche Absage an die ewigen Mythen des polnischen Patriotismus.

Zu den beliebtesten Cafés jener Zeit gehörten das Café Schmidt an der Ecke Szewskastraße/Planty, das Café von Frau Koziarska am Rynek Kleparski und das Café Sauer in der Szczepańskastraße. Doch keines von ihnen war so berühmt und berüchtigt wie die »Michalikhöhle«, jenes Café in der Floriansgasse, das bis zum heutigen Tag Besucher in seinen Bann zu ziehen weiß. Hier trafen sich all jene, die Lust am Sticheln und Stacheln hatten und nach Pariser Vorbild das Kabarett »Der grüne Ballon« ins Leben riefen. An die Abende im Kabarett, das sieben Jahre lang die intellektuelle Szene der Stadt um Gift und Galle anreicherte, erinnert sich Tadeusz Boy-Żeleński mit folgenden Worten: »Waren sie nicht eine beredte Forderung des Rechts auf Lachen, des Rechts auf einen freien Blick in die Welt, die Beendigung der Trauer, eine Vorahnung wohl, daß ihre Zeit bald wirklich beendet sein würde? Waren diese Abende nicht eine Art Revision, eine Ablehnung vieler frommer, in der Unfreiheit gezüchteter Lügen?«

## Exkurs 2: Lenin in Krakau

Am 22. Juni 1912 sprach ein in jenen Jahren noch wenig bekannter junger Mann bei den Behörden in Krakau vor. Er habe die Absicht, Polnisch zu lernen, erklärte er, auch wolle er die Agrarverhältnisse in Galizien studieren. Der junge Mann war Lenin, und weil das Verhältnis zwischen den Regierungen Galiziens und Rußlands zu jener Zeit extrem gespannt war, und die Behörden jede Schwächung des zaristischen Regimes bereit waren zu goutieren, konnte Lenin die Frage nach seinen Einkünften wahrheitsgemäß beantworten. Er sei, so sagte er, Korrespondent der russischen Oppositionszeitung »Prawda« und der in Paris erscheinenden russischen Zeitung »Sozialdemokrat«. Lenin hatte zuvor in Paris gelebt, die Anleitung revolutionärer Aktivitäten in Rußland schien jedoch von Krakau aus bedeutend leichter möglich. Die österreichisch-russische Grenze verlief zu dieser Zeit nur 11 km von Krakau entfernt durch Michałowice. »Die Grenze ist nahe«, schrieb Lenin an Gorki, »wir nutzen sie aus, es ist näher nach Petersburg, in zwei Tagen haben wir die Zeitungen von dort, für die dortigen Zeitungen zu schreiben ist unvergleichlich leichter geworden, die Zusammenarbeit klappt besser.«

Lenin hatte zahlreiche sozialistische Freunde in Krakau, doch er war klug genug, sich jeden Eingriffs in die sozialen Auseinandersetzungen, in die sich auch diese Stadt seit Ende des 19. Jahrhunderts verstrickt sah, zu enthalten. Am 2. Februar 1905 hatten mehr als 30.000 Menschen in Krakau für eine Demokratisierung des politischen Lebens demonstriert, Streiks kündeten in den Folgejahren vom Erwachen proletarischen Widerstandsgeistes.

Einer der bedeutendsten intellektuellen Köpfe der Oktoberrevolution, Nikolai Bucharin, besuchte Lenin im September 1912 in Krakau, nachdem er zuvor Urlaub in Zakopane gemacht hatte. In seiner Wohnung in der Lubomirskistraße verfaßte Lenin mehrere hundert Zeitungsartikel für die Prawda, auch erarbeitete er hier die Schrift »Über das Selbstbestimmungsrecht der Nationen«. An der Krakauer Delegiertenkonferenz des ZK der Bolschewiki im Januar 1913, die ebenfalls in seiner Wohnung stattfand, nahm erstmalig auch Stalin teil. Wie Bucharin lebte Stalin zu jener Zeit in Wien, wo er im Auftrag Lenins eine Studie über die Nationale Frage erstellte.

Die Nachfolgekonferenz fand Ende September 1913 in Poronin statt, einem kleinen Städtchen unweit Zakopanes. Lenin verließ Krakau und lebte bis zum Kriegsausbruch gemeinsam mit seiner Frau Nadeshda Krupskaja im benachbarten Biały Dunajec. Ein braver Bürger denunzierte ihn am 7. August 1914 als mutmaßlichen Spion, woraufhin eine Hausdurchsuchung vorgenommen und Lenin im Militärgefängnis von Nowy Targ interniert wurde. Zu den Persönlichkeiten, die sich für Lenins Freilassung einsetzten, zählten die polnischen Schriftsteller Jan Kasprowicz und Władysław Orkan. Doch erst am 19. August, nach einer Intervention der Reichsratsabgeordneten Victor Adler und Hermann Diamand beim österreichischen Innenminister, wurde Lenin auf freien Fuß gesetzt. Der Inhaftierte, so hatten die Abgeordneten erklärt, sei mit Sicherheit kein Spion, sondern werde Österreich als erbitterter Gegner des Zarismus zukünftig gewiß noch viele »gute Dienste leisten«.

Nach einer Woche erhielt Lenin die Reisebewilligung nach Krakau, von dort fuhr er weiter über Wien in die Schweiz. Am 5. September 1914 vermerkte er auf einer Postkarte: »Mit ganzer Familie bin ich glücklich nach Zürich angelangt.« Die Fortsetzung der Geschichte ist bekannt: Von der neutralen Schweiz reiste Lenin unmittelbar nach der Februarrevolution 1917 zusammen mit 22 Genossen im plombierten Zug durch Deutschland nach Rußland. Wenig später wurde der Sieg der Oktoberrevolution gefeiert.

Heute sind in Krakau und im Tatravorland alle Erinnerungen an Lenin getilgt; auch das Museum in der Topolowastraße wurde geschlossen.

## Aufstieg und Niedergang der Zweiten Republik (1918–1939)

Aufgrund der fortschreitenden Industrialisierung hatte sich die Bevölkerung Krakaus binnen weniger Jahrzehnte vervielfacht: bis zum Jahr 1914 war die Zahl der Einwohner auf 150.000 gestiegen. Vor allem in den verarmten Vorstädten konnte Józef Piłsudski junge Männer rekrutieren, die bereit waren, im Kampf für die Befreiung des polnischen Vaterlandes zu sterben. Zudem gab es eine große Zahl von Patrioten, die aus den preußisch und russisch beherrschten Gebieten Zuflucht in Galizien gesucht hatten und hier auf ihren Einsatzbefehl warteten. Doch die Bildung paramilitärischer Einheiten war – darauf bestand die habsburgische Besatzungsmacht – an eine Auflage geknüpft: konkrete Aktionen hatten sich ausschließlich gegen Rußland zu richten. Am 6. August 1914 ertönte das Startsignal. Unter Führung Piłsudskis zog die erste polnische Legion an der Seite Österreichs in den Krieg.

Freilich war nicht allein Österreich bemüht, die Polen zu ködern. Sämtliche Kriegsparteien versuchten krampfhaft, Polen mit dem Versprechen, ihm nach siegreich beendetem Krieg staatliche Unabhängigkeit zu gewähren, auf ihre Seite zu ziehen. Da jedoch die Mittelmächte einen von Schlesien bis Ostpreußen reichenden Grenzstreifen für das Deutsche Reich reklamierten und auch Rußland nur eine »relative« Autonomie anbot, suchte das im Sommer 1917 von den Nationaldemokraten gegründete Polnische Nationalkomitee stärkere Anbindung an die Alliierten, die an der Schaffung eines souveränen polnischen Staates vor allem deshalb interessiert waren, weil dieser als Bollwerk gegen neuerliche Expansionsgelüste der Deutschen dienen könnte.

Die Niederlage der Mittelmächte und der gleichzeitig erfolgte Zusammenbruch des zaristischen Reichs ließ den Traum von einer Neugeburt des polnischen Staates Wirklichkeit werden. Am 31. Oktober 1918 strömte die Bevölkerung Krakaus auf dem großen Marktplatz zusammen und durfte jubeln: Krakau war die erste polnische Stadt, die von Fremdherrschaft befreit war und sich unabhängig nennen durfte. General Piłsudski, der im Sommer 1917 mit den Deutschen gebrochen hatte und daraufhin in Magdeburg festgehalten worden war, kehrte 10 Tage später nach Polen zurück und wurde als Märtyrer gefeiert. Am 14. November 1918 wurde er von dem noch von Deutschland und Österreich eingesetzten Regentschaftsrat als Staatsoberhaupt vereidigt.

*Töpfermarkt in Krakau 1907*

Die von Piłsudski geführte Regierung war von Anfang an nicht willens, die im Versailler Vertrag entlang der Curzon-Linie festgelegte Ostgrenze zu akzeptieren und startete deshalb im April 1920 eine militärische Offensive gegen die neu entstandene sozialistische Staatengemeinschaft der Sowjetunion. Im Friedensschluß von Riga vom 18. März 1921 wurden die Grenzen um etwa 250 km ostwärts auf sowjetisches Territorium verschoben, womit sich Polen auch den Zugriff auf Ostgalizien und Teile Wolyniens sicherte. Ebenfalls im Rahmen einer Militäraktion wurde im Oktober 1920 das Gebiet um Wilna annektiert. Mehr als 6 Millionen Russen und Ukrainer unterstanden jetzt polnischer Herrschaft, über 30% der polnischen Bevölkerung gehörten ethnischen Minderheiten an.

Krakau hatte sich zeitweise im 19. und zu Beginn des 20. Jahrhunderts als geistige Hauptstadt Polens präsentieren dürfen, nun galten wieder andere Gesetze. Die Hauptstadt hieß Warschau und nur dort wurden wichtige politische Entscheidungen gefällt. So besann man sich in Krakau erneut auf die Tradition, restaurierte Kirchen, Klöster und Paläste. Zumindest in einer Hinsicht hatte sich auch für Krakau der militärische Vorstoß gen Osten gelohnt: Der Vertrag von Riga legte fest, daß Rußland unverzüglich sowohl die Kronschatzkammer als auch die bedeutende Sammlung von Arrazzi zurückzugeben habe. Die Arrazzi waren in Brüssel hergestellte flämische Bildteppiche, die König Sigismund II.

während seiner Regentschaft erworben hatte und die bis heute das Schmuckstück der Kunstsammlung auf dem Wawel darstellen.

Außerhalb der Altstadt verstärkte sich die Bautätigkeit. In mehrjähriger Arbeit entstanden das neue Nationalmuseum, die Jagiellonen-Bibliothek und eine Technische Akademie, erste Hochschule dieser Art in Polen; sie kooperierte mit dem Bergbaugebiet Oberschlesien, das der Völkerbund nach einem umstrittenen Volksentscheid Polen zugeteilt hatte.

Die polnische Regierung machte sich in den Folgejahren an die schwierige Aufgabe, Verwaltung und Justiz des neuen Vielvölkerstaates zu vereinheitlichen. Dabei kam es in den Fragen der Nationalitäten-, aber auch der Wirtschaftspolitik immer häufiger zu innenpolitischen Auseinandersetzungen. In Krakau fanden 1923 Streiks und Massendemonstrationen statt, die sich am 5. November zu einem regelrechten Arbeiteraufstand auswuchsen. Die Aktionen richteten sich gegen die Verhängung des Standrechts und die zunehmende Arbeitslosigkeit. Alfred Döblin, der die Stadt besuchte, wurde Zeuge der schweren Auseinandersetzungen, bei denen 18 Arbeiter und 2 Soldaten ums Leben kamen:

*»An der Beerdigung der Arbeitertoten nahmen zehntausend Menschen teil und kein Priester. Regierung und Klerus beteiligten sich nur an der Feier für die erschossenen Soldaten. Es war am 6. November... Die roten wehenden Fahnen! Von allen Fahnen, die es gibt, die entschlossenste. Sie kann ich ganz verstehen. Da bin ich nicht verirrt in der Stadt der Marienkirche und des Gerechten. Die blutigrote Fahne. Die gedrückten gefesselten Menschen der Maschinen. Und die befestigten, die die Welt erstarren in Wohlgefühl, in Ordnung für die Augen. Die verfestigte Welt, blutige Fahnen über sie.«*

Die parlamentarische Demokratie konnte sich in Polen nicht durchsetzen. Rasch wurde sie von autoritären Tendenzen untergraben, soziale Unzufriedenheit wurde auf äußere Feinde gelenkt. Nach einem nur fünf Jahre währenden parlamentarisch-demokratischen Zwischenspiel mit häufig wechselnden Regierungen unternahm Piłsudski, gestützt auf die Armee, am 12. Mai 1926 einen Staatsstreich und herrschte mit diktatorischen Vollmachten bis zu seinem Tod 1935. Wie der Name offenbart, strebte das Sanacja-Regime die Rückkehr zu einer »gesunden« Politik an. In den Jahren der »moralischen Diktatur« wurden deshalb die Rechte der in Polen lebenden ethnischen Minderheiten erheblich eingeschränkt; Kommunisten und Sozialisten wurden eingekerkert: die Führer meist in Brest-Litowsk, einfache Parteimitglieder in den Provinzgefängnissen – in Krakau war dies das Michaels-Gefängnis im Keller des Archäologischen Museums.

Beliebtester Sündenbock waren die Juden. Obwohl sie weniger als ein Drittel der Bevölkerung ausmachten, okkupierten sie fast 70% aller freiberuflichen Stellen. Besonders hoch war die Zahl der jüdischen Ärzte, Anwälte und Kaufleute. Aus Angst vor »Überfremdung« beschloß die Regierung Piłsudski, die Zulassung von Juden zur Universität zu beschränken; das an jüdischen Gymnasien abgelegte Abitur wurde prinzipiell nicht mehr als Hochschulreife anerkannt. Der staatlich angeordnete Antisemitismus ermunterte viele Studenten zu judenfeindlichen Demonstrationen. 1936 zogen 20.000 Studenten, ein Drittel aller

damaligen polnischen Studenten, nach Tschenstochau, dem katholischsten aller Nationalheiligtümer, um dort unter dem Beifall des Kardinals zu geloben: »Früher oder später wird Polen judenfrei!«
Viele Künstler und Intellektuelle verloren in diesen Jahren den Glauben an eine demokratische Regeneration, übten sich in Kulturkritik oder huldigten – wie etwa Stanisław Ignacy Witkiewicz – dem sogenannten »Katastrophismus«, verneinten jegliche Linie der Tradition.

In eine Katastrophe mündete auch das Experiment der Zweiten Republik. Die deutsche Regierung drängte unablässig auf eine Revision der Grenzen, wünschte eine veränderte Verfassung für die Stadt Danzig sowie den Bau einer extraterritorialen Autobahn und einer Eisenbahnlinie nach Ostpreußen. Da Polen zu dieser Konzession nicht bereit war, gab Hitler am 3. April 1939 den Befehl zur Vorbereitung eines Angriffs und löste am 28. April das Nichtangriffsabkommen von 1934 auf. Der am 23. August 1939 zwischen Molotow und Ribbentrop unterzeichnete deutsch-sowjetische Nichtangriffsvertrag (Hitler-Stalin-Pakt) enthielt ein geheimes Zusatzprotokoll, das die Aufteilung Polens vorsah.

## Krakau unter deutscher Herrschaft (1939–1945)

Die Unabhängigkeit Polens währte nur 20 Jahre: Am 1. September 1939 überschritten deutsche Truppen die Grenze und besetzten binnen weniger Wochen weite Teile des Landes. Das von deutschen Truppen eroberte Gebiet wurde nur zur Hälfte annektiert; die zweite Hälfte wurde Generalgouvernement, diente als Reservoir von Arbeitskräften und militärisches Aufmarschgebiet für den Angriff auf die Sowjetunion.

Krakau wurde Hauptstadt des Generalgouvernements, der Jurist Hans Frank residierte im ehemaligen Königsschloß auf dem Wawel. Polen galt ihm als »Wandalengau«, seine Bewohner seien auszubeuten und als Volksgruppe zu liquidieren. Bereits am 6. November 1939 startete er die »Sonderaktion Krakau«: 184 Professoren und wissenschaftliche Mitarbeiter der Universität wurden in das Konzentrationslager Sachsenhausen deportiert, sämtliche Bildungs- und Kultureinrichtungen der Stadt auf unbestimmte Zeit geschlossen. Für polnische Bürger sollte fortan eine vierklassige Volksschule genügen, in der sie lernen könnten, ihren Namen zu schreiben und einfache Rechenaufgaben zu lösen. Auch sollten sie begreifen, daß es ein göttliches Gebot sei, den Deutschen gehorsam zu sein; wichtigste Tugenden seien Ehrlichkeit und Fleiß. Deutschen Bürgern hingegen sollte das Reich der Bildung offenstehen. Am 20. April 1940 weihte Hans Frank in den Räumen der Universität das Institut für Deutsche Ostarbeit ein, das nach dem Krieg Kernstück der Kopernikus-Universität werden sollte.

Im gleichen Jahr veröffentlichte Bruno Hans Hirche in der Erstausgabe der Zeitung des Generalgouvernements einen Artikel mit dem Titel »Das Deutsche Krakau«, dem der folgende Textauszug entnommen ist:

*»Das einstige deutsche Kulturzentrum des Ostens ist als die Hauptstadt des Generalgouvernements wieder Mittelpunkt deutscher Ordnung und deutschen Aufbaus geworden. Wer über die grünen Gürtel des Außen- und des Innenringes*

*dem alten Stadtkern und heutigen Adolf-Hitler-Platz zustrebt, dem wird dieser historische Wandel auf Schritt und Tritt bestätigt. Nicht nur, daß deutsche Uniformen im buntbewegten Straßenbild vorherrschen und deutsche Straßenbezeichnungen den Weg nicht verfehlen lassen; die Beobachtung des Alltags vermittelt auch sonst vielfältig den Eindruck einer neu belebten und schaffenden Stadt. (...) Nein, wie hat sich dieses Krakau verändert! Und Juden gibt es auch immer weniger...! Ja, die Sterne sind zählbar geworden, die blaue Davidskennzeichnung auf weißer Armbinde ist kein laufendes Band mehr. Auch hier hat die deutsche Säuberung eingesetzt. Daß man von Anfang an auf eine reinliche Scheidung bedacht war, lassen die Schilder an den Straßenbahnen erkennen, die den Nichtjuden und Juden getrennte Plätze zuweisen. Diese strenge Trennung war vor allem aus gesundheitlichen Gründen erforderlich. Nach dem Stadtinnern zu häufen sich an den Häusern die Hinweise auf deutsche Dienststellen und Geschäfte. Rund um den Ring flutet das Leben am bewegtesten auf und nieder. Von der Seite der Neuen Universität schallt schneidige Marschmusik herüber. Ein Musikkorps der Luftwaffe spielt zum Platzkonzert auf. Mit den Deutschen freuen sich auch die Polen des schmetternden Spiels und drängen sich neugierig in den Ringanlagen. An diesem Ring befinden sich auch zahlreiche deutsche Gaststätten, die in ihrer Sauberkeit ebenfalls ein erzieherisches Vorbild geworden sind.«*

Hirche schrieb in der Pose des Eroberers, der das Leid, das er anrichtet, nicht wahrhaben möchte. Generalgouverneur Frank, dem Hirche ein »hartes, aber gerechtes Regiment« bescheinigte, bevorzugte eine offenere Sprache. Am 15. Oktober 1941 erließ er folgendes Dekret: »Ein Jude, der den ihm zugewiesenen Wohnbezirk unbefugt verläßt, wird mit dem Tode bestraft. Die gleiche Strafe trifft diejenigen, die diesen Juden wissentlich Unterschlupf gewähren.« Und einige Wochen später, am 16. Dezember 1941 fügte er hinzu: »Ich will von den Juden nichts, außer daß sie verschwinden... Wir müssen die Juden vernichten, wo wir sie treffen und wann immer sich Gelegenheit ergibt, so daß wir hier die gesamte Struktur des Reiches aufrechterhalten können... Wir können diese 3,5 Millionen Juden nicht erschießen, und wir können sie nicht vergiften, aber wir können Schritte ergreifen, die auf die eine oder andere Weise zu ihrer Ausrottung führen, dies in Verbindung mit den Maßnahmen großen Stils, die im Reich zur Debatte stehen.« – In Krakau wurde das Ghetto in Podgórze, südlich von Kazimierz errichtet. Hier wurden die 18.000 in der Stadt verbliebenen Juden eingesperrt. Einer von ihnen war Mordechai Gebirtig, ein Dichter und Musiker, dessen Lied »Unser Shtetl brent« Hymne des jüdischen Widerstandes wurde. Gebirtig wurde im Juni 1942 deportiert und erschossen. Es gibt nur wenige Bewohner des jüdischen Ghettos, die die Jahre deutscher Besatzung überlebt haben: im März 1943 hatte das Ghetto seine Funktion erfüllt und wurde aufgelöst.

In Krakau gab es – anders als in Warschau – keine politische Bewegung, die einen bewaffneten Widerstand hätte realisieren können. Doch es gab eine Untergrund-Universität: Professoren und Studenten nahmen konspirativ den Lehrbetrieb wieder auf, die Räumlichkeiten waren getarnt als Firmen und

*Dokumente aus der deutschen Besatzungszeit*

Genossenschaften. Am 19. April 1942 wurden von der Gestapo im Künstlercafé in der Łobzowskastraße über 200 Schriftsteller, Schauspieler und Künstler bei einem konspirativen Treffen überrascht; sie wurden verhaftet und nach Auschwitz deportiert. Im Theatermuseum sind Photos und Dokumente gesammelt, die überdies Aktivitäten verbotener kleiner Theater belegen, z.B. die des »Teatr Poetycki Niezależny« (Unabhängiges Poetisches Theater) und des »Teatr Jednoaktówki« (Theater der Einakter).
Die Stadt wurde am 18. Januar 1945 durch sowjetische Truppen befreit. Der überraschende Truppeneinmarsch verhinderte die Sprengung der Stadt und die Zerstörung der Kulturdenkmäler durch die deutsche Wehrmacht.

## Sozialistische Volksrepublik (1945–1989)

Auf den Konferenzen von Jalta und Potsdam wurden die neuen polnischen Staatsgrenzen festgelegt: die Oder-Neiße-Linie markierte die Westgrenze, die Curzon-Linie wurde Ostgrenze. Damit hatte sich das polnische Staatsgebiet weit in Richtung Westen verschoben. Schlesien, das südliche Ostpreußen, Pommern und Danzig gehörten nun zu Polen, die meisten hier lebenden Deutschen wurden vertrieben; die Gebiete Weißrußlands und der Ukraine fielen an die Sowjetunion.
Der Krieg hatte in Polen 6 Millionen Menschen das Leben gekostet, darunter befanden sich über 3 Millionen polnische Juden. Die neue, von linken Parteien getragene polnische Regierung organisierte den Wiederaufbau des Landes,

nationalisierte die Banken und wichtige Industrien. »Kommunistische Herrschaft paßt zu Polen wie der Sattel auf eine Kuh« (Stalin): uneingedenk dieses Befundes wurde die Planwirtschaft in Polen eingeführt und die Polnische Vereinigte Arbeiterpartei übernahm die führende Rolle in Staat und Gesellschaft.

Anfangs sah es so aus, als sei der Versuch der Sozialisten, die polnische Bevölkerung auf Konsens einzuschwören, von Erfolg gekrönt. Der Sympathietest mittels eines Referendums 1946 zeigte in allen Städten Zustimmung – nur nicht in Krakau. Hier wollte man keine sozialen Experimente, erst recht nicht, wenn sie gesteuert waren von gottlosen Politikern. Stattdessen suchte die Stadt an alte kulturelle Traditionen anzuknüpfen – irgendwann, so glaubte man, würden bessere, vergangene Zeiten heraufziehen. Am 3. Mai 1946 versammelten sich mehrere tausend Menschen trotz staatlichen Verbots in der Marienkirche, um des 200. Jahrestages der Verabschiedung der Verfassung zu gedenken. Eine Tradition des passiven Widerstandes wurde begründet, die allerdings erst 40 Jahre später von Erfolg gekrönt werden sollte.

Die Bevölkerung wählte in ihrer Mehrheit christlich-konservativ und nicht wenige gab es, die sich nach dem autokratischen Regime Piłsudskis oder gar den alten Zeiten unter Kaiser Franz Joseph zurücksehnten. Künstler und Freiberufler zeigten sich vergrämt über Eingriffe des Staates in die Sphäre der Genüsse. Man liebte es nicht, daß die schönen Caféhäuser in den Tuchhallen und der Floriansgasse verstaatlicht wurden, daß es keine Feinschmecker-Restaurants mehr gab und keinen Ort, an dem die Bohemiens ganz unter sich sein durften. Besonders empört waren die Erben des Adels, denn in Villen und Palästen wurde »niederes Volk« einquartiert. Jeder Bewohner Krakaus, so wurde vom Staat dekretiert, sollte nur 5 m2 Wohnraum beanspruchen dürfen – Salons und herrschaftliche Räume verwandelten sich in Wohnstätten für Arbeiterfamilien.

Die sozialistische Regierung, die nach den Zerstörungen des Krieges darangehen mußte, die Industrie Polens vollkommen neu aufzubauen, betrieb ab 1947 auch in Krakau ein forciertes Industrialisierungsprogramm. Nur 12 km östlich der Altstadt wurde ein Eisenhüttenwerk errichtet, das zu einem riesigen Kombinat mit Chemiefabrik, Stahl- und Walzwerk ausgebaut wurde. Etwas westlich davon entstand Nowa Huta, geplant als proletarische Musterstadt mit kultureller Vielfalt; unverhohlen sprach die politische Führung die Hoffnung aus, hier werde ein Gegengewicht zum »bürgerlich-dekadenten« Krakau heranreifen.

Obzwar die stalinistische Herrschaft in Krakau nie so brutale Formen annahm wie in anderen Städten, wurden bürgerliche Intellektuelle auch hier einschneidenden Repressionen ausgesetzt. Aufführungs- und Publikationsverbote waren an der Tagesordnung – wer sich der Doktrin des Sozialistischen Realismus nicht beugte, wurde ausgegrenzt. Es gab Künstler, die im Lande blieben und sich an den Widerständen der Bürokratie abarbeiteten, andere prominentestes Beispiel ist Czesław Miłosz – zogen es vor, ins westliche Ausland zu ziehen.

1956 kam es zu Arbeiterunruhen in Posen, der Nationalkommunist Gomułka wurde neuer Parteiführer. Die Zwangskollektivierung der Landwirtschaft wurde gestoppt, für die Dauer weniger Jahre verbreitete sich ein Klima liberaler Reform. Krakau erlebte eine kulturelle Blütezeit: Der Komponist Krzysztof Penderecki und der

*Solidarität mit dem Papst – Weißer Marsch am 17. Juni 1981*

Filmemacher Andrzej Wajda ließen sich vom Ambiente der Stadt inspirieren und wurden in aller Welt berühmt, ebenso Tadeusz Kantor, der mit seinem »Theater des Todes« die Avantgarde Westeuropas nachhaltig beeinflußte. Roman Polański verabschiedete sich von Krakau 1962, Sławomir Mrożek ist Emigrant seit 1963.

Kritik richtete sich in den 60er Jahren zumeist nicht gegen das sozialistische »System«, sondern nur gegen bestimmte, in Führungspositionen agierende Personen; man warf ihnen Kompetenzmangel vor und versprach sich von ihrer Absetzung eine Besserung der eigenen Lebenssituation. Zu schweren Auseinandersetzungen innerhalb des kommunistischen Führungsapparates kam es erst wieder 1968 im Jahr der Studentenunruhen, zwei Jahre später führten die Arbeiterrevolten in Danzig einen Machtwechsel an der Spitze herbei. Edward Gierek übernahm die Parteiführung und versuchte mit Hilfe westlicher Kredite, einen neuen wirtschaftlichen Aufschwung einzuleiten.

Liberale kulturpolitische Ventile sicherten die Herrschaft ab und untergruben sie gleichzeitig. Vor allem die katholischen Kirche wußte Freiräume für ihre oppositionelle Arbeit geschickt zu nutzen. Ihr unterstand eine Wochenzeitung, die während aller Jahre sozialistischer Herrschaft keiner nennenswerten Zensur unterlag. Der Name der Zeitschrift war »Tygodnik Powszechny«, der Krakauer Erzbischof Karol Wojtyła unterhielt engen Kontakt zu ihren Mitarbeitern. Als sich ab 1976 die wirtschaftliche Lage deutlich zu verschlechtern und die Hoffnung der Bevölkerung auf eine Reformierbarkeit des Sozialismus zu erlahmen begann, wurde die Kirche wichtigster Kristallisationspunkt der sich formierenden demokratischen Opposition: Sie war beharrlich bemüht um eine

Annäherung zwischen Intellektuellen und Arbeitern und trug bei zur Entstehung des KOR, des Komitees zur Verteidigung der Arbeiter.

Mit Stolz erfüllte es die Polen, als der Krakauer Kardinal Karol Wojtyła 1978 zum Papst gewählt wurde. Johannes Paul II. wurde von der Bevölkerung bei seinem Besuch im Juni 1979 begeistert empfangen. Er symbolisierte die kulturelle Identität Polens, die Hoffnung auf ein Leben in Freiheit und Erfolg. »Habt keine Angst« unter diesem Motto versammelten sich über eine Million Menschen auf den Błonia-Wiesen von Krakau. Der Besuch wurde zum Auslöser für eine gewaltige Protestbewegung, die im August 1980 in den Streiks der Werftarbeiter von Danzig ihren Gipfelpunkt fand. Im »Danziger Abkommen« erlaubte die Regierung den Arbeitern die Gründung der unabhängigen Gewerkschaft »Solidarność«. Die hierin vereinte Opposition reichte von Reformlinken bis hin zu reaktionären Klerikern und zählte bald 10 Millionen Mitglieder. Allerdings erreichte die wirtschaftliche Situation Polens 1981 einen bedrohlichen Tiefpunkt: Das Land konnte seinen Zahlungsverpflichtungen gegenüber westlichen Gläubigern nicht mehr nachkommen. Nach einer neuerlichen von Solidarność ausgelösten Streikwelle verhängte Ministerpräsident Jaruzelski am 13. Dezember 1981 das Kriegsrecht über Polen, um – wie vermutet werden darf – eine militärische Intervention durch Truppen des Warschauer Pakts zu verhindern. Die Gewerkschaft Solidarność wurde verboten, eine große Zahl von Bürgerrechtlern und Dissidenten verhaftet. Der über Polen verhängte westliche Wirtschaftsboykott forcierte die Krise, trieb eine große Zahl vor allem kleinerer Betriebe in den Ruin.

In diesem Klima wachsender sozialer Not und Depression war die Kirche einziger Hoffnungsträger. Viele Menschen, die normalerweise nie den Fuß über die Kirchenschwelle gesetzt hätten, nahmen an Gottesdiensten und Messen teil. Das Kriegsrecht wurde zwar bereits am 20. Juli 1983 aufgehoben, doch erst drei Jahre später, als alle politischen Gefangenen freigelassen und wesentliche marktwirtschaftliche Elemente in das bestehende Plansystem integriert waren, zeigte sich der Westen wieder kooperationsbereit. 1986 trat Polen zur Sicherung seiner Kreditwürdigkeit bei westlichen Gläubigern dem Internationalen Währungsfonds (IWF) bei. Die westliche Staatengemeinschaft begrüßte diesen Schritt, wußte sie doch, daß damit das politische Bekenntnis des Systemgegners zur kapitalistischen Wirtschaftsordnung verbunden war. De facto trat Polen in Finanz- und Wirtschaftsfragen entscheidende Souveränitätsrechte ab, die nationale Ökonomie wurde auf Tilgung der bei westlichen Kreditgebern gemachten Schulden umgestellt: zwecks Devisenerwirtschaftung wurden Lebensmittel zu Spottpreisen ins westliche Ausland exportiert, überflüssige Ausgaben im sozialen Bereich eingespart.

Neue soziale Spannungen waren die Folge. Im Mai 1988 wurde die Krakauer Vorstadt Nowa Huta Zentrum der überregionalen Streikbewegung, erstmalig gingen nun auch in der proletarischen Musterstadt Regierungstruppen mit Waffen und gepanzerten Fahrzeugen gegen Arbeiter vor. Die Hoffnung auf einen reformierten, demokratischen Sozialismus war endgültig geschwunden, auch in Nowa Huta wurde jetzt offen das »Ende des Sozialismus« verlangt. Die Streiks zwangen die sozialistische Regierung zu Verhandlungen mit der Opposition am »Runden Tisch«, wobei für Juni 1989 Wahlen vereinbart wurden, bei denen die Opposition Anrecht auf 35% der Sitze erwarb. Bei diesen Wahlen konnte Solidarność einen überzeugenden Sieg über die Kommunisten erringen, denn viele Wähler waren der kommunistischen Mangelwirtschaft überdrüssig und glaubten, unter einer Gewerkschaftsregierung würde sich ihr Lebensstandard verbessern. Am 24. August 1989 wurde Tadeusz Mazowiecki erster nichtkommunistischer Ministerpräsident Polens. Im Dezember wurde das Mehrparteiensystem eingeführt, im Januar 1990 löste sich die Polnische Vereinigte Arbeiterpartei auf.

## Parlamentarische Demokratie (ab 1989)

*»Was ist noch schlimmer als der Kommunismus? Das, was danach kommt.«*
*György Dalos*

Als der Sozialismus von der politischen Bühne abtrat, glaubten viele, eine neue, bessere Zeit sei angebrochen. Die »neue Zeit« bedeutete jedoch auch Arbeitslosigkeit, Preisanstieg und Abbau von Sozialleistungen. Die Schaufensterauslagen wurden mit vielen bunten Waren gefüllt – doch wo war das Geld, um sie zu kaufen? Die neuen Lebensmittelkarten, schrieb Zygmunt Baumann, seien listigerweise als Banknoten getarnt: Hatte sich der Besitzer von Lebensmittelkarten noch über die Unzulänglichkeit staatlicher Planung und Verteilung mokieren dürfen, so sehe er jetzt den Zeigefinger spöttisch auf sich gerichtet: »Zu arm bist du«, tönt's ihm entgegen, »hast dich nicht genug angestrengt!«

Als 1993 abermals Wahlen zum Sejm anstanden, fragte sich manch ein desillusionierter Wähler: War es nicht doch besser unter dem alten Regime? Wo ist der versprochene Wohlstand – was habe ich vom Recht auf Freiheit und Demokratie, wenn ich sie mit dem möglichen Verlust des Arbeitsplatzes erkaufen muß? Die Enttäuschung vieler Polen ist in gewissem Maße verständlich. Es gab im alten System ein Minimum an Sicherheit, das jedem garantiert war. Wer heute seinen Arbeitsplatz verliert, bekommt 1 Jahr Arbeitslosengeld, danach ist er auf Almosen und familäre Unterstützung angewiesen. Oft haben sich Bürger, die sich von der Entwicklung überrollt fühlten, hilfesuchend an die ehemaligen Bundesgenossen gewandt, die nun Volksvertreter sind und Ministersessel bekleiden. Dort jedoch mußten sie die Erfahrung machen, daß die Beziehung zwischen Bürger und Staat nicht mehr die gleiche ist wie früher. Es ist nicht Aufgabe des neuen Staates, sich um das Leid des einzelnen zu kümmern; in der demokratischen, marktwirtschaftlichen Gesellschaft, so wird dem Bürger bekundet, ist sich jeder selbst der Nächste.

Der großen Schar von Habenichtsen steht eine relativ kleine Minderheit gegenüber, die sich in den vergangenen Jahren geschickt zu bereichern wußte. Sie vor allem sind die Advokaten des neuen Systems und propagieren lauthals die Vorzüge der »Ellenbogengesellschaft«. Emil Brix, der frühere österreichische Generalkonsul von Krakau, konstatierte das Fehlen einer demokratischen, verantwortungsbewußten Schicht von Geschäftsleuten. Durch jene, die er in Kra-

*Karikatur auf die 90er Jahre von Andrzej Mleczko*

kau beobachten kann, fühlt er sich erinnert »an amerikanische Western, wo sich jeder gegen jeden stellt.« Und er fährt fort: »Zu viele Menschen gibt es, die nur das große Geld machen wollen, ohne sich Gedanken zu machen um die weitere reale Entwicklung.«

Polen ist heute eine Gesellschaft mit verletztem Selbstwertgefühl. Sie sucht Sicherheit im Atlantischen Bündnis und hat Zweifel, ob man sie ihr gewähren wird. Bei den Wahlen zum Sejm, dem polnischen Abgeordnetenhaus, siegte im September 1993 das nachkommunistische Bündnis der Demokratischen Linken (SLD) mit 20,4% aller Stimmen. Auch die mit 15,4% zweitstärkste Gruppierung, die Bauernpartei (PSL) ist eine frühere Blockpartei. Unter ihrem Vorsitzenden Pawlak wurde eine Koalitionsregierung gebildet, die über fast zwei Drittel aller Sitze im Parlament verfügt. Ihr Ziel ist ein »Kapitalismus mit menschlichem Antlitz«: sozialverträglich und laizistisch soll er sein, der Klerikalisierung des Alltags soll ein Riegel vorgeschoben werden. Bei der Präsidentenwahl 1995 setzte sich der Linkstrend fort. Der Exkommunist Aleksander Kwaśniewski triumphierte über seinen Konkurrenten Lech Wałęsa.

In Krakau blieb bis heute das Wahlbündnis der Linken ohne Siegeschance. Obwohl man nicht glaubt, die Einführung der Marktwirtschaft könnte von den Regierenden rückgängig gemacht werden, mißtraut man hier den »gewendeten« Kommunisten, begreift das Wahlergebnis als »Schande für Polen« oder gar »Werk des Teufels«.

# Epilog

Am 17. September 1993 erklang Trauermusik auf dem großen Marktplatz von Krakau. Tausende von Menschen säumten den Königstrakt, um dem aus Großbritannien nach Polen »zurückgekehrten« General Sikorski die letzte Ehre zu erweisen. Als 1939 deutsche Truppen das Land besetzten, hatte Sikorski – anfangs in Paris, seit Juni 1940 in London – eine Exilregierung gegründet, in der er die Rolle des Ministerpräsidenten übernahm; zugleich wurde er Vorsitzender der polnischen Streitkräfte und leitete den Einsatz polnischer Soldaten auf der Seite der Anti-Hitler-Koalition. Viele Polen verehrten Sikorski, glaubten sie doch, er werde den »selbstlosen« Einsatz der Polen im Kampf gegen Deutschland nach Beendigung des Krieges in politische Münze einwechseln und Polen in den Kreis der souveränen Staatengemeinschaft zurückführen können. Diese Hoffnung schlug fehl. Beim Absturz seines Flugzeuges nahe der Küste von Gibraltar am 4. Juli 1943 kam Sikorski ums Leben – bis heute ist die Ursache des Absturzes nicht restlos geklärt. Englische Zeitungen erinnerten in diesem Zusammenhang daran, daß Kim Philby, der bekanntlich für die Sowjetunion arbeitete, zu jener Zeit einen hohen Posten im britischen Geheimdienst bekleidete. Auf einem britischen Militärfriedhof wurde Sikorski bestattet.
Nach 1945 versuchte die kommunistische Regierung vergebens, die sterblichen Überreste des Generals von England nach Polen zu überführen: die Gemeinde der polnischen Emigranten lehnte dies ab, ebenso die britische Regierung. Erst 1993 wurde die Überführung möglich. In der Leonhard-Krypta der Wawelkathedrale fand Władysław Sikorski seine letzte Ruhe – in würdiger Nähe des Autokraten Piłsudski und des Türkenbezwingers Sobieski. Präsident Wałęsa und die (damalige) Ministerpräsidentin Suchocka verbeugten sich vor dem Toten, Kardinal Glemp las die Totenmesse; bedeutendster ausländischer Gast war der Herzog von Edinburgh. Viele der anwesenden Kriegsveteranen waren Ende 1939 in sowjetische Kriegsgefangenschaft geraten; 1941 wurden sie freigelassen, nachdem Stalin am Vorabend des Einmarsches der NS-Truppen in die Sowjetunion mit Sikorski ein entsprechendes Abkommen unterzeichnet hatte. Kriegsveteran Prof. Wojciech Narebski, Kämpfer in der Schlacht um Monte Cassino, erklärte: »Für uns war er der Stern von Bethlehem; als wir für ihn kämpfen durften, verwirklichten wir unseren Traum.«
Am gleichen Tag, an dem Sikorski bestattet wurde, wurden in der polnischen Hauptstadt auch die letzten russischen Offiziere verabschiedet. Auf den Tag genau 50 Jahre zuvor waren die Truppen Stalins in Ostpolen eingerückt.

*Blick von der Marienkirche auf den Rynek, in der Bildmitte der Rathausturm*

# Königsstadt Krakau: Streifzüge und Erkundungen

Die Stadt Krakau wird von der Weichsel durchschnitten, Besucher werden sich vorwiegend auf ihrer Nordseite aufhalten. Hier liegt auch der alte, im Krieg unzerstört gebliebene Stadtkern Krakaus, dem die ersten sieben Rundgänge gewidmet sind. Die Altstadt wird umrahmt von einem fast vier Kilometer langen Grüngürtel, dem sogenannten »Planty« (Rundgang 8). Weitere Erkundungen gelten den Stadtvierteln Kleparz (9) und Kazimierz (10), zwei Ausflüge führen in bewaldete Gebiete im Westen Krakaus (11 und 12). Ein abschließender Besuch gilt der proletarischen »Musterstadt« Nowa Huta (13).

## 1. Rund um den Großen Platz

Im Herzen Krakaus liegt der **Rynek Główny**, ein riesiger mittelalterlicher Platz, durch einen langgestreckten Renaissancebau in zwei Hälften geteilt. Er ist quadratisch und hat ein Ausmaß von 40.000 m$^2$. In der Südostecke ist eine Kapelle plaziert, im Nordosten schiebt sich eine gewaltige Kirche ins Bild. Vor dem Hintergrund des weit ausgreifenden Platzes wirkt selbst der monumentale Rathausturm grazil und das pathetische Denkmal des Dichters Adam Mickiewicz anmutig-leicht.

Die Krakauer lieben diesen Platz. Von morgens bis abends, in den Sommermonaten gar bis in die Nacht hinein, wird er zu ihrem zentralen Treffpunkt und Versammlungsort. Abendliche Stunden zeichnen ein vertrautes Bild: Straßenmusikanten werden von einem jugendlichen Publikum umlagert, Punker sonnen sich auf einer Tribüne. Eine Gruppe von Nonnen strebt dem nächstgelegenen Kirchentor zu, Kinder tummeln sich an einem Springbrunnen und scheuchen Tauben auf. Auf den freien Flächen vor den Tuchhallen breiten sich Blumenstände aus, eingesprenkelt sind Brezelbuden und Verkaufswagen mit bunten Holzschnitzereien. Flaneure sieht man vor allem in den Cafés: Sie inspizieren die neueste Mode und die Gesichter der Fremden, sind auf der Suche nach einem koketten Augenspiel und einem Lächeln.

Wer den Platz in seiner grandiosen Einsamkeit durchschreiten will, dem sei ein Besuch im Morgengrauen empfohlen. Zwischen den sich verflüchtigenden Nebelschwaden erblickt er vielleicht die Silhouette einer Blumenfrau – oder einen wehmütig dreinschauenden Alten, der die Nacht unter den Arkaden verbrachte und mit Vorliebe die Schatten der Vergangenheit heraufbeschwört. Von den kleinen Gaunern und Betrügern spricht er, die hier im Mittelalter öffentlich hingerichtet wurden, vom heldenhaften Kościuszko, der auf diesem Platz 1794 den Aufstand der Bürger Krakaus proklamierte und gelobte, die Teilung Polens verhindern zu wollen; und natürlich zeigt er zum Rathausturm hinüber, von dem am 31. Oktober 1918 unter dem Beifall der Menge die österreichischen Adler hinabgeschleudert wurden – an diesem Tag wurde Polen unabhängig...

*Vor den Tuchhallen*

Der Rynek ist so reich an geschichtsträchtigen Baudenkmälern, daß ein einziger Tag kaum ausreicht, um sie genau in Augenschein zu nehmen. Der Besuch dieser Bauten hält Überraschungen bereit, denn oft ist die Fassade trügerisch. Vielfach erscheint sie in neoklassizistischem Gewand, doch Eingänge und Torbögen, Kellergänge und architektonische Details führen um Jahrhunderte zurück, geleiten uns bis ins 13. und 14. Jahrhundert, jene Zeit, der Marktplatz und Altstadt ihre Entstehung verdanken.

»**Sukiennice**« ist die polnische Bezeichnung für die **Tuchhallen**, die in einer Länge von über 100 Metern den Platz in der Mitte durchschneiden. Krämerläden entstanden hier unmittelbar nach Verleihung des Stadtrechts 1257, um 1300 wurden sie überdacht, seit Ende des 14. Jahrhunderts in einem gotischen Backsteinbau mit spitzbögigen Eingängen zusammengehalten. Nach einem Brand im Jahr 1555 wurde das Krakauer Handelszentrum entscheidend umgestaltet. Italienische Bauherren schufen ein zweistöckiges Gebäude im Stil der Renaissance – bestechend vor allem die Attika mit Arkadenfries und grotesken Figuren, den sogenannten Maskaronen. Die dekorativen Skulpturen sind Darstellungen ungewöhnlicher Gesichter: einige schmerzverzerrt, andere erstarrt in teuflischem Lächeln oder fratzenhaft maskiert als Bestien.

Nur einmal noch, in den Jahren 1875-79, wurden wichtige architektonische Änderungen vorgenommen, als nach einem Projekt Tomasz Prylińskis zu beiden Seiten der Halle Arkadengänge und Erker errichtet wurden, neugotisch verziert mit Blumenornamenten und Schnitzwerk.

Vor den symmetrischen Arkaden der Tuchhallen verkaufen Frauen heute wie vor 600 Jahren ihre Blumen, und auch im Inneren trotzen die Hallen der Moderne: »In dem langen Gewölbe brennen wie Laternen im Keller rote Glühlampen, eine doppelte Reihe, und zeigen die Finsternis, verscheuchen sie nicht. Die Finsternis ist das Licht, die Lampen sind rote Schatten. In diesen roten Schatten sitzen an den Wänden die Händler und haben ihre Stände mit Koffern, Körben, Spielsachen vollgepackt.« (Döblin) Als Souvenir wandert die polnische Volkskunst in die Taschen der Touristen; an den mit Stadtwappen geschmückten Basarbuden vorbei streben die Besucher dem Ausgang zu, schauen verwundert auf das an einer Kette befestigte Messer im Kreuzgang: ein Relikt barbarischer Zeiten, das im Mittelalter dazu diente, mutmaßlichen Verbrechern die Ohren abzuschneiden.

Österreichisch mutet das Café im Erdgeschoß an. Es heißt Café Noworolski, zu seinen berühmtesten Gästen zählten Lenin, Matejko und Wyspiański. Der Rote Saal, mit Jugendstil-Ornamenten geschmückt, lädt ein zu einer kleinen Verschnaufpause, bevor – erreichbar über einen der Marienkirche zugewandten Eingang – die im Obergeschoß befindliche Gemäldegalerie des Nationalmuseums besichtigt werden kann. Hier werden vor allem polnische Meister des 19. Jahrhunderts vorgestellt; auch der in Krakau geborene Jan Matejko sowie Artur Grottger und Henryk Siemiradzki sind mit wichtigen Werken vertreten.

Östlich der Tuchhallen befindet sich das Denkmal von Adam Mickiewicz. Es gibt sicherlich keinen Polen, dem dieser Name nicht vertraut ist: Dichter der Romantik, Schöpfer von Mythen und Mysterien. Seine Literatur, schreibt Hermlin, »trägt die Züge polnischer Landschaft und polnischer Geschichte, sie erscheint mit den Trompetenschreien des sterbenden polnischen Aufstands, den Wanderwegen des Flüchtlings quer durch das sich verdunkelnde Europa, dem gewitterhaften Wechselspiel von höchster politischer Vernunft und Zukunftsschwärmerei.« Zu den bekanntesten Werken zählen der in biblischer Prosa verfaßte dritte Teil der »Totenfeier« (1832) und das Nationalepos »Herr Tadeusz« (1834), ein in Versform geschriebener Roman, in dem sich die Liebe zur Natur mit der Beschwörung glorreicher polnischer Geschichte verquickt. Das Werk von Mickiewicz trug in den Zeiten der Teilung erheblich bei zur Wahrung der Identität des polnischen Volkes, zum Bewußtsein nationaler Zusammengehörigkeit.

*Das Denkmal von Adam Mickiewicz*

Das Denkmal auf dem Rynek wurde aus Anlaß seines 100. Geburtstages 1898 von Teodor Rygier errichtet, die Figuren am Sockel der Statue symbolisieren Vaterland und Tapferkeit, Wissenschaft und Poesie. Nach der Zerstörung durch die Nazis wurde es rekonstruiert, zehn Jahre nach Kriegsende, am 100. Todestag des Dichters, kehrte es an seinen angestammten Platz zurück. Heute ist das Denkmal Zielpunkt politischer Demonstrationen, Verliebte treffen sich hier – und solche, die es werden wollen.

Alljährlich werden am ersten Donnerstag im Dezember rund um das Denkmal die schönsten Weihnachtskrippen ausgestellt. Jede dieser Krippen ist ein kleines Meisterwerk der Phantasie. Die Baumeister der Kleinkunst statten mittelalterliche Kirchen mit hübschen kleinen Zwiebeltürmen aus, Rokokotreppen führen in gotische Gemäuer hinauf. Am letzten Tag des Wettbewerbs werden die Krippen in einer freudig-stimmungsvollen Prozession über den Rynek getragen und einer Jury vorgeführt.

Im Südostwinkel des Marktplatzes, nahe der ul. Grodzka, erblicken wir die romanische, einschiffig gebaute Adalbertkirche – benannt nach dem Heiligen Adalbert, der an dieser Stelle predigte, bevor er aufbrach, die heidnischen Pruzzen zu missionieren. Das Gotteshaus entstand im 12. Jahrhundert auf den Überresten einer hölzernen Kultstätte, Anfang des 18. Jahrhunderts wurde es barock ausgestattet und mit einer Kuppel geschmückt. In den Kellerräumen der 1990 restaurierten Kirche werden während der Sommermonate archäologische Funde präsentiert und Materialien zur Geschichte des Krakauer Marktes vorgestellt.

An der Südwestseite erhebt sich einsam der quadratische Rathausturm. Im 14. Jahrhundert wurde er fertiggestellt, zwischen dem 16. und 18. Jahrhundert aufgestockt und mit barockem Helm ausgeschmückt – das zugehörige Rathaus wurde 1820 abgetragen. Die überwölbten Kellerräume, worin sich früher Folterkammer und Gefängnis befanden, beherbergen heute ein Theater und ein hübsches Café, das zu Beginn der Aufführung schließt, um sich zwei Stunden später in eine lebhafte Bar mit Live-Musik zu verwandeln.

Im Turm ist eine Abteilung des Historischen Museums untergebracht – die Sammlung alter Dokumente und Waffen ist für Interessierte von Mitte Mai bis Mitte Oktober geöffnet. Am Museumseingang hat sich die Wahrsagerin Dzidiana Solska postiert. Zu jeder Jahreszeit geht sie ihrem blühenden Geschäft nach, offeriert Kostproben aus der Kunst des Hand- und Kartenlesens.

Rings um den Marktplatz reihen sich über 40 Bürgerhäuser und Adelspaläste aneinander, die zumeist zwischen dem 14. und 16. Jahrhundert erbaut, im Laufe ihrer Geschichte jedoch mehrfach umgestaltet wurden. Die Fassaden der Gebäude spiegeln in der Regel den Stil des 19. Jahrhunderts, Portale, Decken und Gewölbe bewahren Elemente aus Gotik, Renaissance und Barock. Nicht selten wurden ältere Bürgerhäuser von Magnaten zusammengefaßt und zu prachtvollen Palästen umgestaltet, so das Palais Pod Baranami (Nr. 27) und das Palais Krzysztofory (Nr. 35).

Der Spaziergang rings um die Häuser des Rynek soll an der Ostseite beginnen – gegenüber vom Mickiewicz-Denkmal, zur Rechten der Marienkirche. Im Haus Nr. 6 werden begehrte Delikatessen verkauft. Der Kunde liest das Schild »Kolonialwaren« und darf sich in vergangene Zeiten zurückversetzt fühlen: unter gotischem Rippengewölbe und rotgold bemalten Renaissancedecken stehen dunkle Holztresen und -regale von anno dazumal. In diesem Haus soll einst Sara, die jüdische Geliebte Kasimir des Großen, gelebt haben; an sie erinnert der Name des Hauses »Szara Kamienica«. Später ging das Haus in den Besitz der Magnatenfamilie Zborowski über, die im Jahr 1574 Heinrich Valois, den ersten vom Adel direkt gewählten König, einlud, bei ihr zu nächtigen; er durfte nur ein Jahr regieren. In den polnischen Verhältnissen fand er sich nicht zurecht, als König von Frankreich (alias Heinrich III.) agierte er glücklicher.

Um die Mitte des 16. Jahrhunderts war der italienische Einfluß am königlichen Hof stark angewachsen. Viele Häuser am Rynek wurden zu jener Zeit von italienischen Patrizierfamilien bewohnt, so auch das **Haus Nr. 7**. Die Montelupis ließen es 1556 im Renaissancestil umbauen, zwei Jahre später gründeten sie hier die erste italienisch-polnische Post. Durch zwei schöne steinerne Portale gelangt man in einen bisher noch etwas verwahrlosten Hinterhof, Treppen führen hinauf zu den Räumen des Studentenbüros Almatur.

Das gotische Relief mit den ineinander verschlungenen Eidechsen leiht dem im 15. Jahrhundert erbauten Gebäude **Kamienica Pod Jaszurami** (Nr. 8) seinen Namen. Das in neun Felder geteilte sog. Piastengewölbe ziert die Räume des

*In den Gassen am Rynek*

Erdgeschosses, aus denen sich der Studentenclub bis zum heutigen Tag nicht hat vertreiben lassen. Vor allem an den Wochenenden herrscht hier Hochbetrieb, es finden Jazzkonzerte und Discos statt.

Im Nachbarhaus **Nr. 9** residierten die »Fugger von Krakau«. Die Boners wurden so genannt, eine aus dem Elsaß stammende, auf den Tuchhandel spezialisierte Familie. Eine Lilienblüte wählten sie als Wappen, und wer es sucht, muß die Fassade des Hauses weit hinaufschauen: es ziert die Brust einer germanisch anmutenden Frau auf einer im Renaissancestil erbauten Attika. Johann Boner, das Familienoberhaupt, avancierte zum engsten Berater des Königs und finanzierte seine Bauprojekte; im Gegenzug erhielt er Ländereien und wurde in den Adelsstand erhoben.

An der Südseite des Marktplatzes, im **Haus Nr. 16**, darf man in Polens traditionsreichstem Restaurant speisen. Hier werden nicht nur Speisen, sondern auch Geschichten aufgetischt.

Viele deutsche Siedler, heißt es in einer dieser Geschichten, kamen zu Beginn des 14. Jahrhunderts in die Stadt Krakau. Einer von ihnen trug den Namen Wirsing: rasch häufte er Reichtümer an, brachte es gar zum Ratsherrn. Wie viele andere deutsche Bürger der Stadt wollte auch er lieber von einem böhmischen als von einem polnischen König regiert werden. Der polnische König Władysław I. erhielt Kunde von den Intrigen und ließ die Aufmüpfigen gefangennehmen. Es wurde ihnen ein kurzer und schmerzhafter Prozeß gemacht: Wer bestimmte polnische Worte richtig auszusprechen wußte, erbrachte damit den Beweis für die gelungene Polonisierung und wurde auf freien Fuß gesetzt; wer aber an der Aufgabe scheiterte, wurde dem Henker vorgeführt. Wirsing bestand die Probe, hieß fortan Wierzynek und durfte in der Stadt bleiben. Seinem Nachfahren gelang es in den Ritterstand aufzusteigen, er wurde Bankier und königlicher Verwalter. 1364 veranstaltete er ein großes Festessen, zu dem außer dem Kaiser Karl IV. von Böhmen auch die Könige von Polen, Ungarn, Dänemark und Zypern geladen waren. Wierzynek, schreibt der Chronist Jan Długosz, »tischte phantasievolle Gerichte auf und überschüttete die Anwesenden mit wundervollen Gaben.«

Vom Ruhm dieses Tages zehrt der gegenwärtige Restaurantbesitzer noch heute – und wann immer es ihm möglich ist, sucht auch er »gekrönte Häupter« an seinem Tisch zu vereinen. Es dinierten bei ihm u.a. Indira Gandhi und George Bush, der Schah von Persien und Michail Gorbatschow, Juan Carlos von Spanien und Fidel Castro.

Das Museum der Geschichte der Photographie wurde 1992 aus dem **Hetmanshaus in Nr. 17** ausgebürgert und aus der Altstadt verbannt. Heute wird der mit gotischem Rippengewölbe ausgestattete Saal im Erdgeschoß als Buchladen genutzt, im Nebenraum werden Kassetten und Erzeugnisse polnischer Volkskunst verkauft. Nicht selten kann der Besucher der Bürgerhäuser und Paläste über zumeist malerische Innenhöfe zu den Seitenstraßen der Altstadt vorstoßen – so auch hier: Die Hetman-Passage mit Restaurant, Galerie und Studentencafé öffnet den Weg zur Bracka-Straße.

Neben dem Patrizierhaus der Cellari, erkennbar an einem großen, die Fassade schmückenden Marienbild, erstrahlt das **Potocki-Palais** (Nr. 20). Im Mai 1991

wurde hier das Krakauer Goethe-Institut eröffnet, das schönste aller weltweit verstreuten Kultur-Exportunternehmen des Auswärtigen Amts. Das weißgetünchte Palais mit frühklassizistischer Fassade steht an zentraler Stelle des Rynek, direkt gegenüber vom südlichen Eingang der Tuchhallen. Von der Bibliothek im ersten Stock hat man einen weiten Blick auf den Platz, läßt sich durch Straßentheater und Musikanten ablenken vom Studium der neu eingetroffenen deutschen Zeitungen.

Im **Haus Nr. 23** befindet sich einer der ältesten Buchläden Europas. 1610 er von zwei Kölner Kaufleuten gegründet worden, 1939 gelangte er abermals in deutsche Hand: Der polnische Besitzer wurde enteignet, das Geschäft hieß fortan »Deutscher Buchladen am Adolf-Hitler-Platz«. Im Stil der Neuen Sachlichkeit ließen die neuen Besitzer ihn ausstatten, die aus jener Zeit stammende Inneneinrichtung blieb bis zum heutigen Tag erhalten. Seit Dezember 1989 gehört das Buchgeschäft Zbigniew Suczczyński, einem in Deutschland geborenen und in Nordamerika aufgewachsenen Polen, der sich rühmen kann, das breitestgefächerte Bücherangebot Krakaus bereitzustellen.

Das Haus **»Zu den Raben«** (Nr. 25) wird als internationales Kulturzentrum genutzt; der Eingang befindet sich rechts neben dem Café Malma. In dem Gebäude finden internationale Kunstausstellungen statt, die wohlsituierten Bürger Krakaus treffen sich zu einem französischem Mahl im Restaurant Leonard's. Nahe dem Eingang findet der Vorverkauf zu wichtigen kulturellen Ereignissen der kommenden Tage statt.

Zur Rechten des Cafés, im **»Herzoglichen Haus«** (Nr. 26), soll der berühmt-berüchtigte Schwarzkünstler Twardowski gewohnt haben. Der Krakau-Tourist Alfred Döblin fühlte sich auf der Suche nach Mystischem »ganz mit Spuk geladen«, wollte unbedingt mehr über jene bizarre Figur erfahren. Wer eine ähnliche Neugier verspürt, muß sich noch etwas gedulden: in den Räumen des Restaurants Hawełka wird ihm eine Antwort zuteil.

An der Westseite des Platzes sind es vor allem drei Gebäude, die unsere Aufmerksamkeit erregen. Wo heute das **Palais Pod Baranami** prunkt (Nr. 27), befand sich einst eine Herberge, in deren Hinterhof Widder zum Verkauf feilgeboten wurden. »Zu den Widdern« lautet auch der Name dieses Palais, das Ende des 16. Jahrhunderts durch Zusammenlegung zweier gotischer Wohnhäuser entstand. Berühmte Adelsfamilien wie die Ostrowskis, Radziwills, Wielkopolskis und Wodzickis lebten hier, doch erst als 1822 die Potockis in das Palais einzogen, rückte es auf zu Polens Versailles, wurde Mittelpunkt des gesellschaftlichen Lebens. Die Potockis gelten als das einflußreichste Magnatengeschlecht Polens, sie verfügten über riesigen Grundbesitz nicht nur in Kleinpolen, sondern auch in der südlichen Ukraine und in Großpolen. Berühmtestes Familienmitglied war Ignacy Graf Potocki (1750-1809), polnischer Großmarschall und Mitautor der patriotischen Verfassung von 1791; drei Jahre später nahm er teil am Kościuszko-Aufstand. Jan Graf (1761-1815), wurde der Nachwelt vor allem als brillanter Schriftsteller bekannt. Während seiner zwölf letzten Lebensjahre entstand »Die Handschrift von Saragossa«, eine der französischen Aufklärung verpflichtete zyklische Rahmenerzählung.

Gegen Mitte des 19. Jahrhunderts ließen die Potockis das Palais restaurieren, seither stützen drei Widderköpfe den Balkon über dem Portal, und die Fassade schmückt sich mit einem klassizistischen Gewand. Die Familie Potocki lebte hier bis zum Ausbruch des Zweiten Weltkrieges, 1990 durfte sie das zuvor von den Kommunisten konfiszierte Gebäude wieder in Besitz nehmen.

Das Palais wird gegenwärtig als Café, Kino- und Kulturstätte genutzt; eines der berühmtesten Kabaretts Polens, das 1956 gegründete »Piwnica Pod Baranami«, darf mit Genehmigung der neuen Herren auch weiterhin die gotischen Kellerräume für seine Aufführungen nutzen.

Auch wer nicht luxuriös bei Hawełka speisen möchte, sollte einen kurzen Blick in das Restaurant im ersten Stock des ehemaligen **Spiski-Palais** (Nr. 34) werfen. Hier hat der Künstler Włodzimierz Tetmajer zu Beginn des Jahrhunderts einen herrlichen Fries geschaffen, der die Legende vom Schwarzkünstler Twardowski erzählt. Dieser hatte, so erfährt man, viel Ähnlichkeit mit dem Dr. Faust. Wie dieser ging er einen Pakt mit dem Teufel ein – seine Seele bot er ihm an, sofern er nur eingeweiht würde in die Zauberkunst. Geschwind erlernte Twardowski das Handwerk der schwarzen Magie, war allerdings keineswegs bereit, den ausgehandelten Preis zu zahlen. Ein ums andere Mal wußte sich der lebensgierige Zauberer dem Teufel durch listige Kunstgriffe zu entziehen. Zuletzt half ihm nur noch die Flucht nach vorn: auf einem verzückten Hahn flog er weit fort zum Mond hinauf. Und gelüstete es ihn, mehr über die Erde zu erfahren, so ließ er an einem Seidenfaden eine Spinne zum Marktplatz hinab, die ihn über die neuesten Ereignisse auf dem laufenden hielt.

Das **Palais Krzysztofory** an der Nordwestecke des Platzes ist der nach Meinung vieler Bürger Krakaus prachtvollste Magnatensitz Krakaus, entstanden aus der Verkoppelung dreier gotischer Häuser. Den Innenhof ziert ein Barockbrunnen, die Fassade ist geschmückt mit Stukkaturen aus dem frühen 18. Jahrhundert, entworfen von Baldassare Fontana. 1848 war der Palast Sitz der Provisorischen Revolutionären Regierung. Heute befindet sich im Erdgeschoß das Café Europejska, in den oberen Stockwerken das Historische Museum. Im Rahmen der ständigen Ausstellung zur »Geschichte und Kultur Krakaus« wird eine Sammlung präsentiert, die den traditionellen Festen und Bräuchen gewidmet ist; hier kann man bis jeweils Ende Januar die preisgekrönten Exponate des weihnachtlichen Krippenwettbewerbs besichtigen. Dem Besucher nicht zugänglich ist das Labyrinth unterirdischer Kellerräume und -gänge, das sich einst vom Krzysztofory-Palais bis zur Marienkirche erstreckte. Wer das Palais von der Szczepańskastraße betritt, darf den Eingang zum Labyrinth nahe der dort installierten Kunstgalerie vermuten.

Eine Plakette links vom Eingang des Hauses »**Zum Hirschen**« (Nr. 36) erinnert an einen berühmten Gast aus Deutschland: Johann Wolfgang von Goethe lebte hier im Jahr 1790. An einen weiteren illustren Gast, Zar Nikolaus I., denken die Krakauer weniger gern zurück: Er quartierte sich 1849 hier ein.

Das **Haus Nr. 44** ließ im 16. Jahrhundert der Patrizier Seweryn Betman erbauen. Nach Verheiratung seiner Tochter Zofia mit dem Bankier Seweryn Boner galt die Familie als eine der mächtigsten der Stadt. Das Haus wanderte in Besitz des

*Relief am Haus Nr. 44*

Breslauers Andrzej Rottermund, der das Emblem seiner Heimatstadt anbringen ließ: einen abgeschlagenen Kopf auf einem Tablett.
Die Apotheke »**Unter dem weißen Adler**« residiert seit ihrem Gründungsjahr 1625 im Haus Nr. 45. Eine Plakette erinnert daran, daß in den oberen Stockwerken Tadeusz Kościuszko wohnte, bevor er 1775 seine Reise nach Amerika antrat. Am 24. März 1794 proklamierte er auf dem Marktplatz von Krakau den Aufstand gegen die russische Besatzungsmacht; hieran wird zugleich mit einem Gedenkstein in der Nähe des Rathausturms gedacht.
Der Markgraf Wielopolski gab dem **Haus Nr. 46** seinen Namen: »Kamienica Margrabska«. Später nächtigten hier Gäste des eleganten »Dresdener Hotels«, heute hat die Polnische Nationalbank das Gebäude in ihrem Besitz.
Neben dem Haus »Zu den Mohren« am Eingang zur Floriansgasse verdienen zwei weitere Gebäude Erwähnung. Das Hipolit-Haus am Mariackiplatz Nr. 3 enthält im ersten Stock einen Saal, der mit Stukkaturen von Baldassare Fontana geschmückt ist. Das barocke Säulenportal des benachbarten Prälatenhauses führt in eine großzügig gebaute Eingangshalle, deren Decke gleichfalls mit Stuck verziert ist. In diesem Gebäude hat der Erzpresbyter der Marienkirche seinen Sitz; die Mehrzahl alter Gemälde schuf Hans Süss aus Kulmbach in den Jahren 1522-23.

## 2. Marienkirche

Von der Marienkirche an der Ostseite des Platzes erklingt zu jeder vollen Stunde der »Hejnal«, eine Trompetenmelodie, deren Klänge beim letzten Ton abrupt abbrechen. Sie erinnern an den tapferen Turmwächter, der die Bevölkerung Krakaus vor dem drohenden Einmarsch der Tataren warnen wollte, doch just in diesem Augenblick von einem Pfeil getroffen wurde. »Hejnal Mariacki« – unter diesem Namen kennen die Krakauer das Trompetensignal – wird zur Mittagszeit auch im Polnischen Rundfunk übertragen.
Wer glaubt, das Signal werde vom Band abgespielt, täuscht sich. Gegenwärtig ist es Andrzej Franczak, dem das Spiel der Melodie zu danken ist. Damit er nicht

*Die imposante Marienkirche*

zu jeder vollen Stunde die windigen Treppen hinauf- und hinabsteigen muß, wurde ihm 1982 hochoben im Turm eine gemütliche kleine Wohnung mit Schlaf- und Badezimmer eingerichtet. Manch ein Krakauer beneidet ihn um die Ruhe, die – so glaubt man – in der Turmspitze herrsche. »Weit gefehlt«, lacht Andrzej, »ganz deutlich höre ich Gesprächsfetzen aus der Kirche und leider auch den ganzen Tag Musik: Jazz aus der Siennagasse, ukrainische oder südamerikanische Folklore von den Tuchhallen, manchmal auch Hare-Krishna-Singsang aus der Nähe des Mickiewicz-Denkmals.«

Legenden ranken sich um die Türme, deren Anblick den Betrachter irritiert: Sie sind unterschiedlich hoch, der höhere Turm ist mit gotischem Helm und goldener

Barockkrone geziert. Beredt erklären die Krakauer, wie der Höhenunterschied zustandekam. Zwei Brüder, heißt es, erbauten die Türme, doch der ältere vermochte nicht zu ertragen, daß der jüngere sich als der geschicktere erwies und »seinen« Turm frühzeitig vollendete. Wütend griff er zum Messer und tötete erst den Bruder, dann sich selbst. »Neid«, so werden wir von unserem polnischen Begleiter belehrt, »ist ein schlechter Ratgeber – der Ältere hätte sich mehr anstrengen, einen schöneren Turm bauen sollen.« Viele Krakauer ziehen eine zweite Version vor. Der Ältere, sagen sie, war es, der den Bau des Turm zuerst beendete – seinen jüngeren Bruder habe er erstochen, um zu verhindern, daß dieser einen noch größeren baute. Und das tödliche Messer, so wird uns erklärt, sei in Wirklichkeit jenes, das – befestigt an Ketten – in den Tuchhallen aufgehängt ist.

War die Wawelkathedrale Kirche des Königs und der Aristokratie, so galt die Marienkirche als Gotteshaus des vorwiegend deutschen Patriziats. Die dreischiffige Basilika mit seitlich angeschlossenen Kapellen ist schräg zur Achse des Rynek plaziert. Sie wurde abschnittsweise vom 13. bis 15. Jahrhundert erbaut, ihre charakteristische Gestalt erhielt sie im 14. Jahrhundert.

Alfred Döblin, der Krakau 1923 besuchte und in den Straßen konfrontiert war mit Elend und Gewalt, fand in der Marienkirche Trost und Geborgenheit: »Schmerz, Jammer ist in der Welt«, notierte er, »man muß Buntheit, Schönheit herum tun, um es zu ertragen...« Trost spendet die Kirche den Besuchern noch heute. Alte und auch junge Menschen erwählen sie als Refugium, wünschen sich eine andere Zeit herbei und entledigen sich ihrer Schuld.

Der Besucher betritt die Kirche durch eine spätbarocke, Mitte des 18. Jahrhunderts angebaute Vorhalle. Der Blick wird sogleich gefangengenommen vom großen Triumphbogen, hinter dem sich der älteste Teil der Kirche, ein langgestreckter Chorraum auftut. Hier befindet sich das größte und schönste Polyptychon des ausgehenden Mittelalters. Der aus Lindenholz geschnitzte Altar ist 14 Meter hoch und 11 Meter breit, ein Werk des Nürnberger Bildhauers Veit Stoß, der ihn in mühevoller zwölfjähriger Arbeit (1477-89) fertigstellte. Jeden Tag zur Mittagszeit wird er langsam und feierlich geöffnet, um 18 Uhr wird er geschlossen. Der Mittelteil enthüllt eine bewegte Szene: Maria sinkt zu Boden – und während sie entschläft, ist sie umringt von trauernden, verzweifelten Aposteln. Nirgendwo läßt sich die realistische Kunst des Veit Stoß so trefflich erfassen wie in dieser Szene. Seine Figuren haben sich aus der mittelalterlichen Statik gelöst – sie sind in voller Lebensgröße dargestellt, expressiv gestikulierend und leidenschaftlich entrückt; wallende Gewänder sind ihrer Bewegung angepaßt.

Viele Besucher kommen hierher, um sich für Stunden allein in dieses Bild zu versenken. Die Figuren auf den Seitenflügeln sind dagegen kleiner gestaltet, beschreiben Szenen aus dem Leben Mariä und Jesu; der Aufsatz des Altars zeigt Maria als himmlische Königin, ihr zur Seite Stanisław und Adalbert, die beiden Schutzheiligen Polens. In den Tagen der Restaurierung, nach Rückführung des von deutschen Besatzungstruppen geraubten Altars, schrieb Tadeusz Różewicz die folgenden Zeilen, betitelt »Entdeckung der ursprünglichen Farben am Altar von Veit Stoß«:

*Feierliches Hochamt vor dem Veit-Stoß-Altar*

Lichtloser lebloser schlamm
hatte seine farben
bedeckt

Nun tritt aus dem grund der jahrhunderte die erste zutage
so lebendig
als hätten des meisters gesellen
den altar soeben
in die frühlingssonne getragen

Figuren tauchen auf
rubin smaragd gold leuchten
und im antlitz der apostel
beginnt das blut zu kreisen

Das **Presbyterium** birgt noch weitere Kunstschätze. In den mittelalterlichen Glasfenstern bricht sich Sonnenlicht und wirft einen flimmernden Reflex auf frühbarockes Chorgestühl. Auf Wandbildern von Matejko, ausgeführt von Wyspiański und Mehoffer, erkennen wir bannertragende Engel, ihre Gewänder scheinen sich im Hauch der Gottheit zu bewegen.

In der Marienkirche wurde die Predigt bis zum Jahr 1537 in deutscher Sprache gehalten. Wer auch heute gern auf deutschen Spuren wandeln möchte, begibt sich vom Hauptaltar ins südliche Seitenschiff, wo Veit Stoß einen in einem barocken Altar befindlichen steinernen Jesus schuf: ans Kreuz geschlagen spiegelt er das Elend der Welt. Im gegenüberliegenden Seitenschiff befindet sich die Boner-Kapelle mit den Grabplatten des königlichen Finanziers Seweryn Boner und seiner Frau Zofia. Boner war nicht der einzige Patrizier, der seine einflußreiche Stellung in Krakau und am Königshof nutzte, um sich in der Marienkirche den Besitz einer Kapelle zu sichern. Wierzynek und Salomon eiferten ihm nach, auch sie wußten Macht über ihren Tod hinaus zu bekunden. Das Grabmal des 1516 gestorbenen Peter Salomon befindet sich im Chor, eine reliefartige Darstellung seiner Familienmitglieder schuf der Nürnberger Bildhauer Peter Vischer der Ältere. Am Triumphbogen, der von einem großen wiederum Veit Stoß zugeschriebenen Kruzifix beherrscht ist, fanden die Patrizierfamilien Montelupi und Cellari ihre letzte Ruhestätte. Die Reliefs am Triumphbogen stammen vom italienischen Architekten Giovanni Maria Padovano, der auch den marmornen Altar des heiligen Sakraments im südlichen Seitenschiff entwarf; besonders schön ist auch das in einem Barockaltar versteckte Bild der »Verkündigung«, ausgeführt von Giambattista Pittoni, einem venezianischen Maler des 18. Jahrhunderts.

Die kirchliche **Schatzkammer**, durch eine Seitentür links vom Presbyterium erreichbar, kann nur mit besonderer Erlaubnis der Kanzlei besichtigt werden. Sie enthält Weihrauchgefäße und Kelche, Bischofsstäbe und reich bestickte liturgische Gewänder.

Wer die Kirche über den Südeingang verläßt, entdeckt ein Halseisen, das in mittelalterlichen Zeiten Ehebrechern und anderen Sündern angelegt wurde – eine der allgemeinen Abschreckung dienende Bestrafungspraxis, die erst im 18. Jahrhundert eingestellt wurde. Heute will der Mariacki-Platz, auf den man hinaustritt, keine Erinnerung an die schmählichen Praktiken jener Zeit aufkommen lassen: Krakauer Künstlern gilt er als lieblichster Winkel der Stadt, aus allen erdenklichen Perspektiven suchen sie ihn festzuhalten, in Bilder zu bannen. Auch der Maler und Dramatiker Wyspiański quartierte sich hier ein. Von seinem Haus (**Nr. 9**) schaute er auf den in Bronze gegossenen anmutigen Knaben hinab, der den Springbrunnen in der Mitte des Platzes ziert. Nach rechts blickte er hinüber zur gotischen Barbarakirche, in deren Innenraum sich neben dem Hauptaltar eine zarte Pietà befindet. Die Legende läßt uns wissen, daß die Barbarakirche aus jenen Backsteinen errichtet wurde, die beim Bau der Marienkirche nicht benötigt wurden. So erhob sich ab 1399 neben der majestätischen »deutschen« eine bescheidene »polnische« Kirche. Doch im Jahr 1537, als der deutsche Einfluß schwand, verkehrten sich die Verhältnisse: Die Polen übernahmen die Marienkirche, Deutschen wurde vorübergehend die Barbarakirche zugewiesen. Jesuiten nutzten sie ab 1583, im angrenzenden Gebäude gründeten sie ein gegenreformatorisches Collegium.

Der »Mały Rynek« (Kleiner Marktplatz) liegt im Ostschatten der Marienkirche und ist der einstige Marktflecken der Krakauer Metzger. Auf steinernen Tischen boten sie Fleisch zum Verkauf, das vom Schlachthaus an den Planty herbeigekarrt wurde. Besonders begehrt waren die auch außerhalb Polens bekannten »Krakauer«, hübsche kleine Würste aus Schweinefleisch, die mit Knoblauch fein abgeschmeckt waren und von den Ständen in Ketten herabbaumelten. Die Verkäufer lebten größtenteils in den umliegenden Straßen, die damals Vieh-, Schweine- und Fleischerstraße hießen. Als zu Beginn des 19. Jahrhunderts der Hygiene eine größere Bedeutung beigemessen wurde, mußten die Metzger die Verkaufsstände räumen. Der Mały Rynek rückte auf zu einer begehrten Wohngegend. Die schmalen, den Platz umstehenden Häuser stammen vorwiegend aus dem 14. Jahrhundert, im 17. Jahrhundert wurden Eckpfeiler angebaut, womit die durch Beschuß und Brand angegriffenen Mauern abgestützt werden sollten.

Im Szoberhaus (Nr. 6) wurde am 3. Januar 1661 die erste polnische Zeitschrift gedruckt; sie nannte sich »Merkuryusz Polski« (Polnischer Merkur) und wurde redigiert von Jan Aleksander Gorczyn. Luxuswohnungen könnten eines Tages im benachbarten Haus Nr. 7 entstehen, dessen Hof von umlaufenden Galerien gesäumt ist. Ein weiteres interessantes Haus befindet sich im Südwesten des Platzes, am Schnittpunkt der Straßen Sienna und Stolarska: Ende des 17. Jahrhunderts wurde es Sitz des 1584 gegründeten und damit ältesten Wohltätigkeitsvereins Polens. 1980 fand im hiesigen »Klub der Katholischen Intelligenz« die Gründungsversammlung der Krakauer Solidarność statt, zu deren Mitgliedern auch der spätere Ministerpräsident Tadeusz Mazowiecki gehörte.

## 3. Königstrakt

Weiß und blau sind die traditionellen Farben der Stadt. Das Krakauer Wappen zeigt die Stadtmauer mit drei Basteien, ein geöffnetes Tor, darin ein weißer gekrönter Adler – die Königskrone prunkt deutlich sichtbar über dem Wappenschild. Als Goethe das Wappen sah, wollte er das darin abgebildete geöffnete Tor nicht nur als Einladung zum Betreten der Stadt verstehen. Es besitze, so glaubte er, tiefere, symbolische Bedeutung: Einkehr nach innen werde verlangt – Balsam fürwahr für die Ohren der in die Mystik verliebten Krakauer.

Goethe besuchte die Stadt vom 5. bis 7. September 1790. Zu diesem Zeitpunkt bestanden die mittelalterlichen Wehranlagen noch aus einem Mauerring mit sieben Toren und 47 Basteien. Schon wenige Jahre später beschlossen die Stadtoberen, die Befestigungsmauern und Türme zwecks »Verschönerung« der Stadt abzutragen und durch einen Grüngürtel zu ersetzen. Einer Bürgerinitiative, die sich um den Universitätsprofessor Radwański bildete, gelang es, wenigstens den nördlichen Abschnitt der Wehranlagen vor der Zerstörungswut der Stadtväter zu bewahren. Auf diese Weise blieben Reste der Stadtmauer mit der Barbakane, drei Basteien und dem Florianstor der Nachwelt erhalten.

Das **Florianstor** wird an seiner Innenseite von einem steinernen Barockrelief des Heiligen Florian geziert, auf der Außenseite entdeckt man ein von Matejko entworfenes Wappen mit Reichsadler. Für die Krakauer ist dies ein besonders geschichtsträchtiger Ort: Durch dieses Tor, das seit 1307 Zugang zur Stadt gewährt, hielten Monarchen, Gefolgsleute und Gesandte ihren Einzug.

Auf ihren Spuren wollen wir im folgenden Rundgang wandeln. Der sogenannte Königstrakt führt über die Floriansgasse zum Marktplatz, von dort entlang der Grodzkastraße zum Wawel.

Die Floriansgasse erhielt ihren Namen von der für kurze Zeit »Florenz«, später wieder »Kleparz« genannten nördlichen Vorstadt, die rings um die Florianskirche angelegt war. Sie war im Mittelalter wichtigste Handelsstraße Krakaus und erlebt heute einen neuerlichen Aufschwung. Die Zeiten, da Handwerker in modrig riechenden Hinterhöfen kleine Werkstätten unterhielten und Kinder unbeaufsichtigt herumtollten, sind unwiederbringlich dahin. Kaum war die politische Wende vollzogen, traten die alten Eigentümer auf den Plan und reklamierten Haus und Hof für sich; natürlich tauchten schnell auch finanzstarke Gruppen auf, die um den hohen und rasch steigenden Marktwert der Häuser wußten und den Eigentümern lukrative Kaufangebote machten. Die Renovierung der alten Gebäude war an Auflagen gebunden, die ursprüngliche Schönheit der Häuser sollte wiederhergestellt werden. Detailbesessene Restaurateure machten sich ans Werk, emsig bemüht, die pastellfarbenen Fresken wiederherzustellen und die holzwurmzerfressenen Dachbalken durch ebengleiches Gehölz zu ersetzen. Nicht selten wurden freilich auch – die Auflagen verletzend – postmoderne Glasfassaden installiert, die nun den Blick auf gestylte Interieurs freigeben, angefüllt mit den Verlockungen der Warenwelt. Mit ihren restaurierten Bürgerhäusern, Geschäften und Galerien gilt die Floriansgasse vielen Polen heute wieder als Lebensader, als erste kapitalistisch geprägte Straße der Stadt.

Einen ersten Halt sollte man im Haus Nr. 45 einlegen. In »Jama Michalika«, dem berühmtesten Café Polens, kann sich der Besucher lustvoll einführen lassen in die Kultur Krakaus um die Jahrhundertwende. Es geschah im Jahr 1895, daß hier Jan Apolinary Michalik, ein Meister kunstvoll angefertigter Kuchenstücke, ein kleines Café eröffnete, das vor allem von den Studenten und Professoren der nahen Kunstakademie zum Lieblingstreff auserkoren wurde. Der Name (jama = Höhle, Loch) war Programm: Wer das Café betrat, durfte sich an eine Opiumhöhle erinnert fühlen.

Daran hat sich bis zum heutigen Tag nicht viel geändert. Nur äußerst gedämpftes Licht dringt durch die bemalten Fenster, die Jugendstilleuchten schimmern in violetten und dunkelgrünen Tönen. In diesem Café fällt es schwer, eine Zeitung zu lesen oder gar eine Diskussion zu führen. Bereits das Gesicht des Tischnachbarn verschwimmt im Dämmerlicht, nur mit Mühe läßt sich die Speisekarte entziffern. Auf den großen dunklen Kanapees möchte man sich zum Schlaf niederlegen – leise Klaviermusik und das Gemurmel der Gäste lullen wohltuend ein.

In solchem Zustand schläfriger Gelassenheit schweift der Blick über die zahllosen Objets d'art, die im Café versammelt sind. Auf einem Fenster tanzt ein

Skelett neben einem schillernden Papagei, auf einem anderen bewirtet ein Zuckerbäcker Pegasus, das geflügelte Pferd. Eingedunkelte Portraits schmükken die Wände, dazwischen – in wilder Folge – Karikaturen polnischer Künstler um die Jahrhundertwende. Die Gewölbebögen sind mit grotesken Wandmalereien verziert: menschenähnliche Gestalten tanzen in beklemmender Symmetrie, von einem verödeten Platz steigt ein verwunschener Ballon auf.

Er läßt sogleich an jenen »Grünen Ballon« denken, der 1907 in diesem Café ins Leben gerufen wurde. So nämlich lautete der Name eines Kabaretts, das allwöchentlich die kritischen Geister der Stadt in Bann zog. Heute versucht man, an diese Tradition anzuknüpfen – freilich gibt es mittlerweile so viele Kabaretts in Krakau, daß fraglich ist, ob die Michalik-Höhle den Konkurrenzkampf überlebt. Es könnte sich ungünstig auswirken, daß sich hier, da im Unterschied etwa zum Kellerkabarett »Pod Baranami« das Rauchen untersagt ist, kein Gefühl der Bedrängnis einstellt. Dunkle Möbel und Holzornamente verführen zum Träumen, laden nicht ein zu pfeffriger Unterhaltung und gezielter Kritik.

Im zweiten Stock des Hauses Nr. 41 wurde am 24. Juni 1838 Jan Matejko geboren, Künstler und Patriot, berühmtester Historienmaler Polens. Er verbrachte hier den größten Teil seines Lebens, die Barockfassade des Hauses wurde gemeinsam von ihm und Tomasz Pryliński entworfen. Nach seinem Tod im Jahr 1893 beschloß man, im Haus der Familie ihm zu Ehren ein biographisches Museum einzurichten.

Unter den Galerien, die sich auf der Floriansgasse niedergelassen haben, sticht der Ausstellungssalon von Jan-Fejkiel hervor (**Nr. 36**), in dem zeitgenössische polnische Künstler präsentiert werden. Links von der Galerie erreicht man über eine dunkle Passage eine Bäckerei, die sich aus alten Zeiten herübergerettet hat. Sie trägt keinen Namen, ist spartanisch eingerichtet und offeriert, wie viele Krakauer meinen, die leckersten Kuchenstücke der Stadt.

Wer die besonderen Düfte liebt, die alte Apotheken durchwehen, sollte dem Haus Nr. 25 einen Besuch abstatten. Hier befindet sich das neben Basel und Heidelberg einzige Pharmazie-Museum der Welt. Mehrere authentische Innenräume wurden eingerichtet, angefüllt mit Geräten zur Herstellung von Heil- und Arzneimitteln; die Vitrinen an den Wänden enthalten bizarre Glasobjekte aus früheren Laborausstattungen. Zu den wertvollsten Ausstellungsstücken gehören eine Sammlung alter Heilmittel, alchemistische Graphitretorten und Majolika-Gefäße aus dem 16. sowie ein kupferner Destillierkolben aus dem 17. Jahrhundert.

Nur wer des Lateinischen mächtig ist, vermag den närrischen Spruch im Torbogen des traditionsreichen Hotels **»Zur Rose«** (Nr. 14) zu entziffern. Dort steht geschrieben: »Möge dieses Haus bestehen, bis die Ameise das Meer ausgetrunken und die Schildkröte die ganze Welt umkreist hat.« In dem Hotel mit hübschem Renaissanceportal haben so berühmte Gäste wie Franz Liszt, Zar Alexander I. und Großfürst Konstantin genächtigt, vielleicht auch – darüber gehen die Meinungen der Experten noch immer auseinander – der französische Dichter Honoré de Balzac. Neuerdings wird das Hotel vor allem von Kunden besucht, die der Spielleidenschaft frönen, denn seit 1989 befindet sich hier das erste Kasino Polens.

*Figuren am »Haus zum Mohren«*

Wir gehen weiter auf den Marktplatz zu, kommen links vorbei am Haus »**Zum Eichhörnchen**« (Nr. 15), daneben prunkt ein Palais aus der Zeit der Frührenaissance: Das ehemalige Eigentum der Adelsfamilie Kmita wird heute bevorzugt von Galeristen bewohnt. Eine Skulptur Marias mit Jesus verziert den Eingang des **Hauses Nr. 5**, zwei Schwarze, die einen Korb halten, stellen das Emblem des Eckhauses Nr. 1 dar: »**Pod Murzyni**« (Zu den Mohren) – schon im 16. Jahrhundert gab es hier eine Apotheke gleichen Namens, heute muß sie sich die Räumlichkeiten mit einem Jeansladen teilen. Daß sich die Apotheke mit dem Bild zweier Schwarzafrikaner schmückte, war kein Zufall, denn die mittelalterlichen Gewürze und Spezereien kamen nicht selten von weither, aus Afrika, Arabien und Indien.

Aus der schmalen Floriansgasse führt der Königstrakt nun auf den großen Platz hinaus, zwischen Marienkirche und Tuchhallen bewegte sich die königliche Prozession auf die sich trichterförmig öffnende Grodzkastraße zu. Diese wird in Dokumenten als die älteste Straße Krakaus ausgewiesen. Sie war Teil der nach Wieliczka und Bochnia führenden Route und wurde daher oft »Salzstraße« genannt. Später markierte sie die letzte Etappe des Königswegs, zwischen Kirchen und Klöstern ließen sich Günstlinge des Königs und Hoflieferanten nieder.

Heute ist die Grodzkastraße eine der lebhaftesten Einkaufsstraßen Krakaus. Vor allem in der Nähe des Marktes reihen sich Boutiquen und kleine Läden aneinander, erst jenseits des Dominikanerplatzes herrschen Kirchengemäuer vor. Obgleich die Häuser dieser Straße aus verschiedenen Jahrhunderten stammen, scheint es, als seien sie aus einer Form gegossen. Behutsam wurde Neues zwischen Altem plaziert, stets war man darauf bedacht, ein organisches Ganzes zu schaffen.

Am Allerheiligenplatz wird der Königstrakt von einer Verkehrsstraße durchkreuzt. Schaut man nach rechts, so erkennt man die Franziskanerkirche, daneben im monumentalen Wielopolski-Palais das Krakauer Rathaus; die beiden ersten Stadtpräsidenten Dietl und Zyblikiewicz sind auf zwei weithin sichtbaren Denkmälern verewigt. Links geht der Allerheiligenplatz in den Dominikanerplatz über, an dessen Ostseite die frühgotische Dominikanerkirche zu einem längeren Besuch einlädt.

Die Mönche, nach denen Platz und Kirche benannt sind, bezeichnen sich als »domini canes« (Hunde des Herrn). In ihrem Wappen erscheint ein Hund, im

Maul trägt er eine brennende Fackel. Die Mitglieder des Dominikanerordens waren militante Verteidiger des christlich-katholischen Glaubens, besonders beim Adel erfreuten sie sich großer Beliebtheit. Im 13. Jahrhundert ließen sie sich hier nieder, wo sie ohne Unterbrechung bis zum heutigen Tag residieren. Im Leben der Kirche scheint sich seit der Zeit ihrer Gründung nur wenig geändert zu haben. Noch immer durchstreifen Dominikaner in Kutten gehüllt die Basilika, beten in versunkener Pose in den Seitenkapellen, wandeln im düsteren Kreuzgang auf und ab. Die dreischiffige Kirche präsentiert sich dem Besucher in neugotischem Gewand, nach einem Brand im Jahr 1850 mußte sie fast restlos erneuert werden. Nur die Seitenkapellen blieben verschont: pittoresk schmiegen sie sich an den Backsteinbau des Langhauses.

Auch in dieser Kirche hat Veit Stoß seine Spuren hinterlassen. An der linken Seite des Chores schuf er eine Grabplatte für den italienischen Humanisten Filippo Buonaccorsi, den König Kasimir IV. als Berater nach Krakau gelockt hatte; unter dem Namen »Kallimach« wurde Buonaccorsi in Polen bekannt. Das Prädikat »schönste Kapelle der Kirche« gebührt Mater Dolorosa mit einem spätgotischen Marienbild. Zwei ineinander verschachtelte Halbkuppeln wecken die Vorstellung einer sich öffnenden Blüte – Symbol jungfräulicher Unschuld. Die Kapelle der Magnatenfamilie Zbaraski besticht dagegen durch schwarzen Marmor: »Gottes Leidenschaft« heißt ein Berg bei Dębnik nahe Krakau, aus dem der Stein gefördert wurde; sein Glanz und Schillern, so glaubte man, werde Gottes Lust erregen.

Bereits auf der Floriansgasse waren an den Fassaden der Häuser interessante Sinnbilder und Embleme zu erblicken. Auf der Grodzkastraße kann man diese Studien fortsetzen. Zunächst fällt ein Löwe auf, der bereits vor 600 Jahren über dem Portal von **Haus Nr. 32** angebracht wurde. Bonifazio Cantelli, der königliche Apotheker, kam zu Beginn des 17. Jahrhunderts von Florenz nach Krakau und erwarb das **Haus Nr. 38**, das seit jener Zeit mit einem weiteren exotischen Tier, einem Elefanten geschmückt ist. Die Fassade des **Stadnicki-Palais Nr. 40** entstand in der ersten Hälfte des 19. Jahrhunderts im Stil des Neorokoko.

Eine Plakette am **Haus Nr. 41** erinnert daran, daß in den Jahren 1478-92 der Nürnberger Künstler Veit Stoß hier gelebt hat; acht Kinder wurden in diesem Haus gezeugt, drei seiner sechs Söhne folgten dem Beispiel des Vaters und wurden Künstler. Als Veit Stoß nach Nürnberg zurückkehrte, erlebte er einen sozialen Abstieg. Er wurde betrügerischer Machenschaften bezichtigt und mußte eine mehrjährige Gefängnisstrafe abbüßen. Danach vermochte er nicht wieder an seine künstlerischen Leistungen aus der Zeit in Krakau anzuknüpfen.

Gleichfalls auf der rechten Straßenseite, im **Haus Nr. 53**, schmückt ein barockes Portal den Eingang zum Collegium Iuridicum. Bereits 1403 wurde hier der Lehrbetrieb der Juristerei aufgenommen, sehenswert ist vor allem der im 16. Jahrhundert eingerichtete, von Arkaden gesäumte Innenhof. Im Jahr 1719 wurde das Collegium ein weiteres Mal umgebaut und erhielt die barocke Fassade, die bis heute erhalten ist.

Zu den wichtigsten Bauwerken auf der Grodzkastraße zählt ein barockes Baudenkmal zur Linken, die **Peter-und-Paul-Kirche**. Im Innern herrscht eine düster-dunkle Atmosphäre: Portale aus schwarzem Marmor erwecken die Illusion unendlicher Raumflucht, durch eine Öffnung in der Kuppel zwängen sich gebündelte Sonnenstrahlen. Die Kirche war eine reaktionäre Antwort auf die Ideen der Reformation, die sich im Verlauf des 16. Jahrhunderts bei den Kaufleuten und Bürgern Krakaus teilweise durchgesetzt hatten. Katholischen Würdenträgern, insbesondere den Jesuiten, war die neue Bewegung suspekt. Gefährlich schien ihnen die Vorstellung einer direkten, unmittelbaren Beziehung des Gläubigen zu Gott. Sie bestanden darauf, daß der Klerus als Vermittler den wahren Weg zu Gott weise. Um verlorengegangenes geistliches Terrain zurückzugewinnen, starteten die Anwälte der Gegenreformation ein offensives Bauprogramm; neue, prachtvolle Kirchen sollten die Stärke des Klerus demonstrieren. In diesem Sinn wurde 1597 die Kirche Peter-und-Paul konzipiert. Finanziert wurde sie vom Jesuitenorden, entworfen von Giovanni Maria Bernardoni, einem in ihrem Auftrag arbeitenden Architekten. Nach dem Vorbild der kurz zuvor fertiggestellten Kirche Il Gesù in Rom gestaltete er Peter-und-Paul in barockem Stil.

Das Hauptschiff war breit, Querschiff und Presbyterium dagegen extrem kurz angelegt. Diese Raumanordnung sicherte eine gute Akustik, die für den Predigerorden der Jesuiten sehr wichtig war. Schon bald nach Fertigstellung der Kirche trat hier Piotr Skarga, Polens wortgewaltigster Prediger in Aktion. Von der Kanzel schleuderte er den katholischen Gläubigen visionäre Drohungen entgegen. Das nachfolgende Zitat illustriert die Wucht seiner Worte:

*»Die Mauern der Republik zeigen immer tiefere Risse und ihr sagt: Es tut nichts – Polens Verstand ist die Anarchie! Aber kaum, daß ihr zur Besinnung gelangt, wird das Königreich fallen und euch unter seinen Trümmern begraben... Und ihr, die ihr über andere Völker geherrscht habt, werdet sein wie eine verwaiste Witwe und werdet euren Feinden zum Hohngelächter und verächtlichen Ärgernis werden...«*

Piotr Skarga (1536-1612) war Hofprediger von König Sigismund III.; aufgrund seiner Verdienste im Kampf gegen den Geist der Reformation wurde ihm ein marmornes Denkmal gestiftet – es befindet sich im Hauptschiff der Kirche.

Nachdem die kirchlichen Gemäuer aufgrund von Baufehlern Stück für Stück abgetragen und neu zusammengefügt werden mußten, konnte die Konstruktion 1619 unter der Leitung Giovanni Trevanos vollendet werden; im Jahr 1723 wurden 12 monumentale Apostelfiguren vor dem Kirchenportal plaziert.

Die **Andreaskirche** aus dem frühen 12. Jahrhundert gehört zu den wenigen Gebäuden der Stadt, die den Einfall der Tataren 1241 unversehrt überstanden und sich ihr romanisches Äußeres bis zum heutigen Tag bewahrten. Die alte Bausubstanz wird nicht verdeckt, sie ist wichtiges Gestaltungselement. Unverputzte Steinquader schimmern weißlich im Sonnenlicht, verleihen den Mauern eine fast reliefartige Struktur. Zuweilen sind sie über 1,60 Meter dick, schirmen das Innere festungsartig ab. Auch die schmucklosen, gerundeten Fensteröffnungen betonen den Festungscharakter: Sie sind hoch plaziert und dienen als einzige Lichtquelle. An der Westfassade erheben sich zwei Türme mit Schießscharten. Zur Überraschung des Besuchers entspricht der Innenraum der Kirche nicht dem

*Apostelfiguren vor der Peter-und-Paul-Kirche*

kargen Äußeren: Dekor und Möbel stammen aus der Zeit des Barock und des Rokoko, sie sind verspielt und reich verziert. Gotische Krippenfiguren aus Holz lagern in der Schatzkammer.
Seit 1816 hat sich auch die Evangelisch-Augsburgische Gemeinde eine Kirche gesichert. Es ist die barocke, ursprünglich für die Barfüßer des Karmeliterordens eingerichtete **Martinskirche** gleich hinter dem Klarissinnenkloster. Am Hauptaltar besänftigt Christus das Meer – ein Bild von Henryk Siemiradzki.
Um zum Wawel zu gelangen, biegen wir am Haus des Primas (Nr. 65) rechts ein in die Podzamcze-Straße, der Eingang zum Schloßkomplex befindet sich auf der linken Seite.

## 4. Mythenumrankter Wawel

Am Ufer der Weichsel erhebt sich der Wawelberg, von dem aus polnische Monarchen über 500 Jahre das Land regierten. Im Bewußtsein der Polen nimmt er eine zentrale Stellung ein: Für die Mehrheit ist er ein nationaler Wallfahrtsort, für eine Minderheit Brutstätte des polnischen Nationalismus. Schon von weitem sieht man die Zinnen und Türme der Residenz, ihre Basteien und Dachfirste – eine imposante Silhouette, die das Stadtbild beherrscht. Der Baukomplex, der alle architektonischen Stilrichtungen vereint, wird dominiert von Königsschloß und Kathedrale. Hier residierten bis 1609 die polnischen Monarchen, bis 1734 ließen sie sich in der Kathedrale krönen und bestatten. Hans Frank, deutscher Generalgouverneur Polens, bezog die Räume von 1939 bis 1944. Deutsche

Propagandisten priesen die Wahl des Ortes: »Hier schlägt das Herz des heutigen Generalgouvernements und durchsetzt die Kanäle dieses verwahrlosten Landes mit einem gesunden Blutkreislauf, der alle neu belebt.« Frank feierte hier Feste und Gelage, rühmte sich ungebremster Willkür.

Der Aufstieg zum Wawel an der Südseite der Kanonicza-Gasse läßt sich nicht verfehlen: Straßenmusikanten und Verkäufer von Folklore-Artikeln profitieren von dem nicht endenwollenden Besucherstrom. Machtvoll prunken die Wehrmauern – auf grauen Platten sind die Namen all jener Spender vermerkt, die nach dem Ersten Weltkrieg die Schaffung des neuen polnischen Staates mit dem Wiederaufbau des Wawel verknüpft sehen wollten. Und während man weiter zur Kasse hinaufsteigt, wird der Blick von der Rekonstruktion eines Reiterstandbildes beherrscht: Leonardo Marconi gedachte hier Tadeusz Kościuszkos, des Kämpfers für polnische Unabhängigkeit; die Originalskulptur wurde im Krieg zerstört, Dresdener Bürger finanzierten 1960 eine Nachbildung.

Wer den Berg erklommen hat, gelangt auf ein großes freies Plateau, das von zahlreichen Gebäuden flankiert wird. Wir halten uns links und gehen an der Kathedrale vorbei zum Schloß, dem Herzstück des Wawelkomplexes. Im 11. Jahrhundert errichtete hier Bolesław der Tapfere eine erste königliche Residenz, Kasimir der Große verwandelte sie in eine gotische Burg. Als sie 1499 niederbrannte, beschloß Sigismund I., seiner Macht durch ein repräsentatives neues Gebäude Ausdruck zu verleihen. Als junger Prinz hatte er bei einem Besuch in Ungarn Kunstwerke der Renaissance kennengelernt. In diesem Stil, so wünschte er, sollte seine nächste Umgebung gestaltet werden. Darum beauftragte er den italienischen Architekten Francesco Fiorentino mit dem Bau eines Schlosses, von dem es später heißen würde, es sei das größte und schönste in Polen. Bartolomeo Berrecci vollendete das Werk: Säulengänge umspannen einen vierflügeligen Innenhof, mehrere Türen weisen den Weg in die Räume des Schlosses.

Die **»Staatlichen Kunstsammlungen auf dem Wawel«** können nur in Begleitung eines Führers besichtigt werden. Sie bestehen aus den Königlichen Gemächern, dem Kronschatz, der Rüstkammer und dem »Verschollenen Wawel«.

Die Führung beginnt in den Sälen des Erdgeschosses. Im 16. Jahrhundert waren diese den Dienern und Beamten vorbehalten, heute beherbergen sie den Schatz der polnischen Könige. Im Saal von Jadwiga und Jagiełło befindet sich neben Insignien königlicher Macht der »Szczerbiec«, ein mit Gold und Emaille verziertes Schwert. In seinen Griff sind die Symbole der Evangelisten gemeißelt, auf der Klinge prangt das Antlitz des Piasten-Adlers. Mit ihm ließ sich 1320 Władysław I. zum König schlagen, fortan war es Krönungsschwert aller polnischen Könige. Der Saal selbst ist einer der wenigen Räume, die von der gotischen Wawelburg erhalten sind. Die Schlußsteine der Gewölbebögen zeigen die Wappen des Monarchenpaares, die ihm seinen Namen gaben.

Auch wertvolle Rüstungen, Hieb- und Stichwaffen, Henkerbeile und Schilde sind über die Räume des Erdgeschosses verteilt; weil die Sammlung über 1000 Objekte umfaßt, wurden zahlreiche Gegenstände in die Kellerräume verbannt.

Über die weit ausladende Gesandtentreppe gelangt man in die oberen Stockwerke. Die königlichen Privatgemächer befinden sich im ersten, die Repräsenta-

*»Sala Poselska« – Der Abgeordnetensaal*

tionssäle im zweiten Stock. Beim Durchschreiten der Räumlichkeiten läßt sich der an Schönheit und Genuß orientierte Lebensstil der Könige nachempfinden. Vor allem die »Arazzi«, riesige Wandteppiche, die im frühen 16. Jahrhundert in Werkstätten von Arras und Brüssel geknüpft wurden, bestechen durch elegante Farbgestaltung und ausdrucksstarke Personendarstellung. Sie wurden nach Vorlagen italienischer Maler gefertigt und lassen sich in mehrere Motivbereiche unterteilen: biblische Themen, idyllische Landschafts- und Tierdarstellungen, Grotesken und Wappen. Die Teppiche haben mittlerweile auch Eingang in die Weltliteratur gefunden: Sie inspirierten Andrzej Szczypiorski zu seinem 1971 veröffentlichten Roman »Messe für die Stadt Arras«.

Das zweite Stockwerk, das ausschließlich Repräsentationszwecken diente, wirkt besonders elegant: schlanke Säulen säumen die umlaufende Galerie, Medaillons mit Darstellungen römischer Kaiser verweisen auf den Machtanspruch des polnischen Königs. Im zweiten Stock befindet sich der Audienzsaal, einer der schönsten Räume des Schlosses. Hier wurden die Botschafter fremder Länder empfangen – und weil es sie zu beeindrucken galt, war er besonders prunkvoll ausgestattet. Noch heute schmücken flämische Gobelins die Wände; die freien Flächen wurden von Hans Dürer, dem Bruder des berühmten Albrecht Dürer, mit einem Wandfries ausgemalt. Auf spiegelglattem Parkettboden gleiten die Besucher durch den fast mobiliarlosen Raum, stellen sich vor, im reich bemalten Kachelofen flackerte ein Feuer auf, das sich im Gebälk der Kassettendecke spiegelte. In jeder Kassette befand sich einst ein holzgeschnitzter Kopf, der einen bestimmten Charaktertypus darstellte. Von den ursprünglich 194 Wawelköpfen sind heute nur noch 30 erhalten. Sie blicken auf die Betrachter hinab: lächelnd und griesgrämig, verbittert und melancholisch.

Die Sammlung orientalischer Kunst enthält als besonderen Leckerbissen die Beutestücke, die Jan Sobieski in der Schlacht gegen die Türken 1683 bei Wien errang. Um diesen Teil der Ausstellung zu besuchen, bedarf es einer speziellen Erlaubnis der Schloßdirektion.

In den Kellerräumen der königlichen Küchen kann abschließend die Dauerausstellung »Der verschollene Wawel« besucht werden. Interessant sind hier vor allem die freigelegten Mauern der ältesten, inzwischen abgetragenen Wawelgebäude; zu ihnen zählt eine vorromanische Rotunde aus dem 10. Jahrhundert.

Krakaus **Kathedrale** ist ein heiliger Ort. Hier wurden die polnischen Könige gekrönt und beerdigt, auch kirchliche Würdenträger und Nationalhelden fanden im Dom ihre letzte Ruhestätte. Vom Papst stammt der Satz: Jeder Pole, der dieses Gotteshaus betritt, erzittert vor Ehrfurcht, ist von der Vorstellung beseelt, hier werde die Geschichte seines Volkes lebendig.

Was beim Besuch der Kathedrale zuallererst auffällt, ist die stilistische Vielfalt. Die Kirche wurde im frühen Mittelalter errichtet, danach mehrfach umgebaut: Stilelemente der Romanik und Gotik, der Renaissance und des Barock sind bunt miteinander verwoben. Aus dem 11. Jahrhundert stammen die Grundmauern der ehemaligen Gereon-Kirche im Ostteil der Kathedrale, aus dem 12. Jahrhundert die Leonhard-Krypta und Teile des Südturms. Die Kirche in ihrer heutigen dreischiffigen Form wurde zwischen 1320 und 1364 erbaut; in den nachfolgenden Jahrhunderten schmückte man sie mit einer Vielzahl von Kapellen.

Wer die Kathedrale betritt, mag enttäuscht sein, denn sie wirkt relativ klein, der Blick nach oben beschert nicht den Eindruck himmelstürmender Bewegung. Anders als in vielen gotischen Kirchen Westeuropas ruht hier das Gewölbe auf Strebepfeilern, die im Seitenschiff »einbehalten« wurden. So verspielte man die Chance, sie zum zentralen Gestaltungselement aufzuwerten. Das Hauptschiff wird vom barocken Mausoleum des polnischen Schutzheiligen Bischof Stanisław beherrscht. Der silberne Sarkophag mit der Reliquie des Patrons wird von vier knienden Engeln getragen. Er wurde 1671 vom Danziger Künstler Peter von der Rennen geschaffen und ist mit Reliefs verziert, die wichtige Etappen im

*Vor der Wawelkathedrale*

Leben des Heiligen illustrieren. Kehrten Könige siegreich von einer Schlacht zurück, so legten sie am Grab des Bischofs die erbeuteten Trophäen zum Zeichen des Dankes nieder.

In den Seitenschiffen und im Chorumgang stehen Sarkophage und Grabmäler mit feingemeißelten Reliefs und prachtvollen Skulpturen. Im Schutz des Hochaltars wurden Kasimir III. und Władysław I. aufgebahrt; unmittelbar davor gewahren wir die Grabplatte des Kardinals Jagiellończyk, von Peter Vischer d. Ä. kunstvoll in Bronze genossen.

Die Kathedrale ist mit einem Kranz von insgesamt 18 Kapellen ausgestattet, die vorwiegend gotischen und barocken Baustil verraten. Drei von ihnen sollen hier kurz vorgestellt werden. Gleich rechts vom Eingang befindet sich die Heiligkreuz-Kapelle. Hier ruht unter einem mit russisch-byzantinischen Malereien versehenen Sterngewölbe König Kasimir IV. Er starb 1492, noch im gleichen Jahr meißelte Veit Stoß sein Grabmal. Die Totenmaske des Königs wirkt beredt, sie kündet von einem bewegten Leben. Detailgenau und expressiv hat Veit Stoß die Gesichts- und Halsfalten modelliert, die eingefallenen Wangen und den sinnlichen Mund. Das Haupt wird von der Last der Krone fast erdrückt, ungezähmt lugen unter ihr Locken hervor.

Die in schwarzem Marmor gestaltete Kapelle der Wasa-Dynastie wirkt düster und todesschwanger, Vergänglichkeitssymbole beherrschen den spätbarocken

Innenraum. Drückt sich hier der Wille zu Buße und Entsagung aus, so dominieren in der benachbarten Sigismundkapelle Lebensbejahung und Heiterkeit. Der Kunsthistoriker Essenstein nannte die Sigismundkapelle »Perle der Renaissance nördlich der Alpen«. Sie hat eine außen vergoldete Kuppel, von der Rosetten sternförmig ausstrahlen. Die Seitenwände der Kapelle sind aus hellem Sandstein modelliert und mit weltlichen Motiven geschmückt: Giganten, Meeresgötter und Nymphen zollen Tribut an antike Jenseitsvorstellungen. Rötlich schimmert das von Santi Gucci geschaffene Grabmal für die Könige des »Goldenen Zeitalters«, Sigismund I. und seinen Sohn Sigismund II.; in kleinen Seitennischen posieren Schutzheilige der Krone und ihres Imperiums.

Von der Czartoryski-Kapelle in der Nähe des Haupteingangs führen Treppen in eine labyrinthartige **Krypta** hinab, in der außer Königen und ihren Familien auch die wichtigsten polnischen Nationalhelden beigesetzt wurden. Die Gräber der Heerführer Tadeusz Kościuszko und Fürst Józef Poniatowski findet man in der romanischen Leonhard-Krypta, das von Marschall Józef Piłsudski unterhalb des Kathedralenturms. Der dänische Bildhauer Bertel Thorwaldsen schuf ein Grabmal für den in Deutschland weniger bekannten Obersten Włodzimierz Potocki, der im napoleonischen Heer kämpfte und 1812 fiel.

Die berühmtesten Dichter der Nation liegen in einer speziellen kleinen Krypta beerdigt, die vom linken Seitenschiff der Kathedrale erreichbar ist. Adam Mickiewicz und Juliusz Słowacki starben beide im französischen Exil; 1890 und 1927 wurden ihre sterblichen Überreste nach Krakau überführt.

Um in die Schatzkammer zu gelangen, müssen wir die Sakristei passieren. Dort können Reliquien und liturgische Geräte bestaunt werden, darunter der goldene, mit Perlen und Edelsteinen geschmückte Kopfschmuck des Bischofs Stanisław. Neben der Sakristei befindet sich der Aufgang zum Turm. Von oben genießt man einen weiten Blick über die Stadt, die Glocken der Kathedrale sind zum Greifen nah. »Sigismund«, die größte der fünf Glocken, wird von den königlichen Wappen Polens und Litauens geziert. Sie hat einen Durchmesser von 2,5 Metern, der Umfang beträgt 8 Meter; sie wiegt 11 Tonnen, das Kernstück allein hat ein Gewicht von 300 Kilogramm. Sie erklingt an wichtigen kirchlichen und nationalen Feiertagen; auch als Karol Wojtyła den päpstlichen Thron bestieg, erscholl Sigismunds majestätischer Klang. Die kleineren Glocken erfreuen sich gleichfalls eines Namens: sie heißen »Urban« und der »Kardinal«, »Stanisław« und »Kleiner Sigismund«.

Bei archäologischen Ausgrabungen können auch heute noch überraschende Funde vermeldet werden. Jan Ostrowski, Direktor der Nationalen Kunstsammlung, berichtete von einem vor kurzem in Altarnähe entdeckten Grab in der Gereon-Kapelle. Doch niemand vermag das Rätsel um die darin bestattete Person lösen: Ist es ein Bischof, ein königlicher Ratgeber oder gar ein illegitimer Prinz? Um die Gereon-Kapelle ranken sich ohnehin eigentümliche Geschichten. Viele Polen glauben, ihre Mauern entsenden elektromagnetische Strahlen; wer sich an ihr Gestein lehne, werde erfüllt von positiver Kraft. Als »Beweis« werden

*Grabmal des polnischen Königs Stefan Batory in der Wawelkathedrale*

archäologische Funde angeführt, die belegen, daß hier schon vor 50.000 Jahren Menschen angesiedelt waren. »Sie waren fasziniert von der Aura des Ortes«, so raunen heute die Gläubigen.

Knochen sind ein besonders beliebtes Gesprächsthema in Krakau. Auf dem Wawelhügel wurden Überreste von Rhinosauriern gefunden, die von Menschenhand zu Werkzeugen verarbeitet worden waren. Und auch über dem Eingang zur Kathedrale hängen seltsame Knochen: der Schädel eines Nashorns, die Rippe eines Walfisches und das Schienbein eines Mammuts beschwören heidnische Bräuche, die auf dem Wawel in Urzeiten praktiziert wurden.

Aus der Drachenhöhle an der Westseite des Wawel sind trotz intensiver Anstrengungen bis zum heutigen Tag keine Funde zu vermelden. Fürst Krak, so heißt es, habe hier in dunkler Vorzeit die Stadt von einem riesigen Ungeheuer befreit... Während der Sommermonate können 70 Meter der weitläufigen, vor Jahrtausenden ausgespülten Kalksteinhöhle besichtigt werden; im Mittelalter, heißt es, war hier ein Gasthaus für Fischer und Flößer eingerichtet. – Der legendäre Ort ist erreichbar über eine Wendeltreppe, die am Diebesturm an der Nordwestecke der Wawelterrasse ihren Ausgang nimmt; vor der Höhle steht eine Skulptur des feuerspeienden Drachen, die der Bildhauer Bronisław Chromy 1963 entwarf.

Besonders an warmen Tagen zieht der sagenumwobene Schloßkomplex Scharen von Besuchern in seinen Bann. Statt nach Lourdes zu fahren und auf ein Wunder zu hoffen, wandern esoterisch-religiös gesonnene Krakauer auf den Wawelhügel. An der Außenwand der Kathedrale stehen sie zu Dutzenden: Studenten kurz vor der Abschlußprüfung, Jugendliche mit Liebeskummer und Geschäftsleute vor einem großen Coup. Von der Kathedrale pilgern sie über das Plateau und lassen sich an den Wehrtürmen, wo einst adlige Verbrecher hingerichtet wurden, von gemarterten Seelen umschwirren.

Am Diebesturm, wo die einfacheren Bürger der Vollstreckung ihrer Strafe harrten, befreit man sich von der Last der Vergangenheit. Von der Aussichtsterrasse genießt man einen weiten Blick auf die südlichen und westlichen Vorstädte Krakaus. Im Westen sieht man den Kościuszko-Hügel, im Süden die Vorstädte Kazimierz und Podgórze, vielleicht sogar – bei klarer Sicht – die Silhouetten der Karpaten. Unterhalb des Hügels befindet sich die Anlegestelle für Ausflugsboote. Von hier aus starten Schiffe zu einer kleinen Weichseltour, für die Zukunft sind auch Fahrten nach Bielany und Tyniec geplant.

## 5. Von der Gasse der Kanoniker zum Bischofspalast

Die Kanonicza-Gasse ist nach den Kanonikern benannt, die sich im 15. Jahrhundert unter den Türmen der Kathedrale, am Fuße des Wawelbergs niederließen. Anmutig elegant gebogen, zählt sie zu den malerischsten Flecken der Stadt. Die meisten Häuser dieser Gasse wurden in den vergangenen Jahren restauriert – unter einer grauen Schmutzschicht traten prachtvolle Portale und hübsche Hauswappen hervor.

Geld für die Restaurierung war ausreichend vorhanden, denn seit 1990 gehört wieder jeder Quadratmeter Boden dem Klerus. Die Machtfülle der Kirche hat auch ihr Gutes, denn es gibt in dieser Gasse weder Geschäfte noch Schnellrestaurants, weder Reklameschilder noch Marktschreier. Einzig die Schritte der Spaziergänger auf dem Kopfsteinpflaster sind zu hören, manchmal freilich auch kraftvolle Chormusik, die aus geöffneten Fenstern dringt.

In schönstem Glanz erstrahlt nun wieder das Eckhaus Nr. 25, das einstige Badehaus von König Władysław II.; hier wuchs Jan Długosz auf (1414-80), Chronist und erster bedeutender Geschichtsschreiber Polens, als Kanoniker bereits fest im Humanismus verwurzelt. Eine Gedenktafel erinnert daran, daß im 19. Jahrhundert Franciszek Wyspiański hier lebte. Er hatte im Erdgeschoß seine Bildhauerwerkstatt – sein Sohn Stanisław, der ihn später an Berühmtheit übertreffen sollte, wurde an diesem Ort in die Fertigkeiten der Kunst eingeführt.

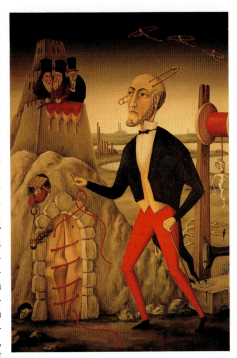

*»Der große Schneider«*

Die großen Portale, oftmals mit Wappen geschmückt, laden zum Eintreten ein, besonders dann, wenn im Hintergrund hübsche Innenhöfe sichtbar werden. Dies gilt besonders für das Dekanhaus Nr. 21, einen Renaissancepalais, in dem von 1960 bis 1964 Bischof Karol Wojtyła residierte, und das heute ein **Museum sakraler Kunst** beherbergt. Wenig später, im Haus Nr. 15, kann das **Ukrainische Kulturzentrum** mit einer interessanten Ikonensammlung besucht werden: die 300 Seelen zählende ukrainische Gemeinde von Krakau erwarb das Recht, die Räume für 25 Jahre zu nutzen. Von kirchlichem Fieber sind sogar Galerien durchdrungen. So verrät der Name »Ave Galeria«, daß im Dom Kolegiaty (Nr. 11) sakrale Kunst zum Verkauf angeboten wird. Eines der schönsten Besitzstücke der Galerie ist das von Romuald Kułakokwski im Stil von Hieronymus Bosch gemalte Bild »Der große Schneider«.

Wer der kirchlichen Überfrachtung müde wird, darf aufatmen, denn in den nun vorgestellten Häusern geht es weltlicher zu. Den Künstlern Wyspiański und Kantor sind zwei Museen gewidmet, dazwischen, im Haus »Zu den Kronen« (Nr. 7), trifft sich der Club zeitgenössischer Literaten; auch die in deutscher und polnischer Sprache gedruckte »Dekada Literacka« hat hier ihre Heimstatt.

Im Haus Nr. 9, einem aus der Mitte des 14. Jahrhunderts stammenden, jedoch fünfmal umgebauten Gebäude, befindet sich das **Stanisław-Wyspiański-Museum**. Noch vor der Besitzumverteilung in Polen wurde es mit Hilfe von Spenden der Gesellschaft restauriert, 1983 konnte es eröffnet werden. Wyspiański war der vielseitigste Künstler des Jungen Polens: er war Maler, Dichter, Dramatiker und Bühnenbildner, schuf Glasmalereien und polychrome Werke für die Wawelkathedrale und die Franziskanerkirche.

Des 1990 verstorbenen Tadeusz Kantor wird in der **Cricoteka** im Haus Nr. 5 gedacht. Kantor, zugleich Dramatiker, Regisseur und Maler, war ein Magier, der wie kein anderer Trauer produktiv zu nutzen verstand und die Toten der Vergangenheit entriß. Sein Werk war, wie Kritiker betonten, eine »katholisch-hebräische Mélange«, durchdrungen von »polnischer Tragik« und »slawischer Melancholie«. Liebevoll wird im Haus ein Dokumentationszentrum, die nach dem Theater benannte »Cricoteka« unterhalten. Bilder, Manuskripte und Memorabilia sind hier vereinigt, interessierten Studenten werden Videoaufnahmen seiner Stücke vorgeführt.

Die Inquisition hatte in der Kanoniker-Gasse Nr. 1 ihren Sitz. Heute kann man im hiesigen Kellercafé eine angenehme Verschnaufpause einlegen. Wenn wir danach links in die Senackastraße einbiegen, erblicken wir zur Rechten die Rückansicht des **Hebda-Palais**, benannt nach einem Kanoniker, der zu Beginn des 14. Jahrhunderts die Frontansicht des Gebäudes schuf. Noch im gleichen Jahrhundert erwählten die Benediktinermönche von Tyniec das Haus als Herberge, ab 1612 residierte hier der Abt.

Äußerst bewegt ist die Geschichte des **Archäologischen Museums**, dessen Haupteingang sich an der Poselskastraße befindet. Bevor zu Beginn des 17. Jahrhunderts die Barfüßer des Karmeliterordens den Gebäudekomplex übernahmen, befand sich hier das Herrenhaus der Familie Tęczyński. Als Polen geteilt wurde und die Österreicher Krakau ihrer Herrschaft unterstellten, wurde der Orden aus dem Kloster vertrieben, um hier ein Gerichtsgebäude und ein großes Kellergefängnis einzurichten.

Erstaunlicherweise immer noch an der Hausmauer präsent ist eine Plakette, die an Ludwik Waryński, einen der berühmtesten politischen Gefangenen Krakaus erinnert. Er war Begründer des »Proletariats«, der ersten internationalistischen Organisation Polens. »Es gibt eine Nation«, so gab er zu bedenken, »die unglücklicher ist als die polnische Nation: das ist die Nation des Proletariats.« Die antinationale Protestbewegung wurde 1883 aufgerieben, bereits drei Jahre zuvor wurde Waryński in der Senackastraße der Prozeß gemacht.

Waryński war nur einer von vielen politischen Gefangenen, die im 19. und 20. Jahrhundert in den feuchten Verliesen des Michaels-Gefängnisses eingekerkert wurden. Vor allem Sozialisten und Kommunisten waren es, die die Zellen zur Zeit der Sanacja-Regierung füllten: Piłsudski und seine Gefolgsleute verordneten dem Land ab 1926 einen streng nationalistischen Kurs. Im Jahr 1939 übernahmen deutsche Besatzungstruppen die Kontrolle über das Gefängnis; sie ließen darin eine beträchtliche Zahl polnischer Bürger töten, zwischen Turm und Mauer befand sich der Galgen. Die sozialistische Regierung der Nachkriegszeit setzte während der Jahre des Stalinismus die Gefängnistradition fort; erst 1956 wurde die Haftanstalt geschlossen und dem Archäologischen Museum angegliedert.

Im Museum werden anhand archäologischer Funde die vergangenen Kulturepochen Kleinpolens illustriert; der Besucher erhält überdies eine Einführung in die Archäologie des Mittelmeerraumes. Die hier ausgestellten Kunst- und Gebrauchsgegenstände reichen zurück bis ins 16. Jahrhundert v.Chr., gezeigt werden Keramik- und Alabastergefäße, Amulette und Grabreliefe.

Die Poselskastraße ist eine ruhige Straße, zu beiden Seiten stehen mächtige, lärmschluckende Mauern. Auch Joseph Conrad, so ist zu erfahren, hat hier gelebt – doch das Haus Nr. 12, in dem er mehrere Jahre seiner Kindheit verbrachte, weist keinerlei Inschrift oder Gedenktafel auf. Darum bewegen wir uns jetzt auf den Planty zu, biegen rechts ein in einen Weg, der uns geradewegs zur **Franziskanerkirche** führt. Gruppen von Männern in braunen Kutten entströmen der Kirche, sie leben und arbeiten in dem angrenzenden Kloster. Der Orden ist hier seit 1269 präsent, als die Kirche von Fürst Henryk dem Frommen gestiftet wurde.

Wer die Kirche betritt, wird erstaunt feststellen, daß die Ausgestaltung aus neuerer Zeit stammt. Rotes, violettes, smaragdgrünes Licht dringt durch die mit expressiven Ornamenten bemalten Fenster, schafft eine geheimnisvoll-verzauberte Atmosphäre. Die Glasmalereien stammen von Wyspiański, ebenso die Fresken in Chor und Querschiff, die in grell-lodernden Farben leuchten. Als Alfred Döblin die Fenster sah, notierte er:

*»Was diese wogenden Farbgüsse bedeuten, weiß ich nicht, diese Schwarzgüsse, umwallt von Güssen und Flüssen des Blau, durchzogen von Grün, durchströmt von Gelb und Gold. Ob das Menschen sind? Manchmal glaube ich märchenhafte Augen zu sehen, lange Haare. Ich habe nicht den Wunsch, etwas zu erkennen; wie ich nicht das Bedürfnis habe, den fernen Männergesang zu verstehen. Die Glaslinien flackern. Ein dunkelgrünes Blumenfenster. Und rechts die brennendste aller Farben, die ich je gesehen habe, ein helles Gelb, ein satanisches Rotgelbbraun, eine Farbe brennender als Feuerrot, eben jetzt geboren aus der Vermählung des lebendigen Lichtes, der einfallenden Sonne mit den schlummernden Farbgüssen.«*

Wer einen Vergleich anstellen möchte zwischen dem Schaffen Wyspiańskis und dem seines Freundes, des Jugendstilmalers Józef Mehoffer, begibt sich in die nördlich gelegene Kapelle, wo Mehoffer Stationen der Passion Christi nachzeichnete. Über die Mater-Dolorosa-Kapelle an der Südseite der Kirche gelangt man in den stillen Kreuzgang des Klosters. Er ist mit gotischen Fresken ausgemalt, Portraits Krakauer Bischöfe bedecken seine Wände.

Um die Franziskanerkirche ranken sich abenteuerliche Geschichten. So heißt es, die Mönche hätten hier 1289 den polnischen Thronanwärter Władysław I. vor den Häschern eines Konkurrenten versteckt; doch im Jahr 1461 sei noch Schlimmeres geschehen: in der Sakristei wurde der Adelige Andrzej Tęczyński von aufgebrachten Patriziern ermordet. Er war Anführer eines gegen König Kasimir IV. angezettelten Komplotts, in dessen Verlauf mehrere Stadtverordnete dem königlichen Henker vorgeführt wurden.

Auf der gegenüberliegenden Seite der Straße, in einem Eckhaus am Allerheiligenplatz (pl. Wszystkich Świętych 6), befindet sich das nach einem Baron benannte Larysch-Palais. Links daneben prunkt der **Bischofspalast**, Zielpunkt dieses Rundgangs. Gegenwärtig hat hier der Krakauer Bischof Franciszek Macharski seinen Amtssitz. Ein Denkmal im Innenhof erinnert an seinen berühmten Vorgänger: Karol Wojtyła residierte hier in den Jahren 1964-1978. Als Papst Johannes Paul II. kehrte er ein Jahr später nach Krakau zurück und sprach auf Massenversammlungen zu Hunderttausenden von gläubigen Polen – der Kampf gegen das kommunistische Regime trat in seine entscheidende Phase.

Über die Brackastraße, das einstige Zentrum der Krakauer Goldschmiede, kommt man geradewegs zum Rynek zurück; wer die Universität kennenlernen möchte, biegt vom Planty, dem grünen Parkgürtel, in die Wiślnastraße ein: das Collegium Maius, Hauptgebäude der Universität, liegt links an der parallel dazu verlaufenden Jagiellońskastraße.

## 6. Universitätsviertel

*»Beseelt von dem Wunsch, sein Königreich nach dem Muster anderer durch ein Studium generale zu heben und zu verschönern, begann König Kasimir in der Stadt Kazimierz bei Krakau auf einem ausgedehnten, sich über tausend Schritte hinziehenden Gelände mit dem Bau einer neuen Universität; schöne Häuser, Räume, Hörsäle und zahlreiche Wohnungen für die Professoren und Meister der genannten Schule. Nachdem er dann eine Gesandtschaft zu Papst Urban V. nach Avignon gesandt hatte, erlangte er vom Heiligen Stuhl die Bestätigung dieser Stiftung.«*

Dieser Bericht stammt von Jan Długosz, dem bedeutendsten polnischen Historiker des ausgehenden Mittelalters. 1364 war die Krakauer Universität entstanden, nachdem der böhmische König Karl IV. in Prag 16 Jahre zuvor eine erste Universität auf mitteleuropäischem Boden gegründet hatte. Als Kasimir im Jahr 1370 starb, wurden die Vorlesungen an allen drei Fakultäten (Jura, Medizin und Theologie) eingestellt, der Lehrbetrieb war gelähmt. Doch schon am 26. Juli 1400 wurde die Universität von Władysław II. Jagiełło, dem neuen Herrscher Polens, wiedererweckt. Er erwarb die »Lapidea magna«, ein zweistöckiges Bürgerhaus an der Annastraße/Ecke Jagiellońskastraße und übereignete es der Hochschule. In diesem Gebäude, dem ältesten Teil des Collegium Maius, fand die Universität fortan ihr Zentrum. Im Eröffnungsdokument erklärte der König:

*»Wir, Władysław, König von Polen und Großfürst von Litauen, sehen, wie Paris durch ein gelehrtes Collegium erstrahlt und an Würde gewinnt, wie Bologna und Padua erstarken und sich schmucken, wie Prag erleuchtet und sich erhebt und wie Oxford klar und fruchtbringend wird. Wir haben nämlich deshalb die Herrschaft über das Königreich Polen angetreten und die Krone erhalten, um sie mit dem Glanz gelehrter Männer zu erleuchten, um mit ihren Wissenschaften den Schatten von Unzulänglichkeiten zu beseitigen und es anderen Ländern gleichzutun.«*

*Statue Papst Johannes Paul II. im Innenhof des Bischofspalastes*

*Das Collegium Maius*

Und stolz durfte er hinzufügen, daß Papst Bonifatius IX. seiner Bitte entsprochen und die Einrichtung einer weiteren, der theologischen Fakultät genehmigt habe. Dies erklärt, weshalb auch die höchsten kirchlichen Würdenträger an der Eröffnungszeremonie im Jahr 1400 teilnahmen.

Die Universität nahm im 15. Jahrhundert einen raschen Aufschwung und wurde benannt nach ihrem Neubegründer, dem ersten Regenten der Jagiellonen-Dynastie. Auch seine Nachfolger förderten Wissenschaft und intellektuellen Diskurs. Studenten kamen bald aus allen Ländern Europas, bis zum Jahr 1500 stieg ihre Zahl auf knapp 10.000. Der Humanismus beeinflußte die Lehre, weit griff das Denken in die Welt hinaus. Am Ende des 16. und im 17. Jahrhundert erdrosselte die Gegenreformation für lange Zeit den freien Diskurs, Kriege mit Nachbarvölkern zogen die Hochschule in Mitleidenschaft. Forschung und Wissenschaft begannen sich erst wieder in der Regierungszeit des Aufklärers Poniatowski zu entwickeln. Unter seiner Regentschaft konnte das Ausbildungsmonopol der Kirche gebrochen werden, Polnisch ersetzte Latein als Unterrichtssprache. Hugo Kołłątaj, Rektor der Krakauer Universität, gründete in den Jahren 1777-83 zahlreiche naturwissenschaftliche Einrichtungen, z.B. das Observatorium, den Botanischen Garten, das Collegium Physicum und die erste moderne Klinik.

Die Teilung Polens hatte tiefgreifende Konsequenzen. Zu Beginn des 19. Jahrhunderts wurden die meisten Lehrstühle kurzzeitig mit deutschen Professoren besetzt, die österreichische Besatzungsmacht verkaufte das Universitätsvermögen. Ab 1866 erlebte die Krakauer Hochschule jedoch eine neue Blütezeit, da sie nun – abgesehen von Lemberg – die einzige auf polnischem Boden zugelassene Bildungsstätte war.

Die Entwicklung im 20. Jahrhundert wurde überschattet von den Ereignissen des Zweiten Weltkrieges: der Lehrbetrieb wurde eingestellt, 144 Professoren und Dozenten festgenommen und in Konzentrationslager deportiert.

Der Besucher betritt das gotische Bauwerk des **Collegium Maius** durch ein dunkles Portal in der Jagiellońskastraße. Der von Arkaden umgebene Innenhof entstand 1492 und ist noch erfüllt von der Stille früherer Zeiten. Junge Kunststudenten lassen sich in den Kreuzgängen nieder, suchen – mit Stift und Pinsel – die Pracht der restaurierten Gebäude im Bild festzuhalten. Im Zentrum des Innenhofs befindet sich ein wappengeschmückter Steinbrunnen, Spitzbögen ruhen auf Säulen, die verziert sind mit kristallförmigen Ornamenten.

Das Collegium Maius beherbergt heute ein **Universitätsmuseum**, das nur während der Mittagsstunden geöffnet ist. Treppen führen vom Kreuzgang ins obere Stockwerk hinauf, wo die Eintrittskarten erworben werden können. Allein darf man das Museum nicht besichtigen – man muß sich der Führung im Rahmen einer Gruppe anvertrauen. Daß die Besuchszeiten so eng bemessen sind, liegt daran, daß der Rundgang auch durch jene Räume führt, die vormittags und nachmittags von Universitätsgremien genutzt werden.

*Kopernikus-Denkmal vor dem Collegium Novum*

So ist die prachtvolle **Aula** Veranstaltungsort für Feierlichkeiten und Titelverleihungen. Über ihrem Renaissanceportal prangt das Motto der Universität: *»plus ratio quam vis«* – »Verstand vermag mehr als Gewalt«. Zu den Persönlichkeiten, die hier in jüngster Zeit mit dem Titel eines Ehrendoktors ausgestattet wurden, zählen der Papst und Mutter Theresa sowie der deutsche Industrielle Berthold Beitz. Gleichfalls repräsentativen Zwecken dient der mit Balkendecken ausgestattete Speisesaal: eine Galerie von Gelehrten- und Fürstenportraits ziert hier die Wände. Der Raum der früheren Bücherei ist heute Tagungsort des Senats.

In einem kleinen Zimmer neben der Aula wird des Astronomen

und Mathematikers Kopernikus gedacht, der hier von 1491-95 studierte. Der Besucher sieht die astronomischen Geräte, mit denen er arbeitete, auf Bildern und Stichen ist der Gelehrte dargestellt. Zu den wichtigsten Schätzen des Museums zählt ein Globus, der aus dem Jahr 1510 stammt und auf dem zum ersten Mal der amerikanische Kontinent eingezeichnet ist.

Vielleicht die schönste Zeit für den Besuch der Universität ist jener Tag, an dem das Studienjahr mit einem Umzug feierlich eröffnet wird. Dann kann man den Rektor mit Toga, Kette und Barett bewundern – vor ihm der Pedell, das Rektorenzepter tragend. Interessant ist aber auch die letzte Woche im Juni: am Ende des akademischen Jahres herrscht in sämtlichen Straßen der Altstadt ausgelassenes Treiben. Studenten feiern und verkleiden sich, vergessen den Ernst des akademischen Alltags. Insgesamt gibt es 50.000 Studenten in Krakau, allein 18.000 sind eingeschrieben an der Jagiellonen-Universität. Die meisten von ihnen sind übrigens Geisteswissenschaftler, vorwiegend Kunsthistoriker: in diesem Fach konkurrieren sieben Bewerber um einen Studienplatz.

Viele Studiengebäude befinden sich in der **Gołębiastraße**. Zu den bedeutendsten Bauten zählt das **Collegium Minus** (Nr. 11), das aus dem 15. Jahrhundert stammt und als Fakultät der Freien, später auch der Schönen Künste Ruhm erwarb, sowie das **Collegium Novum** (Nr. 24), das nach einem Brand 1887 im neogotischen Stil errichtet wurde und heute Rektoratssitz ist. In der Aula im ersten Stock sind nebst Professorenportraits auch zahlreiche Bilder ausgestellt, die mit der Geschichte der Universität thematisch verknüpft sind.

Unter den Denkmälern stechen die für Kopernikus hervor. Neben dem Collegium Novum errichtete Cyprian Godebski 1900 eine Kopernikus-Skulptur, in der Universitätskirche der Heiligen Anna durfte Sebastian Sierakowski bereits 100 Jahre früher dem Astronomen huldigen.

Der Besuch der **Annakirche**, eines prachtvollen Barockbaus mit Doppelturmfassade, gehört zu den Höhepunkten des Universitätsbesuches. Die Kirche wurde von König Jan Sobieski gestiftet und vom Hofarchitekten Tylman van Gameren 1689-1703 nach römischem Vorbild entworfen. Der einschiffige Innenraum wirkt lichtdurchflutet und weit. Stuckdekorationen von Baldassare Fontana verzieren die Wände; bunte Fresken schmücken die Kuppel, vermitteln den Eindruck, die Kirche sei nach oben hin geöffnet. Im rechten Seitenschiff befindet sich das Mausoleum eines bekannten Theologen, des heiliggesprochenen Jan Kanty alias Johannes Cantius. Sein Sarkophag wird von vier allegorischen Figuren gestützt, die die verschiedenen Fakultäten repräsentieren.

Vor allem ältere Krakauer blicken mit Ehrfurcht auf das Gebäude in der **Annastraße 12**. Hinter den Mauern dieses Hauses wurde seit dem frühen 17. Jahrhundert die Elite des Landes ausgebildet. Den schulischen Abschluß am **Nowodworski-Lyzeum** erlangten u.a. die Gebrüder Sobieski, Jan Matejko und Stanisław Wyspiański. Heute verwalten Mediziner das einstige Schulgebäude, das Lyzeum mußte auf den Na-Groblach-Platz ausweichen.

An der Fassade des im klassizistischen Stil erbauten **Collegium Kołłątaj** in der Annastraße 6 erinnert eine Gedenktafel an zwei polnische Naturwissenschaftler: im Jahr 1883 gelang es Karol Olszewski und Walery Wróblewski, erstmalig

*Studenten der Jagiellonen-Universität*

Sauerstoff und Stickstoff zu verflüssigen. Heute befindet sich in den Kellerräumen dieses Hauses ein großes und gemütliches Studentencafé.

Wenn der Mittag naht, schwirren die Studenten aus in die umliegenden Restaurants – größter Beliebtheit erfreut sich die Salatbar »Chimera« in der Annastraße. Beliebte abendliche Treffpunkte sind die Kellerkneipen »Pod Ogródkiem« in der Jagiellońskastraße, »Stańczyk« im Rathausturm und der »Free Pub« in der Sławkowskastraße; der Studentenclub Rotunda liegt leider außerhalb des Zentrums – am Wochenende finden hier Discos und interessante Musikveranstaltungen statt.

## 7. Vom Alten Theater zum Palais Czartoryski

Der folgende Rundgang konzentriert sich auf das Nordostviertel der Krakauer Altstadt. Er beginnt am ruhmreichen **Alten Theater**, am Kreuzpunkt der Straßen Jagiellońska und Szczepańska. Seit seiner Gründung 1799 werden hier klassische und zeitgenössische Stücke aufgeführt. Unter der Leitung Stanisław Komians entwickelte sich das Alte Theater ab 1867 zur wichtigsten Aufführungsstätte Galiziens. Hier entstand die Krakauer Schauspielschule, bald eine der renommiertesten Polens. 1905 wurde das Gebäude im Sezessionsstil umgebaut, verschlungene Ornamente schmücken die Fassade. In Vitrinen sind Theaterkostüme, Photos und Requisiten ausgestellt – animieren zu einem Besuch des kleinen Theatermuseums. Jeweils eine Stunde vor der Aufführung und während der Pause ist es geöffnet.

*Madonna aus Kruźlowa (um 1400)*

Der Szczepańskiplatz wird gegenwärtig noch von Autofahrern belagert, die glücklich darüber sind, daß so nahe an der Altstadt Parkmöglichkeiten bestehen. Wird das Parkverbot demnächst auch hier durchgesetzt, könnte der Platz, der von zahlreichen Museen und Galerien umgeben ist, zu einem begehrten Treffpunkt aufrücken.

Ein Haus aus dem 17. Jahrhundert beherbergt das **Szołajski-Museum** an der Ostseite des Platzes. Es ist benannt nach einem Krakauer Magnaten und enthält polnische Kunst vom Mittelalter bis zum Klassizismus: als größte Attraktion gilt die um 1400 geschnitzte, auf zahlreichen Ansichtskarten abgebildete Madonna von Kruźlowa, einem Dorf nahe Nowy Sącz.

Der **Kunstpalast** an der Westseite ist das erste Gebäude Krakaus, das im Stil der Wiener Sezession erbaut wurde (1901). Er ist von einem breiten Fries umsäumt, zu dem Jacek Malczewski die zeichnerische Vorlage lieferte. In den Nischen der Mauern sind die Büsten wichtiger Krakauer Künstler versteckt: hier finden sich Portraits von Jan Matejko, Stanisław Wyspiański, Juliusz Kossak, Feliks Księżarski und Józef Szujski. Im Kunstpalast werden Ausstellungen zumeist traditioneller polnischer Künstler gezeigt, auf moderne Kunst ist die BWA-Galerie spezialisiert; ihr Eingang befindet sich an der Seite der Planty.

Die gesamte linke Straßenseite der ul. Reformacka wird von Kirche und Kloster der Reformierten okkupiert. Die Kellergewölbe des aus dem 17. Jahrhundert stammenden Reformiertenklosters halten eine Überraschung bereit. Einmal im Jahr, an Allerheiligen (sonst nur nach telefonischer Vereinbarung und gegen Zahlung einer Spende, Tel. 229666, täglich 12-16 Uhr), öffnen die Klosterbrüder die Katakombengruft.

In den kleinen Kapellen werden insgesamt 71 Holzsärge aufbewahrt. Der Besucher ist überrascht und vielleicht schockiert, denn die Körper sind nicht verwest. Die extrem trockene Luft und ein ausgefeiltes Belüftungssystem haben sie auf natürliche Weise mumifiziert. In einem Sarg liegt der Körper einer noch jungen Frau: sie trägt ein weißes Gewand und ein rotes, verblichenes Band

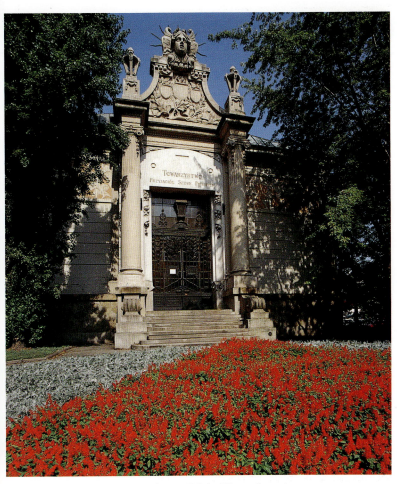

*Der Kunstpalast im Stil der Wiener Sezession*

schmückt ihren Schleier. Ein Mönch tritt hinzu und erklärt: »Während des Hochzeitfestes nahm sie Gift, wollte keine aufgezwungene Heirat.« – Auf der gegenüberliegenden Straßenseite eine Oase der Ruhe: im kleinen Garten befindet sich ein Kreuzweg, Bilder des Leidenswegs Christi, gemalt 1816 von Michał Stachowicz.

Geht man vom Szczepańskiplatz in Richtung Rynek, so passiert man rechts die Seitenansicht des **Palais Krzysztofory**. Ein unauffälliges Schild verrät den Eingang zu jener Galerie des »Künstlervereins Krakauer Gruppe«, in der sich in den 60er und 70er Jahren auch das berühmte Cricot 2, die von Tadeusz Kantor geleitete Theatergruppe traf. Steigt man die Treppen hinab, so gelangt man in ein tunnelartiges Gewölbe: zur Rechten sind bizarre Kunstwerke ausgestellt, zur Linken trifft sich ein vorwiegend studentisches Publikum bei Musik von Brian Eno. Man versteht, weshalb sich in den Zeiten des Sozialismus gerade hier das lebendigste und interessanteste Kulturzentrum Krakaus ausbilden konnte.

Königin Jadwiga, so munkelt man, hatte einen Geliebten, den österreichischen Erzherzog Wilhelm. Das Haus »Zur Birne« in der Szczepańskastraße 1 war sein geheimer Zufluchtsort. Im 15. Jahrhundert erwarb das Patriziergeschlecht Morsztyn das vom Sittenverfall gekennzeichnete Haus, heute gehört es der Journalistenvereinigung. Im ersten Stock findet man daher, was selten ist in Krakau: ein Café mit einer Vielzahl vorwiegend polnischer Zeitungen, daneben ein Restaurant. Der schönste Raum bleibt dem Besucher verschlossen: Journalisten geben Empfänge und feiern Feste in einem Saal mit spätgotischem Gewölbe, die Stukkaturen stammen abermals von Baldassare Fontana.

Vom Rynek gelangt man in die Sławkowskastraße. Wir gehen vorbei an zwei hübschen Unterkünften, dem kürzlich restaurierten Hotel Saski und dem im Palais-Charakter erbauten Hotel Grand, in den Kellergewölben des Hauses Nr. 14 lädt die Kleine Bühne des Alten Theaters zu Aufführungen ein. Die **Markuskirche** im Stil der Backsteingotik an der ul. Św. Marka ist eine Stiftung des Fürsten Bolesławs V. aus dem 13. Jahrhundert. Schräg gegenüber entstand 400 Jahre später durch Zusammenlegung zweier Bürgerhäuser das **Tarnowski-Palais**. Man achte hier auf ein kleines Detail am barocken Hauptportal: in ausgehöhlten Steinquadern löschten Diener dereinst ihre Fackeln.

Über die Markusstraße gelangt man in die belebte und an prachtvollen Bauten überquellende Johannisstraße (ul. Św. Jana). Das Eckhaus Nr. 20 mit Rokokofassade und steinernem Barockportal ist schon lange Zeit Diskussionsobjekt. Die Krakauer haben sich bis jetzt nicht darauf einigen können, ob es fortan nach Kołłątaj oder Popiel benannt werden soll. Hugo Kołłątaj, Priester und Universitätsrektor, war in der zweiten Hälfte des 18. Jahrhunderts Besitzer des Palais, Konstanty Popiel, ein Freund Kościuszkos, erwarb es 1812. Nationalbewußten Polen ist vor allem sein Sohn Pawel bekannt, der eine wichtige Rolle im fehlgeschlagenen Novemberaufstand des Jahres 1830 spielte.

Heute wird das Haus von den Rostworowskis bewohnt, Abkömmlingen der Kołłątaj-Familie. Dominik Rostworowski eröffnete in den Kellerräumen eine Galerie, in der häufig auch ausländische Künstler vorgestellt werden. Sein Cousin Bolesław, Erbe des Palais, kam in Nordengland als Sohn adeliger Eltern zur Welt, wurde aber dort seines Lebens nicht froh: an den elitären Privatschulen, die er besuchte, wurde er als Pole verachtet. 1969 kehrte er in die Stadt seiner Eltern zurück und studierte Vergleichende Literaturwissenschaft an der Jagiellonen Universität. Gegenwärtig ist er damit beschäftigt, den Palast seiner Vorfahren zu restaurieren: nicht aus Leidenschaft, wie er betont, sondern aus Pflicht.

Zu den schönsten Bauten der Straße gehören das **Wodzicki-Palais** (Nr. 11), das **Krause-Haus** (Nr. 12) und das Haus der Adelsfamilie **Montelupi** (Nr. 22). Im Wodzicki-Palais residierte 1848 der österreichische Hofkommissar Graf Deym.

*Künstlertreff – die alte Stadtmauer am Florianstor*

Eine Abordnung wütender Krakauer Bürger unter Leitung des Fürsten Adam Potocki zwang ihn, die sofortige Freilassung politischer Gefangener zu veranlassen.

Das Französische Kulturinstitut sicherte sich bereits zu Beginn der 60er Jahre einen festen Platz in den Räumen des **Palais Lubomirski** (Nr. 15). Lubomirski war ein polnischer Fürst, der den Gebäudekomplex Mitte des 19. Jahrhunderts vom Fürsten Józef Czartoryski erwarb. Die heutige klassizistische Fassade entstand im Verlauf eines größeren Umbaus, der 1874 abgeschlossen wurde. Das schöne Tor aus dem 18. Jahrhundert blieb erhalten, ebenso die barock verzierte Eingangshalle aus der ersten Hälfte des 17. Jahrhunderts.

Das **Palais Czartoryski** (Nr. 19) entstand in den Jahren 1899-1901 durch den Zusammenschluß dreier älterer Häuser. Ein Hochgang verbindet es mit dem Piaristenkloster und dem Städtischen Arsenal. In dem nach ihr benannten Palais begründete die Magnatenfamilie Czartoryski ein Kunstmuseum, worin sich neben anderen Kostbarkeiten Leonardo da Vincis »Dame mit dem Hermelin« und Rembrandts »Landschaft mit barmherzigem Samariter« befinden. Die Bilder sind Teil einer Sammlung, die auch orientalische Militaria enthält, ferner griechische Vasen und Sarkophage, ägyptische Amulette und Papyrusrollen, römische Skulpturen, persische und indische Miniaturen sowie flämische und französische Tapisserien. Die umfangreiche Sammlung konnte nach dem Novemberaufstand 1830 rechtzeitig vom Schloß der Czartoryskis in Puławy nach Paris ausgeführt werden, nach der Liberalisierung im habsburgisch beherrschten Galizien gelangte sie 1876 nach Krakau zurück.

Aus dem 16. Jahrhundert stammt das gegenüberliegende Eckhaus **Zum Pfau**, heute Teil des prachtvollen, 1991 restaurierten Hotels Francuski. Der Haupteingang befindet sich in der Pijarskastraße, benannt nach der im barocken Stil erbauten Kirche der Piaristen. Neben dieser erkennt man das Städtische Arsenal, das um 1550 im Auftrag des Stadtrates errichtet und 1861 nach italienischen Vorlagen renoviert wurde. An den Resten der verbliebenen Stadtmauer zwischen Arsenal und Florianstor stellen während der Sommermonate junge Kunststudenten und Hobbymaler ihre Werke zur Schau.

## 8. Planty

Zu Beginn des 19. Jahrhunderts wurden die alten Stadtmauern und Befestigungsanlagen abgetragen. An ihrer Stelle entstanden ab 1832 die Planty, ein 4 km langer und über 20 ha großer Parkgürtel, der mit Teichen, Springbrunnen und Denkmälern versehen ist und sich schützend um die Altstadt schmiegt. Man benötigt etwa eine Stunde, um ihn zu umlaufen. Der hier vorgestellte Spaziergang soll an der »Barbakane« beginnen und hier auch enden. Für alle, die Lust verspüren, an einigen Stellen aus dem Grüngürtel auszubrechen, werden Hinweise gegeben, was sie in den angrenzenden Straßen erwartet.

Die **Barbakane** ist ein zylindrischer gotischer Verteidigungsturm aus drei Meter dicken Ziegelmauern, in die 130 Schießscharten eingelassen sind; sieben Wachtürme mit spitzen Helmen verleihen ihr ein imposantes Gepräge. Sie repräsentiert heute eines der seltenen noch vorhandenen Beispiele für mittelalterliche Wehrarchitektur. Im Jahr 1499 wurde sie fertiggestellt; ein breiter Wassergraben umgab sie, mit dem Florianstor war sie durch eine Doppelmauer verbunden. Ihre Funktion bestand darin, die Stadtmauern, mit deren Bau Ende des 13. Jahrhunderts begonnen worden war, zusätzlich zu sichern.

Von den Wehranlagen sind heute nur noch Fragmente erhalten. Westlich vom Florianstor erblicken wir die Basteien der Schreiner und Tischler, zwischen beiden das Städtische Arsenal. Wir gehen in ostwärtiger Richtung die Mauern entlang, sie brechen ab mit der Bastei der Posamentierer nahe der **Szpitalna-Straße**. Der Name der Straße verrät etwas über ihre Geschichte: schon 1224 wurde hier ein Spital errichtet, nebst Kirche und Kloster Teil eines großen Gebäudekomplexes unter der Obhut der Heiliggeistbrüder. In den 80er Jahren des 19. Jahrhunderts wurde es abgerissen, um einem Theater Platz zu machen. Die angestrebte Modernisierung fand nicht nur Befürworter. Es heißt, Jan Matejko sei so entrüstet über diesen Beschluß der Stadtoberen gewesen, daß er auf die ihm verliehenen bürgerlichen Ehrenrechte dankend verzichtete.

Das Juliusz-Słowacki-Theater wurde in den Jahren 1891-93 als Miniaturausgabe der Pariser Oper konzipiert, der Architekt Jan Zawiejski zeigte sich bemüht, es mit allen erdenklichen Raffinessen auszustatten. Die Frontfassade schmücken Allegorien der Dicht- und Dramakunst, der Komödie und Musik, des Tanzes und Vergnügens. Vor dem Theater steht eine Büste des Komödienautors Aleksander Fredro (1793-1876), im Foyer hängen Portraits von Dramatikern, Schauspielern und Regisseuren. Als kleines Kuriositätenkabinett präsentiert sich die ehemalige

*Die Barbakane*

Garderobe des berühmtesten polnischen Schauspielers der Jahrhundertwende: Ludwik Solski, der von 1905-12 auch das Theater leitete, kritzelte Aphorismen an die Wände, schmückte sie mit Zeichnungen und Photos seiner Freunde. 1896 fand im Juliusz-Słowacki-Theater die erste Filmvorführung in Polen statt, fünf Jahre später gab es den berühmten Theaterskandal anläßlich der Uraufführung von Wyspiańskis »Hochzeit«. In der Folge wurden vor allem polnische Autoren gespielt: Jan Kasprowicz, Stanisław Przybyszewski, Stefan Żeromski und Leopold Staff. Heute wird auch mit Namen internationaler Dramatiker geworben. In der großen Pause darf der Besucher miterleben, wie sich der prächtige, von Henryk Siemiradzki entworfene Vorhang senkt – und am Ende wird er so betört sein vom gold- und purpurfarbenen Interieur, daß er sogar dann Beifall spendet, wenn die Aufführung Mängel aufgewiesen hat.

An der Nordseite des Theaters sind zwei Denkmäler postiert. Das erste erinnert an die große Streikbewegung des Jahres 1936: Arbeiter der Krakauer Gummiwarenfabrik Semperit riefen damals auf zu einer Kundgebung – sie wurde gewaltsam aufgelöst, bis heute ist die genaue Zahl der Toten und Verwundeten nicht bekannt. Wo die Lubiczstraße in den Parkgürtel einmündet, errichtete man einen Obelisken zu Ehren Florian Straszewskis, dem die Idee zur Schaffung des Planty zu verdanken ist.

Zur Rechten, neben der Bühne Miniatura, überrascht die **Heiligkreuzkirche** mit einem ungewöhnlich hoch aufragenden Gewölbe, das auf einen einzigen Rundpfeiler gestützt ist. Die Kirche stammt aus der Zeit um 1300, das bronzene Taufbecken ist das Werk von Jan und Piotr, zwei Krakauer Meistern aus dem

*Blick vom Mały Rynek auf die Marienkirche*

frühen 15. Jahrhundert. Vor der Kirche wird mit einem Denkmal Michał Bałucki (1837-1901) gedacht, ein Verfasser von Lustspielen.

Nach Passieren der Mikołajska-Straße, einer der ältesten Straßen der Stadt, erkennt man an der Mauer des **Dominikanerklosters** weitere Reste der alten Stadtmauern. Das Kloster selbst entstand im 17. Jahrhundert auf den Mauern der kleinen Festung Gródek, die König Władysław I. im 14. Jahrhundert erbauen ließ. Zuvor stand an dieser Stelle der Gutshof des Schultheißen Albert; als deutsche Bürger zu Beginn des 14. Jahrhunderts den Anschluß Krakaus an Böhmen forderten, wollte er nicht beiseite stehen: die Rebellion wurde erstickt, der Gutshof vernichtet.

Auf der gegenüberliegenden Seite der Autostraße, die sich hier Westerplatte nennt, zweigt links neben dem PTTK-Hotel die schöne, aber leider von Autos überflutete **Kopernikusstraße** in Richtung Osten ab. Hier gelangt man nach 10 Minuten zum **Botanischen Garten**, einer grünen Oase in der östlichen Vorstadt. In der gleichen Straße lockt die **Karmeliterinnenkirche** mit einer schönen »Madonna mit Jesuskind« aus dem Jahr 1390 im Seitenaltar. Ebenfalls von der Westerplatte, unmittelbar hinter der Hauptpost, kommt man auf der Starowiślna-Straße geradewegs ins jüdische Viertel Kazimierz.

Unser Weg führt auf den Planty gemächlich weiter südwärts. Rechts biegt die **Siennastraße** zum Stadtzentrum ein: Heu und Stroh, so verrät der Name, wurden hier – abseits vom Fleischmarkt auf dem Mały Rynek – zum Kauf angeboten. Wo sich die Planty mit den Straßen Sienna und Św. Krzyła berühren, hat sich ein litauisches Kulturinstitut eingenistet, wirbt für ein Land, das einst mit Polen eng liiert war. Im **Staatsarchiv** auf der gegenüberliegenden Straßen-

seite (Sienna 16) werden alte Stiche und Pläne, Grundbücher, Urkunden und andere Archivalien aufbewahrt.

Auf der Höhe der machtvollen Dominikanerkirche nimmt die Autostraße den Namen Św. Gertrudy an: neben dem Hotel Monopol befindet sich »Wanda«, eines der besten Programmkinos der Stadt, in dem häufig auch deutsche und englische Filme in der Originalsprache gezeigt werden.

Vorbei an weiteren Kirchenmauern gelangt man zu einer größeren, etwas unübersichtlichen Straßenkreuzung. In südlicher Richtung kommt man nach Stradom, das einst ebenso wie Kazimierz eigene Stadtrechte besaß. Links von der großen Wawelburg erhebt sich die **Bernhardinerkirche**, der an dieser Stelle ein kurzer Besuch abgestattet werden soll.

Der Orden, nach dem die von Kardinal Oleśnicki gestiftete Kirche benannt ist, kam 1453 nach Krakau; Kloster und Kirche wurden 1655 von schwedischen Truppen verwüstet, 15 Jahre später wurden sie nach dem Vorbild der römischen Kirche Il Gesù in barockem Stil neu aufgebaut. Als wertvollstes Kunstwerk der Basilika gilt eine Skulptur der Anna-Selbdritt, ausgeführt in der Werkstatt von Veit Stoß. Doch interessanter erscheint ein Gemälde aus dem 17. Jahrhundert, auf dem die Vertreter aller polnischen Stände beim Totentanz dargestellt werden. »Vor dem Tod sind alle gleich« – so scheint der Maler sagen zu wollen: eine fragwürdige Tröstung für die Armen und zugleich wohl eine hämische, an die Reichen gerichtete Mahnung.

Die Hälfte des Weges ist zurückgelegt, von der Podzamcze-Straße führt der Planty zurück in Richtung Norden. Erinnerungen an Arkadien wecken die romantischen Skulpturen, die über diesen Teil des Parks verstreut sind. Etwa auf der Höhe des Archäologischen Museums kann man ein Denkmal für Tadeusz Boy-Żeleński entdecken, nördlich der Poselska-Straße wählte Alfred Daun, um Adam Mickiewicz zu ehren, zwei Helden eines epischen Poems: Grażyna und Litawor wachen über die Mönche des nahegelegenen Franziskanerklosters. Der Duft von Lindenblüten durchweht die Alleen, auf einer schmiedeeisernen Bank trifft sich ein Liebespaar.

Die schönsten Parks Krakaus erreicht man über die große Straße zur Linken; sie führt in den Stadtteil Zwierzyniec mit Wolski-Wald, Einsiedlerkloster und Zoo. Am neogotischen Collegium Novum der Universität verengt sich vorübergehend der Grüngürtel, an der Gołębiastraße schuf Godebski ein Denkmal für Kopernikus.

Der Name des Cafés »U Zalipianek« erinnert – ebenso wie die Kleidung der Kellnerinnen – an das Dorf Zalipie östlich von Krakau, wo bis vor kurzem der Brauch gepflegt wurde, die Außenfassaden der Häuser und auch die Innenräume mit Blumenmustern zu verzieren. Am Café zweigt rechts die Szewskastraße ab, die angesichts der schönen Parallel- und Seitenstraßen enttäuscht: nur am **Haus Nr. 18**, wo ein goldener Löwe den Eingang zu einer Kunstgalerie ziert, erahnt man noch den Glanz einstiger Architektur.

Wo sich der Parkgürtel mit der Szczepańskastraße kreuzt, verbirgt sich im sogenannten »Bunker« die BWA-Galerie: moderne, oft provozierende Kunst wird hier ausgestellt. Es folgt der im Sezessionsstil erbaute **Kunstpalast**, zur Linken ist ein Denkmal für den Maler Arthur Grottger (1837-1867) postiert;

kurz vor seinem Tod schuf er einen bedeutenden Gemäldezyklus, in dem er des Januaraufstandes von 1863 gedachte.

Am Kloster der Reformierten machen die Planty eine weitere Biegung nach rechts, Lilla Weneda, eine Dramengestalt des Romantikers Juliusz Słowacki, schmückt das Denkmal im Floriansgarten. Auf Poesie folgt wieder Geschichte: Aus Anlaß des 500jährigen Jubiläums der Polnisch-Litauischen Union im Jahr 1886 wurde für Jadwiga und ihren zur Trauung bestimmten litauischen Großfürsten Władysław II. ein Denkmal errichtet. Der nahe Autolärm stört die Idylle: Nur ungern möchte man länger verweilen, obgleich hier die Landschaft am schönsten gestaltet ist.

An der Nordseite des zweigeteilten Teiches schuf Pius Weloński ein auffallend schönes Denkmalmotiv: ein blinder ukrainischer Harfenspieler und sein junger Führer liegen zu Füßen des Dichters Bogdan Zalewski (1802-1886). Monumental präsentiert sich die Gedenkstätte für jene sowjetischen Soldaten, die bei der Befreiung Krakaus 1945 ums Leben kamen.

An der »Barbakane« ist der Rundgang durch die Planty beendet. Im Norden liegt Kleparz, wir sehen den Matejkoplatz und das Grunwald-Denkmal, im Hingrund die Florianskirche. Dieser Stadtteil soll im folgenden Rundgang vorgestellt werden.

## 9. Kleparz

Schon im 12. Jahrhundert gab es nördlich von Krakau eine Siedlung; sie war eingerahmt von zwei Handelsstraßen, die heute die Namen Długa und Warszawska tragen. Im Jahr 1366 verlieh König Kasimir III. den Bürgern der Siedlung das Stadtrecht. Nach dem bewunderten italienischen Vorbild, so forderte er, sollte sie Florenz heißen. Doch den Bewohnern stand Italien fern – sie bestanden auf Beibehaltung des alten Namens Kleparz. Es waren vorwiegend Handwerker und kleine Straßenhändler, die sich hier niederließen – ihre Häuser sahen bescheiden aus, meist waren sie aus Holz gefertigt. Zentrum der Stadt war der »Rynek Kleparski«, bis zum heutigen Tag einer der populärsten Straßenmärkte. Solange Krakau Königsstadt war, kam ihm eine besondere Bedeutung zu. Hier formierte sich der königliche Zug, um auf dem Wawel ein neues Staatsoberhaupt zu krönen, eine Hochzeit zu zelebrieren oder einen kirchlichen Würdenträger zu bestatten.

Kleparz hat im Laufe der Jahrhunderte viel gelitten, mehrfach wurde es das Opfer feindlicher Angriffe. Es war nicht von Wehrmauern umgeben wie Krakau – darum brannte es nieder, als Maximilian von Habsburg 1578 Anspruch auf den polnischen Thron anmeldete, 1655 abermals, als die Schweden auf Krakau zurückten, und auch 1768, als die Konföderierten von Bar die Stadt anzündeten, um sich vor den russischen Verfolgern zu schützen. 1791 wurde Kleparz in Krakau eingemeindet, doch dauerte es bis zur zweiten Hälfte des 19. Jahrhunderts, daß eine rege Bautätigkeit einsetzte und sich Kleparz nach Norden hin ausdehnte; der heutige Charakter des Stadtviertels verdankt sich jener Zeit.

Der **Matejkoplatz** wurde zwar nicht das neue Zentrum, aber doch das Aushängeschild von Kleparz. An seiner Westseite, im Haus Nr. 13, entstand 1877 die selbständige Schule der Bildenden Künste, 1910 wurde ihr der Status einer Akademie verliehen. Erster Rektor der Schule war Jan Matejko, in der Folgezeit studierten hier so illustre Persönlichkeiten wie Stanyslaw Wyspiański, Tadeusz Kantor und Andrzej Wajda.

Das Denkmal in der Mitte des Platzes wurde im Jahr 1910, zum 500. Jahrestag des Sieges über den Deutschen Orden in der Schlacht bei Grunwald (Tannenberg) errichtet. Gestiftet wurde es von Ignacy Paderewski, jenem vielseitigen Pianisten und Komponisten, der nach Wiedererlangung der politischen Unabhängigkeit auch als polnischer Außenminister tätig war. Das Denkmal zeigt König Władysław II. hoch zu Roß, unter ihm den litauischen Verbündeten Fürst Witold. Stolz thronen beide über dem getöteten Ulrich von Jungingen, dem Großfürsten des Deutschen Ordens. Das Denkmal ist auf das Grabmal des Unbekannten Soldaten auf der gegenüberliegenden Straßenseite bezogen: herrscht hier das Pathos des Sieges, so dort das Gedenken an die Opfer.

Auf der Höhe des Grunwald-Denkmals führt eine nach Paderewski benannte Straße geradewegs zum quirligen Straßenmarkt von Kleparz. Er ist das ganze Jahr über geöffnet; die ersten Stände werden um 7 Uhr morgens aufgebaut, die letzten schließen gegen 15 Uhr nachmittags. Nur selten noch kann man in Krakau einen so unverstellten, nicht modisch aufbereiteten Alltag erleben wie hier. Ältere Frauen mit riesigen Einkaufstaschen schieben sich durch das Spalier der Verkaufsbuden, Männer mit abgetragenen Mänteln stehen an für Brot und Käse. Ketten getrockneter Pilze sind an den Ständen aufgereiht, Bündel von Suppengrün sind ausgebreitet auf Zeitungspapier. Es riecht nach Hering und Sauerkraut.

Das architektonische Glanzstück von Kleparz ist die barocke **Florianskirche** an der Nordseite des Matejkoplatzes. Auch sie wurde leider mehrfach zerstört – so wie sie heute vor uns steht, stammt sie aus der Zeit nach dem Einfall der Schweden. Florian, nach dem sie benannt ist, war ein römischer Bürger, der während der Regierungszeit Kaiser Diokletians als Christ hingerichtet wurde. Später wurde er heiliggesprochen, seine Gebeine 1134 nach Kleparz überführt. Dank der Reliquien galt die Kirche lange Zeit als geweihter Ort: hier wurde der Leichnam des Königs aufgebahrt, bevor er ein letztes Mal den Königsweg zum Wawel »abschritt«.

An der Florianskirche beginnt die alte Warszawskastraße, auf der man nach wenigen Minuten zur **Technischen Universität** gelangt. Nach Überqueren der Eisenbahnlinie nennt sich die Straße »29. November«: zur Rechten befindet sich der 1803 gegründete, als großer Park angelegte Rakowicki-Friedhof, auf dem auch der Künstler Jan Matejko und der Komponist Karol Szymanowski begraben liegen. Das ungewöhnlichste Grab ist Tadeusz Kantor gewidmet – es stellt eine Szene aus seinem Stück »Tote Klasse« dar: hinter einer verwitterten Schulbank ein schmächtiger Knabe mit goldenem Gesicht, hinter ihm ein Kreuz schräg in den Boden gerammt. – Der Besuch des Friedhofs empfiehlt sich besonders am 1. November, wenn die Bewohner Krakaus ihrer Toten gedenken und der Friedhof eingetaucht wird in ein riesiges Lichtermeer.

*Das Grunwald-Denkmal auf dem Matejkoplatz*

# 10. Jüdisches Kazimierz

Nur 1,5 Kilometer südwestlich vom Wawel gelangt man in eine andere, fremde Welt: im östlichen Teil von Kazimierz erinnern verfallene alte Häuser, Synagogen und Friedhöfe an jene abgeschirmte jüdische Stadt, deren Ursprünge in die Zeit des Mittelalters zurückreichen.
Mit der Straßenbahn 13 fährt man vom Allerheiligenplatz (pl. Wszystkich Świętych) über die Starowiślna bis zur Miodowa-Straße. Wer die Starowiślna zu Fuß entlanggeht, genießt hervorragenden frischen Kuchen im Café Manggha (Nr. 10) und schaut gegenüber in den Palais Pugatów (Nr. 13) hinein, einen der schönsten Orte Krakaus, um bei Kerzenlicht zu speisen.
Man kann auch mit der Straßenbahn 6 bzw. 8 vom Allerheiligenplatz den Planty entlang zum Wawel fahren, biegt dort links ein in die Stradomska-Straße: Rechts sieht man dann die Bernhardiner-, links die Missionarskirche. Nachdem die Straßenbahn den breiten Dietl-Boulevard (ul. Józefa Dietla) überquert hat, gilt es auszusteigen – zur Alten Synagoge gelangt man über die Miodowa- oder die Josephstraße, beide zweigen links von der Krakowska-Straße ab.

## Geschichte der Krakauer Juden

Kazimierz wurde 1335 von König Kasimir III. als selbständige Stadt gegründet. Nördlich des Skałka-Hügels gabelte sich die Weichsel: Ein Seitenarm des Flusses, der in den Jahren 1878-80 stillgelegt wurde, floß entlang der heutigen Dietl-Straße und der Starowiślna-Straße (Alte Weichselstraße). Er trennte Kazimierz vom Wawel und der Handwerkersiedlung Stradom. Die Handelsstraße, die von Breslau nach Ruthenien führte, markierte die Hauptstraße der neuen Stadt und wurde Krakowska (Krakauer Straße) genannt. Am zentralen Marktplatz erhielt Kazimierz ein eigenes Rathaus, in Konkurrenz zur Marienkirche wurde die Fronleichnamskirche erbaut. Schutzmauern umgaben die Stadt – entlang der Paulińskastraße blieben sie bis heute erhalten.
In polnischen Publikationen kann man lesen, Juden hätten »sich« am Ende des 15. Jahrhunderts in Kazimierz angesiedelt. Das klingt nach freiem Entschluß – doch was die Juden bewog, Krakau zu verlassen und nach Kazimierz zu ziehen, bleibt unausgesprochen. Tatsächlich lebten in Krakau bereits Ende des 13. Jahrhunderts Juden. Im Stadtarchiv kann man erfahren, daß sich viele von ihnen in der heutigen ul. Św. Anny niederließen, die damals den Namen »Judenstraße« trug. Sie trieben Handel und betätigten sich als Handwerker, lebten in relativem Frieden bis zum Jahr 1400, als laut königlichem Edikt an der Südseite der Annastraße, also im Zentrum des jüdischen Viertels, die ersten Kollegien der neugegründeten Universität eingerichtet wurden. Streit und Auseinandersetzungen waren vorgezeichnet: im Jahr 1407 mündeten studentische Hetzjagden auf Juden in Mord und Totschlag.
Doch auch in anderen Teilen der Stadt war im 15. Jahrhundert für Juden das Leben nicht sicher. Wiederholt ließen Christen ihrem Haß auf die »Fremden« freien Lauf, steckten Häuser und Synagogen in Brand, schändeten den jüdischen Friedhof. Man mißgönnte den »Ungläubigen« ihren wirtschaftlichen Erfolg, registrierte mit Neid, daß durch die jüdische Konkurrenz die eigenen Profite

geschmälert wurden. Juden dominierten den Pelz- und Lederhandel, verstanden sich auf das Geschäft mit Silber und Gold. 1485 konnten Christen im Stadtrat ein Gesetz durchbringen, wonach es jüdischen Bürgern fortan verboten war, in Krakau Handel zu treiben.

Viele Christen fühlten sich durch dieses Gesetz ermutigt, noch offensiver gegen die Juden vorzugehen. Ihr Ziel war es, diese ganz aus Krakau zu vertreiben. Geschickt verstanden sie es, für alles Unglück, das die Stadt befiel, Juden die Schuld zu geben. Nach Bränden in den Jahren 1492 und 1494 kam es zu schweren Pogromen gegen die jüdische Minderheit. Die Lage spitzte sich derartig zu, daß sich König Johann Olbracht zum Eingreifen gezwungen sah. Per Dekret verfügte er, daß nicht die Unruhestifter, sondern deren Opfer zu bestrafen und ins benachbarte Kazimierz abzuschieben seien. Dort lebten sie fortan im nordöstlichen Stadtteil, durch eine Mauer von den »reinen Seelen« der Christen getrennt.

Trotz der feindseligen Atmosphäre setzte in den nachfolgenden Jahren ein starker Zustrom von Juden aus Böhmen und Mähren, aus Schlesien, Italien und Spanien ein. In den Ländern, aus denen sie kamen, war ihnen das Bleiberecht verwehrt, folglich mußte ihnen eine Existenzgründung in Kazimierz als das kleinere Übel erscheinen. Hier zwang sie niemand, ihren Glaubensprinzipien abzuschwören. Adel und Königshaus garantierten ihre Sicherheit und Freiheit der Religionsausübung.

Dies galt vor allem für die Regierungszeit der beiden letzten Jagiellonenkönige (1506-1572), als der Politik des Antisemitismus bewußt entgegengetreten wurde. So war es in Polen zu jener Zeit verboten, Schriften mit judenfeindlichem Inhalt zu verbreiten. Schritt die Gemeinde bei Pogromen nicht ein, so mußte sie eine Geldstrafe entrichten – auf Judenmord stand Todesstrafe. König Sigismund I. sicherte den Juden das Recht auf Kleinhandel zu; tagsüber durften sie sich im Zentrum der Stadt aufhalten und sogar eigene Geschäfte eröffnen – zur Abendzeit freilich hatten sie in ihr Ghetto zurückzukehren. Das niedere Volk war nicht glücklich über die praktizierte Liberalität. Um die Mitte des 16. Jahrhunderts kursierte ein Sprichwort, in dem es hieß: »Polen ist ein Paradies für den Adligen, ein Himmel für den Juden und eine Hölle für den Bauern.«

Der Zustrom von Juden aus vielen Ländern hatte zur Folge, daß die Grenzen der Ghettostadt bis 1608 dreimal neu abgesteckt werden mußten. Danach blieben die Grenzen bis zur Auflösung des Ghettos Anfang des 19. Jahrhunderts unverändert. Sie verliefen entlang der Straßen Miodowa, Starowiślna, Dajwór, Wawrzyńca, Wąska, Józefa und Nowa. Der größte Teil von Kazimierz entwickelte sich nun zu einer Stadt jüdischen Charakters: Schwarzgewandete Männer mit langen Seitenlocken schlenderten durch die Straßen, Kinder besuchten die Talmudschulen, rituelle Metzgereien versorgten Haushalte und Gaststätten mit koscherem Fleisch; die Mitzvah-Bäder fanden regen Zulauf, am Sabbat füllten sich regelmäßig die Synagogen.

Das jüdische Kazimierz entwickelte sich zu einem Zentrum kultureller Vielfalt, das weit über die Grenzen Krakaus hinaus Einfluß gewann. Hier propagierte Delacrot die Kabbala, eine mystische Geheimlehre: durch Exegese der biblischen Buchstaben- und Zahlensymbole wurde auf die nahende Ankunft des Messias geschlossen. Aber hier geschah es auch, daß Rabbi Moses Isserle Sturm lief gegen jüdische Erlösungssehnsucht. In flammenden Reden kämpfte er für eine Renaissance rationalistischer Denkströmungen. Heftige Debatten wurden zwischen sephardischen und ashkenasischen Juden geführt: um die Versöhnung divergierender religiöser Vorstellungen bemühte sich der Philosoph Cordoveros in seinem Buch »Garten der Granatäpfel«.

Die Krakauer Kaufleute warteten auf eine Chance, den jüdischen Handel abermals aus ihrer Stadt verbannen zu können. Sie nutzten den Umstand, daß Kazimierz nach der ersten polnischen Teilung 1772 Österreich zugeschlagen wurde, Krakau hingegen polnisch blieb: sogleich erließen sie die Aufforderung an die jüdischen Kaufleute, ihre Geschäfte zu schließen und nach Kazimierz zu verlegen. Daran änderte sich auch nichts, als 1776 die Stadt Kazimierz wieder an Polen angegliedert wurde – jüdische Geschäfte in der Innenstadt blieben unerwünscht.

Das Karussell der Besitzverhältnisse drehte sich weiter. 1795 wurde Galizien und damit ganz Krakau österreichischer Herrschaft unterstellt; die jüdischen Bürger profitierten von dieser Entwicklung. In den Jahren 1818-22 ließ die »Freie Republik Krakau« die Mauern des Ghettos niederreißen, den Juden wurde das Recht zugestanden, sich auch in den christlichen Straßen von Kazimierz niederzulassen.

Eine wichtige rechtliche Verbesserung erfolgte 1867. Die habsburgischen Behörden erließen ein Emanzipationsedikt, das jüdischen Bürgern die Wahl ihres Wohnviertels innerhalb Krakaus freistellte. Von diesem Recht durften allerdings nur die reichen Juden sowie Angehörige der Intelligenz Gebrauch machen. Die große Mehrheit der jüdischen Bevölkerung blieb in Kazimierz wohnhaft.

Zu Beginn des 20. Jahrhunderts lebten knapp 30.000 Juden in Krakau. Ihre rechtliche Gleichstellung mit anderen Bürgern des Landes war die Voraussetzung für die freie Entfaltung ihrer Begabungen. In vielen Berufen eroberten sie Führungspositionen: so waren bald 50% aller Anwälte und 20% aller Ärzte Juden. Zur rechtlichen gesellte sich geistige Freiheit: in den jüdischen Zeitungen »Nowy Dziennik« und »Świat« wurden rege intellektuelle Debatten geführt. Zu einem interessanten Diskussionsforum wurde auch die Zeitschrift »Der jüdische Arbeiter«, die 1904 in Krakau zweisprachig (deutsch/jiddisch) erschien.

Als die Polen 1918 ihre nationale Souveränität wiedererlangten, begann für die Juden eine Phase neuerlicher Bedrohung. Antisemitismus bemächtigte sich auch vieler polnischer Intellektueller. 1936 pilgerten 20.000 Studenten nach Częstochowa und gelobten vor dem Antlitz der »Schwarzen Madonna«, Polen von den dort lebenden Juden befreien zu wollen. Besonders die jüdische Gemeinde Krakaus, hieß es, drohe die Kulturstadt zu unterwandern, es gehe nicht an, daß ein Viertel der Bewohner jüdischen Ursprungs sei.

*Das beliebte Café Ariel im jüdischen Stadtviertel Kazimierz*

Der Historiker Majer Bałaban hat das Leben der Krakauer Juden in den 30er Jahren wie folgt beschrieben:

*»Heute wohnen die Juden in ganz Krakau und in allen seinen Vororten. In Kazimierz ist die Orthodoxie geblieben und in der Judenstadt leben nur noch die Ärmsten und die Ultrakonservativen, die sich von den alten Straßen und Synagogen nicht trennen können. Inmitten von modernen Nachbarstraßen mit ihren hohen Häusern gelegen, nimmt sich die Judenstadt wie eine vergessene Insel aus, die seit Jahrhunderten im Schlummer versunken bleibt. Nur an Markttagen füllt sich die Szeroka-Straße mit den Armen der Großstadt, die hier einen Käufer für alte Unterwäsche und abgetragene Kleidung suchen. Auch samstags und an Feiertagen belebt sich die Stadt; in hellen Scharen strömen Juden in Seidenkaftanen, Pelzmützen auf den Köpfen, in Synagogen und Bethamidrasche. Das größte Gedränge herrscht aber in der Stadt am Halbfeiertag Lag Baomer. An diesem Tag kommen ins Krakauer Ghetto Tausende oder vielleicht sogar Zehntausende von Frommen aus ganz Polen, um am Grab des großen Remuh (des Rabbi Moses Isserle) zu beten, dessen Todestag gerade auf dieses Fest fällt.«*

Etwa 69.000 Juden lebten in Krakau, als die Nationalsozialisten 1939 einmarschierten – wenig später brannten die Synagogen. Bereits im Dezember 1939 begann man mit der Umsiedlung der jüdischen Bürger in den an Kazimierz angrenzenden Stadtteil Podgórze südlich der Weichsel, wo im März 1941 ein Ghetto eingerichtet wurde. Drei Monate später fanden die ersten Massenexekutionen statt und man begann mit der Deportierung der Juden in die Vernichtungslager von Bełżec, Sobibór und Majdanek. Generalgouverneur Hans Frank ließ am 15. Oktober 1941 verlautbaren: »Ein Jude, der den ihm zugewiesenen Wohnbezirk unbefugt verläßt, wird mit dem Tode bestraft. Die gleiche Strafe trifft diejenigen, die Juden wissentlich Unterschlupf gewähren.« Ein letztes Mal wurden Juden im März 1943 »selektiert«. Die Alternative lautete: Tod durch sofortige Vergasung oder allmähliches Dahinsiechen im Konzentrationslager von Płaszów.

Heute präsentiert sich Kazimierz friedlich, nichts deutet auf die Ereignisse jener Jahre. Doch an einem Morgen im Mai 1993 brachen alte Wunden wieder auf. Die älteren Anwohner erwachten und glaubten ihren Augen nicht trauen zu dürfen: Im historischen Zentrum der jüdischen Stadt marschierten Soldaten in deutschen Uniformen auf. Der Horror, dem die Anwohner entronnen waren, lebte auf, der Alptraum wurde Wirklichkeit: Steven Spielberg begann mit den Dreharbeiten zum Film »Schindlers Liste« und verwandelte das Viertel in eine Spielstätte Hollywoods.

Dem Drehbuch liegt ein Tatsachenroman von Thomas Keneally zugrunde: Hauptfigur ist Oskar Schindler, ein österreichischer Industrieller, der in Płaszów, dem an Kazimierz angrenzenden Bezirk, eine Fabrik besaß. Kurz vor der geplanten Schließung des Lagers und der Deportation seiner Insassen nach Auschwitz erwarb er eine weitere Fabrik im Südwesten Polens, wobei es ihm gelang, über 1000 Juden dort als Arbeitskräfte zu beschäftigen und sie so vor dem Tod im Konzentrationslager zu bewahren.

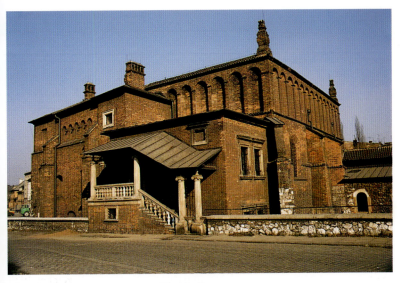

*Die Alte Synagoge*

## Rundgang: Relikte jüdischer Kultur

»Abends sehe ich die Männer in Gruppen aus kleinen hellerleuchteten Betstuben wandern, in die engen Gassen von Kazimierz, der Krakauer Judenstadt: auf Halbschuhen, in weißen Strümpfen, kolossale Pelzmützen bis an die Ohren, die Strejmel.« Das jüdische Leben, wie Alfred Döblin es beschrieb, gibt es nicht mehr – doch viele Häuser haben ihr altes Aussehen bewahrt, vor allem an der Szeroka-Straße, dem einstigen Zentrum der jüdischen Gemeinde. »Breite« Straße wird sie genannt und erinnert doch mehr an einen langgestreckten viereckigen Platz. An ihrer Südseite befindet sich die Alte Synagoge, dahinter ein Reststück der alten Stadtmauer. Gegenüber, an der Nordseite, steht das Jordan-Palais, ein im Stil der Renaissance erbautes Haus mit Backsteinfassade, in dem heute ein Buchladen für jüdische Kultur wirbt. Im rotbraun getünchten Gebäude in der Nordostecke ging man ins Mikwa-Bad, im Remuh-Friedhof neben der gleichnamigen Synagoge wurden die Toten begraben. Wo sich heute das Café Ariel befindet, lebte in früheren Zeiten der Rabbi; der jüdische Gemeindevorstand Kahal überwachte die Einhaltung der von ihm erlassenen Vorschriften.

Die **Alte Synagoge** (Nr. 24) ist der älteste erhaltene jüdische Sakralbau in Polen und zugleich einer der wertvollsten in Europa. Der zweischiffige Bau entstand im 15. Jahrhundert, wurde danach mehrfach umgestaltet und erhielt nach der Zerstörung im Zweiten Weltkrieg jenes Aussehen zurück, das ihr Matteo Gucci, Baumeister der Renaissance, in den Jahren 1557-70 verliehen hatte.

Über die Vorhalle mit einem Steinbrunnen und Renaissanceportal gelangt man in den weitläufigen Betsaal. In seiner Mitte befindet sich die käfigartige Bima, der zentrale Ort der Synagoge. Hier verlas der Rabbi die Thora, hielten Gelehrte

Vorträge und gab der Kahal seine Beschlüsse bekannt. Hier geschah es auch, daß im Jahr 1786 die Krakauer Chassidim mit dem Bann belegt wurden und acht Jahre später Tadeusz Kościuszko die Juden aufforderte, den Aufstand gegen die Besatzungsmächte zu unterstützen.

Vom marmornen Sockel strahlt schmiedeeisernes Gitterwerk aus, das in eine prächtige Krone einmündet: Symbol der Weisheit Gottes. Im Altarschrein wurden die Thorarollen aufbewahrt, in einer steinernen Nische flackerte einst Ner Tamid, das ewige Feuer.

Die Synagoge beherbergt heute ein **Museum für jüdische Geschichte und Kultur**. Der Schwerpunkt wird auf das Leiden der Krakauer Juden zur Zeit der nationalsozialistischen Diktatur gelegt. In den Ausstellungsräumen findet man jüdische Kultgegenstände, Ritualgefäße, Thorakronen, Schabbes- und Chanukkaleuchten – dazu Bilder von Juliusz Kossak, Jacek Malczewski, Leopold und Marcin Gottlieb, die Kultur und Alltag des jüdischen Volkes illustrieren.

Wir treten hinaus auf den Synagogenhof, auf dem heute nichts mehr an die farbigen Trauungszeremonien erinnert, die einst hier zelebriert wurden. Vom Hof führen Treppen zum Platz hinauf, im Haus Nr. 22 zur Rechten befand sich früher die Synagoge »Auf'n Bergel«. So wurde sie genannt, weil der Betsaal im Obergeschoß eingerichtet war. In diesem Haus suchte Nathan Spira, einer der bedeutendsten Kabbalisten Europas, die Juden im frühen 17. Jahrhundert von seiner Weltsicht zu überzeugen. Seine Dachstube war nachts stets erleuchtet, »wie ein Leuchtturm auf finsterer See«. Nathan Spira, auch M'galeh Amukot (Aufspürer von Geheimnissen) genannt, erwarb sich großen Einfluß in der jüdischen Gemeinde – noch im Jahr 1933 wurde seiner anläßlich des 300. Todestages feierlich gedacht.

Es ist Samstagabend, das **Café Ariel** füllt sich mit Gästen. Mehrere ältere Männer mit dunklen ernsten Augen sitzen an dem großen ovalen Tisch im Hinterraum, schlürfen Tee, schauen neugierig um sich. Ihre unauffällige Kopfbedeckung weist sie als Juden aus. Die junge Kellnerin entzündet einen siebenarmigen Leuchter, ein Akkordeonspieler greift in die Tasten. Klezmer steht auf dem Programm, traditionelle chassidische Musik. »Klezorim« waren einst jüdische Musiker, die von Dorf zu Dorf zogen, aufspielten bei Hochzeit und Tanz. Und noch heute erklingt ihre Musik, virtuos vorgetragen: schwermütig und zugleich wild aufbegehrend, klagend, fast schreiend.

Im Dezember 1992 wurde das Café Ariel im früheren Haus des Rabbi eröffnet. Die Inneneinrichtung mit Möbeln aus dem 19. Jahrhundert beschwört vergangene Zeiten herauf, Bilder von jüdischen Malern, z.B. von Wojciech Weiss und Jacek Malczewski schmücken die Wände. Live-Musik gibt es fast jeden Abend – Solistin ist häufig die lokal bekannte Sängerin Irina Urbanska. Die Besitzer zeigen dem Besucher gern, daß sich auch Steven Spielberg im Gästebuch verewigt hat. Er tat dies mit dem Ausspruch: »Möge Ihr wunderschönes Café 2000 Jahre fortbestehen.« Inzwischen gibt es mehrere Ariel-Cafés – ein Gericht wird zu klären haben, wer den Namen zukünftig noch tragen darf. Über dem Café im Haus Nr. 17 können Appartements angemietet werden, die schönsten Konzerte mit jüdischer Musik finden im Café des Nachbarhauses (Nr. 18) statt.

*In der Remuh-Synagoge*

Die **Popper-Synagoge** im Haus Nr. 16 wurde 1620 von Wolf Popper gestiftet, einem damals über Polens Grenzen hinaus bekannten jüdischen Kaufmann. Die Synagoge wurde 1967 restauriert; sie ist erreichbar über einen Hinterhof, breite, schräg angesetzte Pfeiler verleihen ihr einen festungsähnlichen Charakter.

Noch vor wenigen Jahrzehnten war die kleine Rasenfläche auf der Szerokastraße von einer Mauer gesäumt: hier befand sich der ursprüngliche Friedhof des jüdischen Kazimierz. Einer Legende zufolge wurde dort im 16. Jahrhundert eine stürmische Hochzeit gefeiert, die bis zum Sabbat dauerte. Der Rabbi warnte und befahl, die gotteslästerliche Tat abzubrechen – die Gäste aber kümmerten sich nicht um seine Worte. Kurz darauf, so heißt es, wurden sie von der Wucht des göttlichen Gesetzes getroffen; sie starben binnen weniger Monate eines mysteriösen Todes und wurden an der Stätte ihres frevlerischen Tuns beerdigt.

Von Toten weiß auch die Kahal-Chronik zu berichten, doch in diesem Fall handelt es sich nicht um eine Legende. Im Haus Nr. 6 ertranken im Jahr 1567 zehn Frauen im tiefen Wasser des Badehauses, der sogenannten **Mikweh**. Gemäß alttestamentarischem Brauch war es Frauen auferlegt, sich nach der Menstruation in das Wasserbecken zu begeben; Männer mußten sich hier vor dem Versöhnungstag, die Chassidim täglich vor dem Gebet einer Säuberung unterziehen.

Das Nachbarhaus Nr. 2 an der Nordseite des Platzes wurde im 16. Jahrhundert von der Kaufmannsfamilie Jordan erbaut und ist deshalb vielen Krakauern unter dem Namen **Jordan-Palais** bekannt. Wer das Haus betritt, entdeckt an Kaminen, Säulen und Portalen noch viele Renaissanceelemente. Heute sind in dem Gebäude ein Buchladen für jüdische Kultur und das Café »Arche Noah« untergebracht.

An der Nordwestecke des Platzes befindet sich die berühmte, im Renaissancestil erbaute **Remuh-Synagoge** (Nr. 40). Wer in vergangenen Jahren die Synagoge und den zugehörigen Friedhof besuchen wollte, stand oft lange vor verschlossenem Tor. Erst nach langem Klopfen ließ sich der Wärter herab, den Fremden einzulassen – freilich nicht ohne ihn wenig später um eine Spende anzuhalten. Nach heftigen Protesten vor allem jüdischer Besucher wurden feste Besuchszeiten eingerichtet, die am Eingangstor verzeichnet sind (vorläufig Mo-Fr 9-16 Uhr). Die Synagoge dient noch heute als Bethaus; der Gottesdienst findet jeweils freitags um 16 sowie samstags um 9 Uhr statt.

Die Remuh-Synagoge wurde 1553 vom Kaufmann Israel Isserle Auerbach gestiftet und ist seit ihrer Rekonstruktion 1963 die einzige in Kazimierz noch genutzte Synagoge. Remuh ist der Name für Rabbi Moses Isserle, der in dieser Synagoge lehrte und predigte. Hinter der Bima im Hauptraum erhebt sich ein steinerner Altarschrein aus dem 16. Jahrhundert; im Aufsatz sind die zehn Gebote eingemeißelt, hinter dem Vorhang werden die Thora-Rollen aufbewahrt.

Der **Alte Friedhof** ist der neben Prag einzige in Europa erhalten gebliebene jüdische Renaissancefriedhof. 450 Grabsteine stehen dort, mit Inschriften aus dem 16.–18. Jahrhundert. Manche sind noch gut lesbar, andere bereits ausgewaschen. Wo sich die Symbolik erhalten hat, verrät sie den Berufsstand der Verstorbenen: zum Segen erhobene Hände verweisen auf das Grab eines Prie-

*Die »Klagemauer« am Alten Friedhof*

sters, Krüge deuten auf Reinigungsrituale der Leviten. Die Krone der Weisheit bleibt den Gelehrten vorbehalten, eine gekrümmte Schlange zeigt an, daß hier ein Arzt bestattet wurde.

Die Nationalsozialisten rissen 1940 die Grabtafeln aus der Erde und pflasterten mit ihnen den Gehsteig. Reststücke der Grabsteine wurden später in die 20 Meter lange »Klagemauer« integriert, die den Friedhof von der Szeroka-Straße abtrennt. Ein Grab, so heißt es, widerstand der Gewalt der Besatzer und behauptete bis zum heutigen Tag seinen Platz westlich der Synagoge: es handelt sich um das Grabmal des Schriftstellers und Philosophen Moses Isserle, beschattet von alten Bäumen und umgeben von einem Gitterzaun. Innerhalb der Umhegung wurden nahe Angehörige bestattet: Vater und Schwester liegen zur Linken, Bruder und Schwager zur Rechten. Das Grab seiner Frau Golda befindet sich hinter der Einfriedung, dicht neben dem der Großmutter Gitla Auerbach.

Auf dem Grab des Philosophen steht geschrieben: »Mi Moshe ad Moshe lo kam ke Moshe« (»seit Moses dem Propheten bis Moses Isserle gab es keinen größeren Moses«). An seinem Geburtstag kommen Juden aus aller Welt hierher: Kleine, in Steinritzen geschobene Zettel künden davon, daß sie ihn für einen Wundertäter halten – sie bitten ihn, ihre Nöte und Sorgen zu lindern, vertrauen ihm geheime Wünsche und Sehnsüchte an.

Der Remuh-Friedhof wurde auf Verlangen der österreichischen Behörden 1799 geschlossen, der neue Friedhof entstand in der Miodowa-Straße. Er ist von der Szeroka-Straße zu Fuß in 10 Minuten erreichbar: man biegt in die Miodowa-Straße rechts ein und überquert die Starowiślna; kurz hinter der Eisenbahnunterführung liegt der Friedhof zur Rechten – der Eingang ist das Haus Nr. 55.

Erstaunlicherweise haben die Nazis den Neuen Friedhof verschont; abgesehen von einigen wenigen frischen Grabstellen wirkt er heute so, als seien die vergangenen Jahrzehnte spurlos an ihm vorbeigegangen. Hohe Bäume beschatten die Gräber, Efeu rankt sich am Gestein und verbirgt die in hebräischer und jiddischer, polnischer und deutscher Sprache geschriebenen Namen: Ludwig Kornfeld, Esther Weinberger, Salomon Rosenfeld, Sara Herzog, Aron Anhalt, Samuel Scheller...

Der Rundgang führt nun über die Miodowa-Straße in westlicher Richtung zurück. Wer interessiert ist, zuvor einen kurzen Abstecher zu jenem Platz in Płaszów zu unternehmen, an dem im März 1941 das jüdische Ghetto angelegt wurde, springt an der Starowiślna in eine der stadtauswärts führenden Straßenbahnen und steigt an der übernächsten Station, unmittelbar nach Überqueren der Weichsel, wieder aus. Das **Krakauer Ghetto** befand sich im Umkreis des Platzes Bohaterów Getta (Helden des Ghettos); die Grenzen waren abgesteckt durch die Straßen Lwowska und Limonowskiego, noch heute sind Mauerreste am Südostende der Lwowska-Straße zu erkennen. Insgesamt wurden mehr als 60.000 Juden aus allen Teilen Krakaus im Ghetto angesiedelt – und selektiert.

Tadeusz Pankiewicz war in den Jahren deutscher Okkupation Besitzer der Apotheke »Zum Adler«, blieb als einziger Pole im Ghetto wohnen. 1982 entstand in den Räumen seiner Apotheke an der Südseite des Platzes ein kleines **Museum**, das an die Schrecken der damaligen Zeit zu erinnern sucht. Witold Chomicz schuf dafür den Bilderzyklus »Inferno« in Form irritierender Glasmalereien. Im Haus Nr. 6, dem Sitz einer jüdischen Widerstandsgruppe, findet sich eine weitere Gedenktafel, die zum Erinnern an die Opfer mahnt.

Am 14. März 1943 fand unter den im Ghetto verbliebenen 10.000 Juden eine letzte Selektion statt, danach wurde es aufgelöst. Wer nicht für die Gaskammer bestimmt war, wurde ins Konzentrationslager am Ostrand Płaszóws geschickt, das drei Monate zuvor als Lager für Zwangsarbeiter eingerichtet worden war. Es befand sich nahe der Wieliczka-Straße, ein Denkmal von Witold Cęckiewicz in der Kamieńskiego-Straße ehrt die Getöteten.

Zurück zur Miodowa-Straße. Vor dem Haus Nr. 36 halten wir kurz an. In den Jahren 1860-62 errichtete hier eine progressiv eingestellte, an den Werten der Aufklärung orientierte jüdische Gruppe die **Tempel-Synagoge**. Auch formal suchte sie Neuerungen durchzusetzen; so wurden beispielsweise die Predigten in Deutsch und Polnisch gehalten – ausreichender Grund für die orthodoxen Juden, in den Bestrebungen der Reformer ein Werk des Teufels zu sehen. Heute finden hier keine Gottesdienste mehr statt, doch ein Besuch der Synagoge lohnt sich gleichwohl. Der weitläufige Betsaal ist dekoriert mit Gemälden im maurischen Stil, der aus weißem Marmor erbaute Altarschrein wurde durch Arkaden abgetrennt.

Über die Estherstraße, benannt nach der Geliebten Kasimirs des Großen, erreichen wir den Neuen Platz (plac Nowy). Gegenwärtig wirkt er noch verschlafen und ein wenig verwahrlost. Hunde beschnuppern zwei einsame Gemüsestände, in der im Jahr 1900 von der jüdischen Gemeinde eingerichteten Markthalle brütet ein Verkäufer über einigen unappetitlichen Fleischstücken. Doch am

Rande des Platzes regt es sich bereits: Vom neuen Kazimierz kündet das strahlend weiße Gebäude an der Meisel-Straße (pl. Nowy 50). In dem ehemaligen Bethaus Bene Amun eröffnete die Judaica-Stiftung 1994 ein **jüdisches Kulturzentrum**, das zum Treffpunkt für Juden aus aller Welt werden soll. Café, Galerie und Antiquariat stehen allen Interessierten offen (Centrum Kulturalny Żydowski).

Von der Nordostecke des Platzes zweigt die Warszauer-Straße ab: Jonathan Warszauer war im 19. Jahrhundert Protektor der Ärmsten, darum war es nur folgerichtig, daß die früher so bezeichnete »Straße der Armen« seinen Namen annahm. Die Synagoge dieser Straße war die bescheidenste aller Krakauer Synagogen; sie befindet sich im Haus Nr. 8 an der mittelalterlichen Stadtmauer. 48 Jahre spendeten die ansässigen Bewohner, bevor der Bau 1643 abgeschlossen werden konnte. Die Art der Finanzierung spiegelt sich auch im Namen der Synagoge: **Kupa-Synagoge** heißt sie, was auf deutsch soviel heißt wie »gemeinsam erwirtschaftetes Geld«. Diesen Namen trägt auch die Straße, auf der wir bis zur Izaak-Gasse hinabgehen – benannt nach dem Bankier Izaak Jakubowicz.

Auch hier tragen Straße und Synagoge den gleichen Namen. Die **Izaak-Synagoge**, die 1644 erst nach langen Querelen mit den Kanonikern der Fronleichnamskirche eröffnet werden konnte, wurde vom Stifter mit einem prächtigen Arkadenportal versehen. Der im Innern des barocken Bauwerks angehäufte Reichtum fiel bereits 12 Jahre später den Schweden zum Opfer, die Deutschen raubten, was in den nachfolgenden 280 Jahren gespendet wurde. – Von der Izaakstraße gelangt man über die Dunkle Gasse (Ciemna) zurück zum Ausgangsort des Rundgangs, der Alten Synagoge.

## Anmerkungen zum Verhältnis von Polen und Juden

Die Stadtverordneten wollen, daß sich Kazimierz wieder zum religiösen Zentrum der Juden entwickelt, um dadurch Krakaus touristische Attraktivität zu erhöhen. Zbigniew Beiersdorf, der Direktor der Abteilung für Denkmalschutz, hat als Vorbild das jüdische Viertel in Toledo vor Augen: kein Freilichtmuseum jüdischer Kultur, sondern eine lebendige jüdische Stadt. In seiner Vorstellung bevölkern bereits jüdische Kunsthandwerker die alten Häuser, koschere Restaurants und Bäckereien säumen die Straßen. Ob allerdings viele Juden den Weg ins »Land ihrer Väter« wagen werden, bleibt ungewiß. Zwar besteht rechtlicher Anspruch auf Rückerhalt einstigen Eigentums, doch die Geschehnisse der Nachkriegszeit stimmen mißtrauisch.

Juden, die dem Massaker der Deutschen entgangen waren und im Ausland Zuflucht gesucht hatten, waren 1945 in die Königsstadt zurückgekehrt: ängstlich, doch entschlossen zum Neuanfang. Sie wollten in ihre alten Wohnungen, doch die Polen, die zwischenzeitlich hier eingezogen waren, verteidigten ihre Bleibe, schreckten auch vor Gewalt nicht zurück. Es kam zu Pogromen in Krakau, Kielce, Tarnów und im Raum Białystok.

Seit 1945 entstanden in Polen keine jüdischen Stadtteile; es gab Emigrationswellen 1949, 1956 und 1968, polnischer Antisemitismus war nicht selten antizionistisch verkleidet. Heute leben offiziell noch etwa 10.000 Juden in Polen, davon nur knapp 200 in Krakau. Man geht jedoch allgemein davon aus, daß ihre Zahl in Wirklichkeit weitaus höher ist: Angst läßt viele Juden ihre wahre Identität verbergen.

Czesław Miłosz verfaßte 1943 ein Gedicht, das betitelt ist: »Armer Christ sieht das Ghetto«. Der Dichter, stellvertretend für alle Polen, wird am Eingang zur Hölle von einem Wächter mit jüdischer Physiognomie als »Helfer des Todes« identifiziert:

*Mein zerschlagener Körper liefert mich*
*seinem Blick aus,*
*Und er wird mich*
*zu den Gehilfen des Todes zählen;*
*Den Unbeschnittenen.*

Der Krakauer Literaturprofessor Jan Błoński publizierte 1987 einen Zeitungsartikel in der Wochenzeitung »Tygodnik Powczechny«, in dem er unter dem Titel »Arme Polen sehen das Ghetto« unverhüllt auf das Miłosz-Gedicht Bezug nahm und polemisch die Mitschuld der Polen an der Vernichtung der Juden postulierte. »Wir nahmen die Juden bei uns auf, aber wir ließen sie im Keller wohnen. Als sie in unseren Salon kommen wollten, antworteten wir ja, aber erst wenn ihr aufhört Juden zu sein, wenn ihr zivilisiert werdet.« Vor den Augen der Polen vollzog sich der millionenfache Mord an den Juden – zu viele, schreibt Błoński, waren »im geheimen froh darüber, daß Hitler das jüdische Problem für uns gelöst hatte.« Der Autor kann bei der polnischen Bevölkerung nur wenig Solidarität mit den Verfolgten aufspüren, sondern entdeckt eher die Bereitschaft zur Kollaboration.

Der Präsidentenberater Sila-Nowicki bezeichnete daraufhin den Professor als »Nestbeschmutzer« und »Philosemit«. Wer – so seine These – ökonomische Privilegien stets zu eigenem Vorteil zu nutzen versteht, muß damit rechnen, daß er Haß auf sich zieht. Wałęsa mochte seinem Berater nicht nachstehen: Im Wahlkampf ermahnte er seine politischen Gegner, »sich nicht hinter polnischen Namen zu verstecken.« – Jeder vierte Pole glaubt neuesten Umfragen zufolge, die Juden übten einen zu großen Einfluß auf die polnische Kultur, Politik und Ökonomie aus.

## Rundgang: Über die Josephstraße ins christliche Viertel

Von der Alten Synagoge biegen wir in die Josephstraße. Der östliche Abschnitt gehört noch zur Judenstadt, dem »Oppidum Judaeorum«, danach beschreiten wir wieder christliches Terrain.

Wurde ein Betsaal im ersten Stock eingerichtet, spiegelt sich dies sogleich im Namen. Die **Hohe Synagoge** (Haus Nr. 40) mit ihrem schönen Renaissancepor-

*Das Rathaus in Kazimierz*

tal entstand in der zweiten Hälfte des 16. Jahrhunderts, wie eine uneinnehmbare Burg präsentiert sie sich dem Betrachter. Zu diesem Eindruck tragen vor allem die aufragenden Strebepfeiler bei, die den Sakralbau abstützen. Aber wir wissen, daß auch sie eingenommen, ausgeraubt und teilweise zerstört wurde.

Wo sich die Joseph- mit der Jakobstraße kreuzt, befand sich im 16. Jahrhundert das »Jüdische Tor«. Alle Personen, die ins Ghetto gehen wollten, mußten sich hier einer scharfen Kontrolle unterziehen: Die Furcht war verbreitet, es könnte zu Überfällen und Diebstählen kommen. Eine Sperre ganz anderer Art entstand an der Pfarrschule der **Fronleichnamskirche** (Nr. 11). Kamen Juden vorbei, so verlangten die christlichen Schüler von ihnen, sie sollten für die Pfarrei einen Obolus entrichten – und waren sie nicht willig, so half man nach mit Schlägen.

Die Grenze von jüdischer und christlicher Kultur ist überschritten, südlich des Neuen Platzes ragen die Türme der Fronleichnamskirche empor. Die christlichen Bewohner von Kazimierz betrachteten sie als das Gegenstück zur Marienkirche von Krakau. Bereits im 14. Jahrhundert gab es hier eine Holzkirche, an ihrer Stelle entstand zu Beginn des 15. Jahrhunderts ein repräsentativer gotischer Kirchenbau. Die Fronleichnamskirche ist eine der wenigen Kirchen Krakaus, die bis zum heutigen Tag von Bränden und Katastrophen verschont blieb. Im Innern kontrastiert karge architektonische Struktur mit opulenter barocker Schnitzkunst; auf dem benachbarten Friedhof liegt Bartolomeo Berrecci begraben, der Baumeister der berühmten Sigismundkapelle im Wawel. Sehenswert ist auch ein an die Kirche angeschlossenes Kloster mit Säulenkreuzgängen.

An jener christlichen »Bastion« muß vorbei, wer zum Wolnica-Platz, dem »Platz der Freiheit« gelangen möchte. Der mittelalterliche Marktplatz von Kazimierz war fast so groß wie sein Krakauer Konkurrent, doch Anbauten im 19. Jahrhundert schmälerten sein Ausmaß. Das ehemalige, im Renaissancestil erbaute **Rathaus** beherbergt seit Kriegsende das größte Ethnologische Museum Polens. Die ethnologische Sammlung Krakaus siedelten die Deutschen 1939 zwecks Rassenstudium ins Institut für deutsche Ostarbeit um. Nach dem 2. Weltkrieg kehrte sie nach Krakau zurück und wurde um wertvolle Objekte erweitert. Folkloristische Kostüme aus Südpolen erinnern an die bäuerliche Kleiderordnung; detailgetreue Nachbauten von Stuben und Küchen offenbaren die Allgegenwart der Religion: Unzählige Bilder von Heiligen schmücken die Holzwände, Kreuze hängen über Fenstern und Türen. Ausgestellt sind ferner niederschlesische Glasmalereien und kunstvolle Scherenschnitte aus Łowicz, naive Skulpturen und Masken. Vor allem letztere lassen Zweifel an der dörflichen Idylle aufkommen. Große Photographien zeigen Dörfler als Ziegenbock, Teufel und Jude verkleidet. Sie stapfen durch tiefen Schnee – zu Beginn des Frühlings werden sie als Repräsentanten des Bösen aus dem Ort gejagt. Nach Auskunft der Museumsdirektorin werden diese Riten noch heute im Süden Polens gepflegt.

Das Ethnologische Museum grenzt an die geschäftige **Krakowska-Straße**. Seit Gründung von Kazimierz war sie die wichtigste Handels- und Verkehrsstraße der Stadt. Bis zum Jahr 1818 wohnten hier ausschließlich Christen. Als es den Juden in der Folgezeit freigestellt war, sich auch außerhalb ihres Ghettos anzusiedeln, waren es vor allem die reicheren jüdischen Kaufleute, die mit Vorliebe in dieser Straße Häuser und Geschäfte erwarben. Nach der rechtlichen Gleichstellung mit polnischen Bürgern im Jahr 1867 verlegten viele ihr Domizil ins Zentrum Krakaus, ärmere Juden rückten in die Krakowska-Straße nach. 1923 schreibt Döblin:

»*Ich lese die Firmenschilder Affenkraut, Stieglitz, Vogelfang, Goldstoff. Tuchballen werden abgeladen; viele rothaarige Jüdinnen gehen herum. Wie ungepflegt diese jungen Männer; sie dürfen sich nicht rasieren; der schwarze Flaum wächst ihnen dicht an Hälsen und Backen. Schmächtige Jungen marschieren in schwarzen Schaftstiefeln; ihre Köpfe glattgeschoren, lang wehen die Schläfenlocken hinter ihnen. Elender werden die Geschäfte, die Häuser sind völlig verwahrlost; es ist die Krakowskastraße.*«

Eine Reihe interessanter, im 18. und 19. Jahrhundert erbauter Häuser hat sich hier und in den westwärts zur Weichsel abzweigenden kleinen Straßen Skałeczna, Piekarska und Skawińska bis heute erhalten. Zwei Baudenkmälern sollte besondere Aufmerksamkeit geschenkt werden: der Katharinen- und der Paulinerkirche.

Vom Wolnica-Platz gehen wir die Krakowska-Straße einige Meter stadteinwärts und biegen links ein in die ul. Św. Katarzyny. Die vor uns liegende **Katharinenkirche** war ein Geschenk von König Kasimir III. an den 1363 aus Prag nach Kazimierz gelockten Augustinerorden. Ihr Bau wurde Ende des 14. Jahrhunderts vollendet, noch heute präsentiert sich die Kirche in ihrer ursprünglichen gotischen Gestalt. Die Fassade ist von aufstrebendem Stützwerk geschmückt – im lichtdurchfluteten, weitläufigen Innenraum dominieren schlanke Strebepfeiler, die ein hochangelegtes Deckengewölbe tragen. Freunde klassischer Musik rühmen die Akustik der Kirche: Wer die Möglichkeit hat, hier einem Konzert beizuwohnen, wird den klaren Klang und den unverstellten Blick auf Musiker und Sänger genießen.

Der angrenzende Garten führt zur malerisch gelegenen **Paulinerkirche**, auch »Kirche auf dem Felsen« genannt. Vor ihrem Eingang befindet sich ein kleiner, von einem barocken Triumphbogen eingerahmter Teich. Aus seiner Mitte erhebt sich die Figur des Heiligen Stanisław, des polnischen Schutzpatrons.

Der Chronist Jan Długosz hat eine makabre Geschichte überliefert, die bis heute zum festen Repertoire nationaler Mythen gehört. Für den Klerus ist der Wahrheitsgehalt der Geschichte unbestritten und jedes Schulkind lernt, daß sie vom Anfang der polnischen Tragödie erzählt. Das Szenario ist eine Kirche an einem Weichselfelsen (»Skałka«) um 1079, die Hauptakteure sind König Bolesław II. und Bischof Stanisław. Bolesław soll ein König nach Art des Macbeth gewesen sein: ehrgeizig und rücksichtslos, durch Mord und List zur Macht gelangt. Sein Widersacher war der mutige Stanisław, der es wagte, das Vorgehen des Königs zu kritisieren und sich gar erdreistete, diesem den Kirchenbesuch zu verbieten. Der Monarch ward zornig und entsandte Häscher, auf daß sie den ungehorsamen Bischof töteten. Doch die göttliche Vorsehung ließ dies nicht zu: Jedesmal, wenn sie die Kirche betreten wollten, wurden sie zu Boden geworfen. Der König schritt nun selbst zur Tat und spaltete mit einem Schwertstreich den Körper des Bischofs; er zerfetzte den Leichnam und warf die Teile den Geiern zum Fraß vor.

Damit aber ist die Geschichte noch nicht zu Ende. Auf wundersame Weise ward der Körper wieder zusammengetragen und heimlich dort beerdigt, wo heute die »Kirche auf dem Felsen« steht. Die Nachricht von dieser erstaunlichen Begebenheit verbreitete sich rasch in ganz Polen, und es kam ein Gerücht auf, das Land werde dereinst die Tat büßen müssen, werde wie der Körper des Bischofs in viele Stücke zerteilt.

Die Wirklichkeit sah etwas anders aus... Der deutsche Kaiser Heinrich IV. hatte sich im Jahr 1076 geweigert, den Machtanspruch der Kirche zu tolerieren und einer päpstlichen Ernennung von Bischöfen in seinem Reich zuzustimmen. Daraufhin wurde er von Papst Gregor VII. mit dem Bann belegt und exkommuniziert. Der polnische Regent Bolesław II. (1058-1079) ergriff in diesem sogenannten Investiturstreit Partei für den Papst, weil er darin die Chance erblickte, den starken Nachbarn Deutschland zu schwächen. Im Gegenzug wurde ihm vom Papst, der wichtigsten juristischen Instanz jener Zeit, die Königswürde zugesprochen.

Doch der Streit zwischen weltlicher und geistlicher Macht dehnte sich nun auch nach Polen aus. Als Bolesław II. begann, die Macht der Bischöfe zu beschneiden, belegte ihn der Krakauer Bischof Stanisław mit dem Kirchenbann. Der König interpretierte dies als Hochverrat und ließ ihn grausam hinrichten. Die Macht über den Klerus gewann er damit nicht zurück: Er wurde vom Papst mit der Exkommunikation belegt und mußte nach Ungarn flüchten, wo er wenig später unter ungeklärten Umständen starb.

Bischof Stanisław wurde 1253 in Assisi heiliggesprochen. Am 8. Mai eines jeden Jahres werden seine sterblichen Überreste in einer feierlichen Prozession vom

Wawel zum Skałka-Hügel getragen. Zwischen den weit ausladenden, zweiflügeligen Treppen der Kirche befindet sich eine Tür, durch die man zur Gruft hinabgelangt. In der Krypta liegen Bürger Polens begraben, die sich um ihr Land verdient gemacht haben – unter ihnen Jan Długosz, Stanisław Wyspiański und Karol Szymanowski; der Maler Jacek Malczewski wurde hier gegen seinen Willen beerdigt.

Stolz schaut die Paulinerkirche auf die Weichsel hinab. Einst war sie nach Westen und Norden hin durch eine mächtige Mauer geschützt; Reste der Wehranlagen sind im Klostergarten erhalten. Der Ausflug nach Kazimierz endet mit einem Spaziergang entlang der Weichsel. Wir gehen unter der Grunwaldbrücke hindurch, auf der Westseite des Flusses sehen wir das wenig attraktive Forum-Hotel; zur Rechten ragt die Wawelburg empor, am Hang schuf Bronisław Chromy die Skulptur des feuerspeienden Drachen.

## 11. Kościuszko-Hügel

Krakau ist die Stadt der mythenumrankten Hügel. Wer in der Johannisnacht den **Krakhügel** besteigt und nach Osten schaut, sieht die Sonne just über dem Wandahügel aufsteigen. Und wer sie über dem Krakhügel versinken sehen möchte, steigt den Wandahügel hinauf und blickt nach Westen... Krak und Wanda werden in den Schulbüchern als Helden gefeiert: Fürst Krak tötete einen gefährlichen Drachen, seine Tochter Wanda weigerte sich, einen deutschen Herzog zu heiraten und verteidigte so die Unabhängigkeit ihres Landes.

Die Tradition aus vorgeschichtlicher Zeit griffen Bürger Krakaus auf, um künstliche Hügel auch für die Nationalhelden Kościuszko und Piłsudski aufzuschütten. Der kegelförmig aufragende, 326 Meter hohe **Kościuszko-Hügel** befindet sich im westlich der Altstadt gelegenen Stadtteil Zwierzyniec und wurde in den Jahren 1820-23 zu Ehren des Freiheitskämpfers um 34 Meter »erhöht«. Kościuszko kämpfte für die Unabhängigkeit Polens und Amerikas; Erde von den Stätten, an denen er sich Ruhm erwarb, wurde in Urnen verwahrt und im Hügel eingelagert.

Wer den Hügel besteigen will, muß ein kleines Museum durchlaufen, das an den polnischen Helden erinnert (Di-So 10-16 Uhr). Unter österreichischer Besatzung wurde der Hügel von einer Festung eingerahmt. Ein Weg windet sich spiralförmig zu seiner Spitze hinauf, von wo man einen weiten Blick über die gesamte Westseite der Stadt genießt. Bei klarer Sicht kann man im Süden die schneebedeckten Spitzen der Hohen Tatra erkennen. In einem zur Festungsanlage zugehörigen Gebäude befindet sich das Hotel Pod Kopcem mit angeschlossenem Restaurant. Nach einem Spaziergang durch das angrenzende Waldstück ist dies ein idealer Ort, um sich mit polnisch zubereiteten Speisen zu stärken.

Die schattige, von Autos befreite Waszyngtona-Allee mündet in die Bronisław-Straße, zu ihrer Linken ragt die **Salwatorkirche** auf, eines der ältesten Kulturdenkmäler der Stadt. Sie wurde im Jahr 1148 auf den Grundmauern einer frühromanischen, wahrscheinlich bereits Ende des 10. Jahrhunderts entstandenen Kirche errichtet, doch wurde sie im Verlauf der Jahrhunderte häufig erneuert

*Der Kościuszko-Hügel*

und umgebaut. Ein zweites interessantes Bauwerk ist das **Kloster der Norbertanerinnen** am rechten Weichselufer (ul. Kościuszki 88). Es wurde Ende des 12. Jahrhunderts von Ritter Jaksa, dem damaligen Herrn von Zwierzyniec gestiftet und im 17. Jahrhundert im barocken Stil umgebaut. Ein Teil der den Klosterkomplex umgebenden Wehrmauer mit Schießscharten und Turmfragmenten blieb bis heute erhalten.

Wo sich die Straßen Karmelicka und Garbarska kreuzen, wurde Ende des 14. Jahrhunderts die gotische **Karmeliterkirche** mit angrenzendem Kloster erbaut. Jan Długosz überlieferte uns die folgende Legende: »Als die Königin Jadwiga die im Bau befindliche Kirche besuchte, wurde sie von einem dort arbeitenden Maurer um eine Gabe angesprochen. Von seiner Bitte gerührt, stützte die Königin ihren mit Edelsteinen besetzten Schuh auf einen Stein, nahm einen der kostbaren Edelsteine heraus und schenkte ihn dem Bittsteller. Nachdem die Königin den Bauplatz verlassen hatte, erwies sich, daß auf dem Stein der Abdruck ihres Fußes verblieben war. Der dankbare Maurer befestigte den Stein an der Außenmauer des Gotteshauses«, wo man ihn noch heute, geschützt durch ein Gitter, sehen kann. Die Kirche wurde nach der Zerstörung durch die Schweden im barocken Stil neu aufgebaut.

**Zwierzyniec** (Tiergarten, Park) war bis zur Jahrhundertwende ein verschlafenes Dorf mit Gutshäusern und Holzhütten. Heute hat es Großstadtcharakter, die lärmende Ringstraße durchschneidet das Viertel. Ungeachtet der fortschreitenden Modernisierung haben die Bewohner ihre alten Feste beibehalten. So wird auch weiterhin am Ostermontag aus Anlaß des kirchlichen Emmaus-Festes ein großer Jahrmarkt auf der Kościuszko-Straße gefeiert. Und alljährlich formiert sich am achten Tag nach Fronleichnam der Zug des »Lajkonik«, bewegt sich in östlicher Richtung aufs Stadtzentrum zu: Lajkonik war ein in Zwierzyniec ansässiger Weichselfischer, dem es gelang, die Tataren mit List aus der Stadt zu vertreiben. Besonders stolz sind die Bewohner des Stadtviertels auf ihre 48 ha große Wiese **Błonia**, die bis an die Altstadt von Krakau heranreicht. Im Mittelalter war sie ein unattraktives Sumpfgebiet. Hierher wurden Krakaus Pest- und Cholerakranke verbannt, wo sie in feuchten Holzhütten einem einsamen Tod entgegensahen. Lange Zeit galt der Ort als verflucht, und da niemand hier leben wollte, blieb er unbebaut. Die Nationalsozialisten suchten den Bann zu brechen und erwogen, das Regierungsviertel des Generalgouvernements hier entstehen zu lassen. Zu einer Ausführung des Plans kam es nicht mehr.

Heute wird die Błonia-Wiese vor allem im Sommer von zahlreichen Ausflüglern belagert. Nicht selten gastiert hier ein Zirkus, auch Kirchenfürsten nutzen die Wiese zum Zelebrieren der Heiligen Messe. Dem Papst gelang es in den Jahren 1979 und 1983, eine halbe Million gläubiger Menschen zu versammeln.

- **Anfahrt:** Mit Buslinie 100 kann man vom Matejkoplatz geradewegs zur Festungsanlage auf dem Kościuszko-Hügel fahren; mit Straßenbahn 1, 2, 6 und 21 gelangt man nach Zwierzyniec.

## 12. Wolski-Wald

Westlich vom Kościuszko-Hügel erstreckt sich der Wolski-Wald, mit 485 Hektar einer der größten waldähnlichen Parks in Europa. Er ist nach dem Diplomaten Mikołaj Wolski benannt, der als entschiedener Gegner der Reformation auftrat und die Anhöhe 1603 von Fürst Lubomirski erwarb. Am Wochenende strömen viele Krakauer hierher, um zwischen alten Buchen und Eichen spazierenzugehen oder in einer der zahlreichen Schluchten zu picknicken. Einer ihrer Lieblingsorte sind die **»Felsen der Jungfrauen«** (Skałki Panieńskie), von denen es heißt, sie hätten sich schützend um eine Gruppe von Nonnen geschlossen, als diese von Tataren verfolgt wurden und ein Versteck suchten. Auch der 383 Meter hohe Piłsudski-Hügel, der 1936 zu Ehren des Generals aufgeschüttet wurde, erfreut sich großer Beliebtheit – jeder Pole weiß, daß die 25 Meter hohe Spitze des Hügels die Erde aller Schlachtfelder enthält, auf denen polnische Soldaten im Ersten Weltkrieg starben.

In der Südwestecke des Waldes, auf dem Srebrna Góra, dem Silbernen Berg von Bielany, thront das barocke **Einsiedlerkloster der Kamaldulenser**. Im Jahr 1603 kamen sie aus Italien nach Polen, wo sie 12 Klöster gründeten, von denen heute nur noch zwei bestehen. Die einschiffige Kirche von Bielany verfügt an der Nord- und Südseite – angeordnet in strenger Symmetrie – über je drei Seitenkapellen, im östlichen Teil des Klosterkomplexes wurden die Mönchsklausen eingerichtet. Tommaso Dolabella schuf 1633-43 in der Benedikt- und Romualdkapelle bedeutende Gemäldezyklen.

Kamaldulenser unterwerfen sich einem extrem strengen Ritual. Nur für die Dauer des gemeinsamen Gebets haben sie Kontakt miteinander, danach ziehen sie sich in ihre Zelle zurück, wo sie ihre Mahlzeiten, ausschließlich vegetarische Kost einnehmen. An fünf Tagen des Jahres dürfen die 18 verbliebenen Mönche gemeinsam speisen, Fernsehen und Radio sind untersagt. – Ein Besuch des Klosters ist möglich. Die sonntägliche Messe wird jeweils um 7 und um 10 Uhr gelesen, auch Frauen dürfen hieran teilnehmen. Ansonsten jedoch bleibt ihnen der Zugang zum Kloster versperrt, es sei denn, es handelt sich um einen christlichen Feiertag.

Wenn man 15 Minuten in nordöstlicher Richtung auf einem ruhigen Waldweg weitergeht, erreicht man den 20 Hektar umfassenden **Zoo**. Die ersten Löwen haben Krakauer Boden bereits im Jahr 1406 betreten. Sie waren ein Geschenk der Florentiner Stadträte an Władysław II.: »Um uns die Wohlgeneigtheit Ihres Thrones zu sichern, haben wir einen Löwen und eine Löwin an Eure Majestät abgesandt, damit beide Geschlechter eine Fortpflanzung ermöglichen. Es sind dies florentinische Löwen, die, soweit ihre Natur es zuläßt, ziemlich gezähmt sind.«

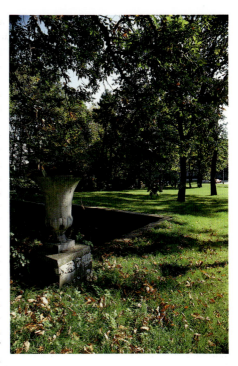

*Im Wolski-Wald*

Im heutigen Zoo sind schwarze Jaguare und chinesische Leoparden zu bestaunen, die kleinsten Affen der Welt und Hawaii-Gänse, Antilopen, Flamingos und andere exotische Tiere. Viele von ihnen leben in kleinen Reservaten, die durch Wassergräben und -wälle von den Besuchern getrennt sind. Im »Exotarium« sind Reptilien und Amphibien versammelt: Python- und Boaschlangen winden sich hinter schützendem Glas.

Nordöstlich des Wolski-Waldes liegt **Wola Justowska**, eine bevorzugte Wohngegend begüterter Krakauer. Hier lebt in einer Villa Krzysztof Penderecki; in seiner Nähe quartierte sich auch Steven Spielberg ein, als er die Dreharbeiten zum Film »Schindlers Liste« aufnahm. Der Name des Viertels verdankt sich Jost Ludwig Dietz (lat.: Ludovicus Decius), dem Sekretär Sigismunds I., der sich an diesem Ort vom Hofarchitekten Berrecci einen Palast im Stil der Renaissance erbauen ließ. Auf Initiative von Karl Dedecius, dem wichtigsten Übersetzer polnischer Literatur in Deutschland, öffnete hier 1996 die Krakauer Europa-Akademie ihre Tore. Laut Dedecius soll die Atmosphäre des Gebäudes jene Zeit

heraufbeschwören, da nationenübergreifende, universelle Ideen entstanden – das grenzenüberschreitende Konzept »Mitteleuropa« soll mit Leben gefüllt werden.
- **Anfahrt:** Die Buslinie 134 fährt ab Rondo Mogilskie und al. Krasinskiego über Wola Justowska bis zur Endstation Las Wolski / Zoo. In die Nähe des Klosters der Kamaldulenser gelangt man mit Bus 109, 209, 229, 249, 259 und 269.

## 13. Nowa Huta

Ab 1949 entstand auf freiem Gelände zwischen den alten Dörfern Mogiła und Bieńczyce ein riesiger industrieller Komplex. Schon bald wurde hier mehr als die Hälfte allen polnischen Eisen und Stahls erzeugt; Metallverarbeitung und Maschinenbau, Elektrotechnik und pharmazeutische Industrie veränderten den Charakter der Region. Und schon bald begannen Schadstoffe die Baudenkmäler Krakaus zu zersetzen, der Himmel wurde grau über der Stadt.

Wer in Nowa Huta (»Neue Hütte«) arbeitete, sollte hier auch wohnen dürfen. Fernab vom unverbesserlich »bürgerlichen« Krakau sollte eine proletarisch-sozialistische Musterstadt erblühen, ein dynamisch-offenes, experimentierfreudiges Laboratorium. Hier sollten Bauern zu Diplomingenieuren avancieren, ihre Kinder, so träumte man, würden an den Hochschulen Krakaus studieren und sie vom theologischen Plunder befreien.

Die Anfänge waren vielversprechend. Breite Straßen wurden angelegt, Wohnhäuser gruppierten sich um Grünanlagen und Parks, es entstanden vorbildliche medizinische und kulturelle Einrichtungen. Besonders ab 1956, in der nachstalinistischen Ära, entfalteten sich interessante kulturelle Aktivitäten. Internationale Beachtung fand z.B. das experimentelle Theater an der Volksbühne von Nowa Huta (Teatr Ludowy), wo unter der Regie von Krystyna Skuszanka und der aktiven Mitwirkung des Künstlers Tadeusz Kantor ungewöhnliches und zeitbezogenes Theater zur Aufführung gelangte.

Doch was Intellektuelle begeisterte, entsprach nicht unbedingt dem Geschmack der Arbeiter. Sie bevorzugten in ihrer Mehrheit kleinbürgerliche Kulturkost, verlangten die Einstudierung von Operetten und Komödien. Ihr Protest richtete sich jedoch vor allem gegen die Weigerung der Regierung, in Nowa Huta zusätzliche Kirchen entstehen zu lassen. In ihrer Gemeinde gottlos leben und sterben zu müssen, war für viele eine Horrorvorstellung; erst nach langen, aufreibenden Kampagnen gelang es ihnen, die Zustimmung der Regierung zum Bau einer Kirche zu erwirken. Dem frischernannten Kardinal Karol Wojtyła war es vergönnt, 1967 in Bieńczyce den ersten Spatenstich zu tun – 10 Jahre später durfte er sie endgültig einweihen. Die Kirche erinnert an die Arche Noah, weshalb sie auch von der Bevölkerung allgemein als »Arche des Herrn« bezeichnet wird. Das acht Meter hohe Kruzifix im Innern der Kirche stammt aus der Werkstatt von Bronisław Chromy.

Als es in Nowa Huta eine zweite Kirche einzuweihen galt, war Karol Wojtyła bereits als Papst Johannes Paul II. bekannt. Die 1983 in der Siedlung Mistrzejowice erbaute Kirche wurde benannt nach dem in Auschwitz umgekommenen, von der katholischen Kirche 1982 heiliggesprochenen Maximilian Kolbe.

*Stahlwerk in Nowa Huta*

Der Sozialismus sowjetischer Prägung ist zu Fall gebracht – nicht nur dank der Arbeiter auf der Danziger Lenin-Werft und in den Kattowitzer Kohlegruben, sondern auch dank des Widerstandes der Arbeiter von Nowa Huta. Als der Staat 1988 Panzer in der proletarischen Musterstadt auffahren ließ, hatte er auch hier seine Glaubwürdigkeit endgültig verspielt. Mittlerweile haben die wichtigsten Straßen und Gebäude ihre Namen geändert, und auch an Lenin darf in Nowa Huta nicht mehr erinnert werden: Sein Denkmal in der Aleja Róż wurde 1990 abgerissen, die Leninhütte trägt jetzt den Namen »Sendzimir«.

In Nowa Huta leben heute etwa 220.000 Menschen. In den frühen 90er Jahren wurden weite Teile des Industriekomplexes stillgelegt, eine große Zahl von Arbeitern entlassen. Positives Nebenprodukt dieser Entwicklung: Die Luftverschmutzung in Krakau ist stark zurückgegangen, Menschen klagen weniger häufig über Allergie und Kopfschmerz.

Auf dem Krakauer Kurzfilmfestival wurde jüngst ein Film vorgestellt, der den Arbeitern von Nowa Huta gewidmet ist. Schemenhafte Gestalten huschen durch eine riesige schwarze Halle; sie begleiten den Lauf des Eisens, das aus Öfen ausgestoßen als meterlanges Feuerband in ein riesiges Auffangbecken »fließt«. Am Ende ein Schnitt: verrußte Gesichter von Arbeitern, aus denen Unsicherheit und Traurigkeit sprechen.

- **Anfahrt:** Das Zentrum von Nowa Huta (pl. Centralny) erreicht man am einfachsten mit den Straßenbahnen 4, 15 und 44; die Fahrt dauert knapp 45 Minuten.

# Krakauer Portraits

## Nikolaus Kopernikus

Nikolaus Kopernikus wurde am 19. Februar 1473 in Thorn geboren. Als 18jähriger kam er nach Krakau, wo er an der Jagiellonen-Universität bis 1495 Mathematik und Astronomie studierte. Auf der Suche nach neuen Erkenntnissen wandte er sich anschließend Italien zu, belegte Vorlesungen in Bologna, Padua und Ferrara; sein akademisches Interesse erstreckte sich hier auch auf Jura und Medizin.

1504 kehrte er nach Polen zurück, arbeitete als Leibarzt seines Onkels in Heilsberg (Lidzbark Warmiński) und war kurzzeitig Statthalter des Domkapitels in Allenstein (Olsztyn). Daneben widmete er sich weiteren astronomischen Forschungen, in denen sich immer stärker ein heliozentrisches Weltbild abzeichnete. Die These, mit der er schließlich die katholische Kirche schockierte, lautete: Die Erde ist es, die sich um die Sonne dreht, nicht umgekehrt. Sein Hauptwerk »De revolutionibus orbium coelestium« (Über die Bewegung der Himmelskörper), mit dem er ein neues Weltbild begründete, blieb vorerst unbeachtet. Erst 1543, im Jahr seines Todes, konnte der Text vollständig publiziert werden.

Das Manuskript, 1616 auf den Index der katholischen Kirche gesetzt, befindet sich heute in der Krakauer Universitätsbibliothek in der Mickiewicz-Allee 23. Im Universitätsmuseum ist Kopernikus ein eigener Raum gewidmet, worin auch jenes Dokument ausgestellt ist, das seine Ankunft in der Academia Cracoviensis bezeugt. Zu wichtigen Jahrestagen der Universität entstanden Denkmäler in der Annakirche sowie vor dem Collegium Novum. Nicht nur auf Geldscheinen, auch auf Bildern wurde er verewigt. Die Ölskizze »Kopernikus auf der Terrasse des Frombork-Turms« schuf der Historienmaler Jan Matejko, ausgestellt wird sie im Matejko-Haus. Im Henry-Jordan-Park schuf Alfred Daun etwa zur gleichen Zeit eine Kopernikus-Büste, und eine vier Meter hohe Statue wurde zum Gedenken an den Astronomen im Bergwerk von Wieliczka angefertigt. Eine besondere Auszeichnung war Kopernikus von Generalgouverneur Hans Frank zugedacht: Der Astronom sollte heimgeholt werden ins Reich, die Krakauer Universität nach gewonnenem Krieg seinen Namen tragen. Der Streit, ob Polen oder Deutsche Kopernikus für sich reklamieren dürfen, scheint noch immer nicht beigelegt. Noch heute wird in deutschen Publikationen provokant angemerkt, daß von Kopernikus kein einziges Schriftstück in polnischer Sprache erhalten sei.

## Jan Kochanowski

Als bedeutendster Dichter der Renaissance gilt der aus einer Adelsfamilie stammende Jan Kochanowski (1530-84). Er studierte in Krakau und verbrachte anschließend mehrere Jahre in Italien, wo er begann, Elegien in lateinischer Sprache zu verfassen. Bei seiner Rückkehr avancierte er zum Sekretär des Königs und stellte seine Dichtung in Adelspalästen vor. Aufgrund persönlicher

Enttäuschungen zog er sich als 40jähriger aus der Welt des Glanzes zurück und lebte fortan mit seiner Familie auf einem Landgut bei Krakau.
Er verspürte den Wunsch, eine Poesie zu schreiben, die auch vom einfachen Volk verstanden würde. »Die Verabschiedung der griechischen Gesandten« (1578) war eine im klassischen Stil verfaßte Tragödie, in der der Autor den in seine Privilegien verliebten Adel einer scharfen Kritik unterzog. Daneben übersetzte er Psalmen und schuf eine moderne poetische Sprache. Sein schönstes und auch ästhetisch herausragendes Werk sind die »Treny« (Klagelieder): Eine Sammlung melancholischer Elegien, die 1580 nach dem Tod seiner jüngsten Tochter Ursula entstanden. Darin war Schmerz auf wunderbare Weise verschlungen mit philosophischer Reflexion.

## Tadeusz Kościuszko

Vor einer riesigen Menschenmenge rief Tadeusz Kościuszko am 24. März 1794 auf dem großen Platz von Krakau zur bewaffneten nationalen Erhebung auf. Er war zu diesem Zeitpunkt kein Unbekannter mehr. Nach seinen Militärstudien in Warschau und Paris war er 1776 als 30jähriger nach Nordamerika gezogen, um den Unabhängigkeitskampf gegen die Engländer zu unterstützen. Er besiegte die britischen Truppen bei Saratoga und organisierte die Blockade von Charleston, stieg auf zum persönlichen Adjutanten von George Washington.
1784 kehrte Kościuszko nach Polen zurück, wo er fünf Jahre später in die polnische Armee eintrat. Nach seinem Sieg über russische Truppen 1792 wurde er von König Poniatowski zum General befördert, die Pariser Revolutionsregierung ernannte ihn zum Ehrenbürger. Von Krakau aus organisierte er den Widerstand gegen die drohende endgültige Teilung Polens. Den für den Kampf rekrutierten Bauern stellte er das Ende der Leibeigenschaft in Aussicht. Am 4. April 1794 konnte das von ihm angeführte Bauernheer einen bedeutenden Auftaktsieg über die russischen Truppen bei Racławice erringen. Doch danach begann der Rückzug – den vereinten Armeen der Russen und Preußen konnten die polnischen Einheiten nicht standhalten. Kościuszko wurde in Petersburg interniert, durfte aber bald aufgrund einer schweren Erkrankung in die USA ausreisen, wo ihn eine enge Freundschaft mit Thomas Jefferson verband. Ab 1798 bemühte er sich in Paris um Rekrutierung polnischer Freiwilliger, doch aufgrund unterschiedlicher Einschätzungen der Polen-Frage blieb seine Zusammenarbeit mit Napoleon begrenzt.
Nach dem Zusammenbruch des französischen Kaiserreichs zog sich Kościuszko in die Schweiz zurück, wo er am 15. Oktober 1817 in Solothurn starb. Zwei Jahre später wurden seine sterblichen Überreste in den Wawel nach Krakau überführt, sein Grab befindet sich neben dem des Fürsten Józef Poniatowski in der romanischen Leonhard-Krypta. 1820 begannen Krakauer Bürger, ihm zu Ehren im Stadtviertel von Zwierzyniec einen 34 Meter hohen Hügel aufzuschütten. Ein Museum mit Kościuszko-Memorabilia befindet sich am Fuße des Hügels.
Noch viele weitere Orte gibt es in Krakau, an denen seiner gedacht wird. So steht am Eingang zum Wawel die Nachbildung von Leonardo Marconis Reiter-

standbild, eine Büste des Nationalhelden wurde im Henry-Jordan-Park aufgestellt. Am Rynek 45, wo er wohnte, bevor er sich in den Amerikanischen Unabhängigkeitskrieg stürzte, ist eine Plakette angebracht, ebenso vor dem Rathausturm, wo er Krakaus Bürger zum Aufstand aufrief. Im Museum der Tuchhallen kann man ihn im Moment des Sieges erleben: Die Schlacht bei Racławice wurde von Jan Matejko in einem monumentalen Gemälde festgehalten.

## Jan Matejko

Jan Matejko wurde am 7. November 1839 in der Floriansgasse 41 geboren. Bereits als 14jähriger besuchte er die Krakauer Schule für Bildende Künste. Fünf Jahre später beendete er das Studium und reiste dank eines Stipendiums der österreichischen Regierung für zwei Jahre nach München.

Großen Einfluß auf seine künstlerische Entwicklung hatte die Niederschlagung des gegen die russische Besatzungsmacht gerichteten Aufstands von 1863. Immer stärker befaßte er sich jetzt mit Fragen der nationalen Identität, war bemüht, all jenen Trost und Hoffnung zu spenden, die das Vertrauen in eine Wiederkehr des polnischen Staates zu verlieren drohten.

Die Jahre 1864-83 gelten als seine herausragende Schaffensperiode. »Skargas Predigt« war das Werk, das ihn in Europa berühmt machte. In den Sejm-Predigten war der Jesuitenpriester Piotr Skarga vehement für eine Stärkung der königlichen Gewalt eingetreten und hatte den Machtmißbrauch durch den polnischen Adel gegeißelt. Als das Ölgemälde 1865 in Paris ausgestellt wurde, feierte ihn ein Kritiker der »Gazette de France« als »jenen Polen, in dessen Adern das Blut von Delacroix und Robert Fleury fließt«. Ein Jahr darauf fand »Skargas Predigt« eine Fortsetzung: Matejko präsentierte nun selber eine Kritik am Adel. Er befaßte sich mit der Frage, wem die Schuld für die erste Teilung Polens im Jahr 1772 zuzuschreiben sei. Das Bild »Rejtan – Polens Untergang« zeigt den Abgeordneten Tadeusz Rejtan, wie er sich zu Boden wirft und die Abgeordneten daran zu hindern sucht, den Abstimmungssaal zu betreten. Das Ergebnis des Votums ist bekannt: Die Mehrheit der adligen Vertreter hatte sich bestechen lassen und stellte den persönlichen Vorteil über das vermeintliche Wohl der Nation.

Der konservative Adel zürnte dem Maler, enthielt das Werk doch eine deutliche Kritik an ihren Vorfahren, die in die Teilung eingewilligt hatten. Matejko zog es deshalb in der Folgezeit vor, »positiv« zu malen, besang »Die Lubliner Union« (1869) und »Die Schlacht bei Grunwald« (1879). In Lublin hatten sich 300 Jahre zuvor Polen und Litauen zu einem Staatenbund vereinigt, in Grunwald hatten 1410 polnische und litauische Heereseinheiten das Ordensheer der Kreuzritter entscheidend besiegt. Als »Die Schlacht bei Grunwald« in den westeuropäischen Metropolen ausgestellt wurde, waren es erneut die Franzosen, die Lobeshymnen auf Matejko anstimmten. In der Zeitung »Le Gaulois« hieß es in der Ausgabe vom 30. Mai 1880: »Wenn ein Künstler die Bezeichnung eines Malers der Nation verdient hat, so ist es sicher der Schöpfer des Grunwald-Bildes. Dieses Werk bringt einen aus dem Konzept, verblüfft, verblendet, erregt Abneigung, lenkt die Aufmerksamkeit auf sich, ist heroisch und unheimlich zugleich.

Der Maler sticht den Zuschauer so viele Male mit der Farbe, wie seine Helden sich mit den Säbeln treffen.«

Matejko begann sich wohlzufühlen in der Rolle des nationalen Mahners. Stets war er zur Stelle, wenn es galt, patriotische Energien zu mobilisieren – so auch 1883, als der 200. Jahrestag des Sieges über die Türken bei Wien gefeiert wurde. Matejko präsentierte dem Festkomitee ein gigantisches Loblied auf den siegreichen polnischen König und veranlaßte die Übersendung des Gemäldes an Papst Leo XIII., um ihn an den Beitrag der Polen zur Rettung der Christenheit zu erinnern.

Bis zu seinem Tod arbeitete Matejko als Direktor an der Akademie für Bildende Künste in Krakau. Zu seinen bekanntesten Schülern zählten Stanisław Wyspiański, Jacek Malczewski und Józef Mehoffer, die jedoch den westlichen Kunstströmungen allesamt offener gegenüberstanden als ihr Meister.

*»Der Hofnarr«*

Der Nachwelt hinterließ Matejko 246 Bilder und Portraits; allein im Nationalmuseum von Krakau befindet sich zudem eine Sammlung von 2600 Beistiftskizzen. Seine berühmtesten Gemälde sind im Museum der Tuchhallen, wertvolle Skizzen und kleinere Bilder im Geburtshaus ausgestellt. Der Künstler starb am 1. November 1893 – es waren Tausende, die den Sarg auf dem Weg zum Rakowicki-Friedhof begleiteten.

## Stanisław Wyspiański

Bohrende Augen, eine energische Stirnfalte, ein im Bartwuchs verborgener Mund – so präsentiert sich Wyspiański in seinen Selbstportraits. Ein Zug von Radikalität und Melancholie spricht aus seinem Gesicht, gehetzt und gebannt blickt er den Betrachter an.

Stanisław Wyspiański wurde am 15. Januar 1869 in Krakau geboren. Er studierte an der Kunsthochschule, unternahm ausgedehnte Reisen durch Westeuropa.

1894 kehrte er nach Krakau zurück und übte bald großen Einfluß auf die Bewegung des Jungen Polens aus. Er rebellierte gegen die tradierten Formen der Kunst, schuf ungewöhnliche Bilder und Glasmalereien.

Wyspiański war nicht nur Maler, er war zugleich Dichter und Dramatiker, ein Erneuerer des polnischen Theaters. Inspiriert von Wagner schwebte ihm ein Gesamtkunstwerk vor, das die Elemente von Malerei, Musik und Poesie vereinte. Vorstellungen einer Autonomie der Kunst, wie sie sein Freund Przybyszewski entwickelte, lehnte Wyspiański ab. Politik interessierte ihn zu sehr, als daß er in einer ausschließlich auf die Kunst gerichteten Lebenshaltung hätte Halt finden können. Vor allem in seinen Dramen beschäftigte er sich intensiv mit Themen der polnischen Geschichte, suchte nach Gründen für das Scheitern der Nation. Allein drei Dramen waren dem Novemberaufstand von 1830 gewidmet, drei weitere spielten in Krakau und Umgebung zur Zeit der österreichischen Besatzung.

Das 1901 uraufgeführte Stück »Hochzeit« (Wesele) soll hier ausführlicher vorgestellt werden. Es ist das in Polen mit Abstand meistgespielte Drama und erlaubt Einsichten in das von Mythen und Legenden durchdrungene Denken der östlichen Nachbarn. Auf der Bühne treten Symbol- und Traumfiguren auf, die jeder Pole sogleich versteht, die aber einen deutschen Zuschauer verstören und am Verständnis des Stückes hindern. Diese Sinnbilder sind fester Bestandteil der polnischen Vorstellungswelt, bereits die Phantasie der Kinder wird von ihnen beeinflußt.

Wyspiański führt in seinem Stück den mehrdeutigen Chochol ein, der sichtbar macht, »was wem in der Seele spielt, was wer in den Träumen sieht«. Stańczyk könnte deutschen Besuchern bereits bekannt sein, der Maler Jan Matejko hat ihn in vielen seiner Bilder dargestellt: Er ist der Hofnarr Sigismunds I., seine Ratschläge scheinen weiser und weitsichtiger als die der gebildeten Experten. Mehr Schwierigkeiten bereitet schon der Schwarze Ritter, der im Stück dem Poeten erscheint: Seit der Schlacht bei Grunwald gilt er als Garant für ritterliche Loyalität und Treue. Wenn Branicki ins Bild rückt, ist größte Vorsicht geboten. Bei ihm handelt es sich um einen bösen Adelsvertreter, der im 18. Jahrhundert den Feinden Polens zuarbeitete. Verwirren mag es den Besucher, wenn dem armen Bauern ein wildes Gespenst erscheint. Dahinter verbirgt sich Jakub Szela, von dem sich die Bauern 1846 zum Angriff auf den Adel verleiten ließen. Auch Wenyhora darf im Ensemble der Geister nicht fehlen: Der legendäre Freiheitsprophet ergreift Besitz vom Hausherrn und trägt ihm auf, die Bauern zur Schlacht zu versammeln.

Wyspiański erweist sich in dem Stück als Kritiker aller polnischen Klassen und Schichten. Er entlarvt Hoffnungen als Mythen, Lösungsvorschläge als Trugbilder. Die Intelligenz war für ihn diejenige soziale Schicht, die die negativen Charakteristika der Polen um 1900 am deutlichsten personifizierte: Viele ihrer Mitglieder entstammten dem Adel, der wichtigsten besitzenden Klasse Galiziens, und führten ein parasitäres Dasein im Schatten österreichischer Herrschaft. Ihr Denken war höfisch-feudalen Ritualen verhaftet, arrogante Blasiertheit paarte sich mit Wehleidigkeit. Sie begriff sich als unfähig, aus eigener Kraft politischen Wandel zu bewirken, projizierte die Hoffnung auf das einfache Volk der Bauern. Die Bauern werden von Wyspiański zwar mit gewisser Sympathie gezeichnet, doch ihr Streben und Tun ist fehlgeleitet. Sie zeigen sich entschlossen zum Kampf, begeben sich aber in Abhängigkeit von den Entscheidungen des Adels. Sie sind verstrickt in den Mythos klassenübergreifender Solidarität, der es ihnen verbietet, die Sensen gegen ihre adligen Gebieter zu richten. So sind sie letztlich alle Gefangene ihrer Trugbilder, unfähig zur befreienden Tat. Am Ende verfallen die Hochzeitsgäste in morbid-ekstatischen Tanz und man weiß: aus dem Rausch werden sie erwachen in Ratlosigkeit...

Das Dickicht der Illusionen reizte Bertolt Brecht im Jahr 1956, das Stück zu bearbeiten. Er wollte es mit Kommentierungen versehen und die symbolischen Anspielungen transparent machen. Sein Tod verhinderte die Realisierung dieses Projektes. So mußte das deutschsprachige Publikum bis 1992 warten, bevor es anläßlich der Aufführung für die Salzburger Festspiele erstmalig mit Wyspiańskis »Hochzeit« konfrontiert wurde.

Der Künstler starb am 20. November 1907 in Węgrzce am Rande Krakaus und wurde in der Paulinerkirche auf dem Skałka-Hügel bestattet. Es vergingen knapp 50 Jahre, bis seine Stücke durch die Inszenierung von Tadeusz Kantor eine Renaissance erfuhren – und noch einmal verstrich viel Zeit, bis man ihm 1983 in der Kanonicza-Gasse ein eigenes Museum widmete.

## Joseph Conrad

Joseph Conrad hieß eigentlich Józef Teodor Konrad Korzeniowski und wurde am 3. Dezember 1857 in Bereditschew, einem Dorf in der heutigen Ukraine geboren. Sein Vater, der sich literarisch betätigte, mußte aufgrund der Teilnahme am Januaraufstand 1863 Polen verlassen. Joseph Conrad zog zu seinem Onkel nach Krakau und lebte in einem großen Patrizierhaus in der Poselskastraße 12. Der Besucher ist erstaunt: kein Denkmal, nicht einmal eine Plakette erinnert an den berühmten Bewohner.

Conrad war ein unruhiger Geist, schon früh zog es ihn fort aus der Enge der österreichisch besetzten Stadt. Mit 17 Jahren befiel ihn die Sehnsucht nach dem Meer. Er lief von zuhause fort und ging nach Marseille, wurde Matrose erst auf einem französischen, dann auf einem britischen Schiff. Viele Jahre fuhr er zur See, bereiste die Länder des Fernen Ostens und Afrikas. 1886 nahm er die britische Staatsbürgerschaft an und avancierte zum Kapitän und Offizier. Acht Jahre später zwang ihn eine Tropenkrankheit, seßhaft zu werden. Conrad beschloß, sein Geld fortan als freier Schriftsteller zu verdienen. Die englische Sprache beherrschte er so virtuos, daß sie zu seinem wichtigsten Ausdrucksmittel wurde. Er verfaßte Romane und Erzählungen, in denen seine Erfahrungen der Fremde verarbeitet sind: psychologisch einfühlsame Portraits von Menschen am Rand der Gesellschaft, verquickt mit präziser Beobachtung ihrer Umwelt und poetischen Beschreibungen der exotischen Natur.

Sein erster Roman erschien 1895 und trug den Titel »Almayers Wahn«. Almayer ist ein zivilisationsmüder Europäer auf der Suche nach tropischen Welten. Als Handelsvertreter ist er auf den Malaiischen Archipel gekommen, und je länger er bleibt, desto fremder wird ihm die europäische Heimat. Die Lebenswelt der Eingeborenen rückt ihm gleichwohl nicht näher. Als ihn geschäftlicher Mißerfolg ruiniert und sich die europäischen Freunde von ihm zurückziehen, wird die Suche nach einem imaginären Schatz letzter Strohhalm, der ihn am Leben hält. In dem Augenblick, da auch die Tochter ihn verläßt, sieht er keinen Sinn mehr im Leben, ergibt sich dem Rausch und geht in Opiumhöhlen zugrunde.
Bis zu seinem Tod im Jahr 1924 schrieb Joseph Conrad noch viele weitere Romane, in deren Zentrum das Thema der Unruhe steht. Am bekanntesten wurden »Lord Jim«, »Der Verdammte der Inseln« und »Der Geheimagent«. Den Roman »Schattenlinie« verfilmte Andrzej Wajda im Jahr 1976.

## Wisława Szymborska

> *»La Pologne? La Pologne?*
> *Schrecklich kalt dort, nicht wahr?«*

Julian Przyboś nannte sie »die Erste unter den Lyrikerinnen Polens«. In Krakau, wo Wisława Szymborska lebt, seit sie 8 Jahre alt ist, hat sie nach dem Krieg Polonistik und Soziologie studiert, und noch heute begegnet man ihr auf den Straßen Krakaus und natürlich im Literarischen Club in der Kanonicza-Gasse. Gedichte schreibt sie seit 1945. Anfangs war die Poesie erfüllt von Skepsis und Beklommenheit, später mischte sich Trotz in die Zartheit der Werke – beharrlich webend an der Konstruktion kritischer Gegenbilder. 1955 erhielt sie den Literaturpreis der Stadt Krakau, 1992 den Goethe-Preis der Stadt Frankfurt. Mit der Verleihung des Nobelpreises für Literatur 1996 wurde sie auch über Europas Grenzen hinaus berühmt.
Szymborska liebt es, die Helden des Alltags und der Poesie, allseits bekannte Figuren der Literatur- und Kunstgeschichte in städtisches Ambiente zu versetzen und dem Leser, der das Gedicht deuten will, Rätsel aufzugeben. Meist gilt es soziale Verhaltensmuster zu erschließen: Der Mensch als Subjekt der Geschichte wird beschworen, dem »Gesetz der großen Zahl« mißtraut.

*Vier Milliarden Menschen gibt es auf dieser Erde,*
*doch meine Vorstellungskraft ist die alte geblieben.*
*Sie kommt schlecht mit den großen Zahlen zurecht, denn*
*immer noch rührt sie das unverwechselbar Einzelne an.*
*(Die große Zahl )*

Gern konfrontiert sie abstraktes Wissen mit lebendiger Erfahrung, ertastet die Widersprüche zwischen dem Konkreten und dem Allgemeinen. Ihre Lyrik bescheidet sich in einfacher Sprache und ist intellektuell doch in höchstem Maße anspruchsvoll. Sie enthält kein überflüssiges Wort, bleibt stets auf das Wesentliche gerichtet, das den Erscheinungen und Dingen eingeschrieben ist.

*Ich bin's, Kassandra.*
*Und das ist meine Stadt unter der Asche.*
*Und das hier ist mein Stock und meine Orakelbinde.*
*Und das hier ist mein Schädel voller Zweifel...*

*Es tut mir leid, daß meine Stimme hart war.*
*Seht von den Sternen auf euch, rief ich,*
*seht von den Sternen.*
*Sie hörten es und senkten den Blick.*

*Sie lebten im Leben.*
*Windig.*
*In Vorurteilen.*
*In Abschiedskörpern von Geburt an.*
*Doch eine feuchte Hoffnung war in ihnen,*
*ein Flämmchen, das vom eigenen Flackern sich ernährte.*
*Sie wußten, was ein Augenblick bedeutet,*
*ach, wär's nur einer, irgendeiner,*
*bevor –*

*Es kam so, wie ich sagte.*
*Nur daß daraus nichts folgt.*
*Und das hier ist mein Kleid, versengt vom Feuer.*
*Und das ist mein Prophetentand.*
*Und das ist mein verzerrtes Gesicht;*
*es hat nicht gewußt, daß es auch schön sein konnte.*
*(Monolog für Kassandra)*

## Leon Kruczkowski

Mißmutig schüttelt Maria Kwiatkowska, Professorin für polnische Literatur an der Jagiellonen-Universität, den Kopf. »Leon Kruczkowski? Nein, der gehört nicht zu uns, das ist doch kein Krakauer!« Obwohl dieser Autor den größten Teil seines Lebens in Krakau verbrachte und mit seinen Romanen und Dramen weltweiten Ruhm erlangte, will man sich seiner in dieser Stadt nicht erinnern. Kruczkowski beging den Fehler, nicht nur Literat, sondern auch Marxist zu sein, zudem einer, der seine Ideen auch in die Praxis einfließen lassen wollte. Seine Biographie gibt Hinweise auf die Gründe für das Desinteresse der Krakauer Öffentlichkeit an diesem Autor: Nach 1945 wurde Kruczkowski erster Vizeminister für Kultur und Kunst der Volksrepublik Polen, von 1949 bis 1956 war er Präsident des Polnischen Schriftstellerverbandes; überdies wurde er in jenen Jahren mit dem Lenin-Orden und dem Staatspreis 1. Klasse ausgezeichnet.

Kruczkowski wurde am 28. Juni 1900 in Krakau geboren und widmete sich schon früh der Poesie. Unmittelbar nach dem Ende des Ersten Weltkrieges debütierte er als Autor von Gedichten. Er studierte an der Krakauer Industriehochschule, wurde Chemiker und arbeitete in der Erdölindustrie von Trzebinia. Im Kohlerevier von Dąbrowa Górnicza war er Gewerbelehrer und lernte die beschwerlichen Lebensbedingungen der polnischen Bergleute kennen. Ab 1930 widmete er sich ausschließlich publizistischer und literarischer Arbeit. Unter den Romanen, die er in den 30er Jahren schrieb, sticht »Rebell und Bauer« hervor (1932): der literarisch geglückte Versuch, die in Polen vorherrschende verklärende Sichtweise auf die bäuerliche Bevölkerung zu erschüttern. Karl Dedecius hat einmal notiert: »Belehrung und Erkenntnis trüben den reinen Genuß – aber reiner Genuß ohne Belehrung und ohne Erkenntnis führt in den Trübsinn.« Dem marxistisch gebildeten Kruczkowski gelingt die Synthese: Er konfrontiert die romantische Befreiungsvision mit der sozialen Wirklichkeit und unterzieht die patriotischen Mythen einer beißenden Kritik. Die nationale Geschichte auch Polens – so das Resümee des Autors – basiert auf dem Gegensatz von Kapital und Arbeit.

1939 nahm er als Offizier am Septemberfeldzug teil und fiel dabei in deutsche Kriegsgefangenschaft. Nach seiner Freilassung Anfang 1945 stürzte er sich in die politische Arbeit und begründete die Literaturzeitschrift »Twórczość« (Schöpfung). 1949 wurde in Krakau, wenig später auch in Warschau und Ostberlin sein Stück über »Die Deutschen« aufgeführt – in Deutschland änderte man den Titel merkwürdigerweise in »Die Sonnenbrucks«. Kruczkowski unternahm hier den Versuch, vorherrschender Schwarzweißmalerei entgegenzutreten. »Die politisch-moralische Frage nach Schuld und Verantwortung des deutschen Volkes für Hitler hat in diesen Jahren«, so der Autor, »die Form einer düsteren These von der angeborenen Kriminalität der Deutschen – einer fatalistischen, d.h. ausweglosen These – angenommen.« Beharrlich trat Kruczkowski der einseitigen und kollektiven Verteufelung der Deutschen entgegen. Indem er die wirtschaftlich-sozialen Verhältnisse in die literarische Analyse einbezog, konnte er deutlich machen, daß noch der bravste Bürger unter bestimmten Voraussetzungen zum Verbrecher werden kann, zu einem Komplizen der Gewalt und der Barbarei. Erst dann, so Kruczkowski, kann der Mensch »gerecht« handeln, wenn es ihm die gesellschaftlichen Strukturen erlauben. Der Kampf für eine gerechte Welt muß scheitern, solange nur ideelle Werte propagiert werden, nicht aber ihre Verwurzelung in der Produktionsweise.

Leon Kruczkowski starb am 1. August 1962. Die Ignoranz, mit der man ihm in Krakau begegnet, ist kein Einzelfall. Einer seiner sozialistischen Mitstreiter, gleichfalls ein anerkannter Autor, lebt seit 1945 in Krakau, zurückgezogen und weitgehend unerkannt. Es handelt sich um Kornel Filipowicz (geb. 1913), einen Überlebenden der Konzentrationslager von Groß-Rosen und Sachsenhausen. Die internationale Literaturkritik lobte sein 1961 erschienenes »Tagebuch eines Antihelden« – kein Werk, das sich in die Herzen der Polen eingrub, denn im Mittelpunkt der Handlung steht ein Pole, der alles daransetzt, die Besatzungszeit zu überleben und nicht gefeit ist gegen opportunistisches Tun.

# Tadeusz Kantor

»Den Menschen ereilen die Zufälle, die er verdient« – einer der Lieblingssprüche Kantors. Er starb am 8. Dezember 1990, dem Tag der Generalprobe zu seinem letzten Stück »Heute ist mein Geburtstag«. Einige Tage darauf trabten weiße Pferde mit einem Leichenwagen durch die Stadt. Posaunen und Trompeten klangen auf, die mehrtausendköpfige Trauergemeinde begab sich zum Friedhof Rakowicki.

Ein bekanntes Stück Tadeusz Kantors trägt den Titel »Wielopole, Wielopole«: Erinnerung an das kleine südpolnische Dorf, in dem der Regisseur, Stückeschreiber und Maler im Jahr 1915 geboren wurde. Sein dramaturgisches Schaffen begann während der Besatzungszeit. Für die Krakauer Kunststudenten und seine Freunde entwickelte sich damals das Theaterspiel mit unterschiedlichen Rollen zu einer wichtigen Überlebensstrategie. Sie erprobten Verhaltensmuster und führten das täglich erlebte Herr-Knecht-Verhältnis vor; sie setzten Träume in eine fiktive Wirklichkeit um und entrissen Erinnerungen dem Vergessen. Öffentlichkeit vollzog sich im Abseits und mußte auf Schleichwegen hergestellt werden. Die Zuschauer wurden per Mundpropaganda mobilisiert, die Stücke kamen in verlassenen Fabrikgebäuden oder in Kellerwohnungen zur Aufführung. Das erfolgreichster aller verbotenen Stücke wurde »Die Rückkehr des Odysseus« (1944): In der Figur des gequälten vaterlandslosen Soldaten, der heimkehrt in ein zerstörtes Land, wird die Zeit nach dem Krieg antizipiert.

Die Erlebnisse jener Jahre haben Kantors Vorstellungswelt entscheidend geprägt. Seine Phantasie, so sagte er später, sei verwurzelt im »Verachteten, Gefährdeten, Unbemerkbaren«. 1955 gründete er das Theater »Cricot 2« in Anlehnung an das vor dem Krieg bestehende gleichnamige Krakauer Künstlertheater. Erste Produktionen fanden im Haus der Bildenden Künstler in der Łobzowska-Straße statt, ab 1960 wurde die Aufführungsstätte in die Kellerräume des Krzysztofory-Palais verlegt, wo sich heute Café und Galerie befinden. Mit Vorliebe inszenierte Kantor Werke von Witkiewicz, dessen absurde, vom Expressionismus beeinflußte Stücke ihn begeisterten. Er konzentrierte den Handlungsstrang der Vorlage, keine dekorative Sprechblase lenkte ab vom Geschehen. Das Bühnenbild wirkte spartanisch, düster und beklemmend. Als Requisiten fungierten ärmliche, zurückgewiesene Gegenstände, zum Beispiel zerbeulte Koffer, zerschlissene Regenschirme, alte Fahrräder. Oft wurden sie später wie liebgewonnene Erinnerungsstücke in eigene Gemälde montiert – diese verwandelten sich dadurch zu »Emballagen«.

Schier besessen war Kantor von der Idee, Bilder, die von der Kunstgeschichte in den Rang klassischer Meisterwerke erhoben und dadurch ihrer aufrührerischen Wirkung beraubt waren, aus ihrer Totenstarre zu befreien. »Das Floß der Medusa« von Géricault und »Die Anatomiestunde des Dr. Tulp« von Rembrandt, Darstellungen moderner Destruktivität, setzte Kantor als Happenings in Szene, bewegte Kunst eroberte den Spielraum.

Ab 1975 inszenierte Kantor seine eigenen Stücke. Keinem Autor gelang es in der Nachkriegszeit, für die Ängste und Erwartungen der Polen einen treffenderen Ausdruck zu finden als Kantor in seinem Werk »Die tote Klasse« (1975).

Alte Männer in Totengewändern wandern in ihren Erinnerungen, tauchen ein in die Zeit ihrer Kindheit, durchleben das Zusammenspiel von Sehnsucht und Entsagung, Hoffnung und Gewalt.

In Kantors Theater der Gefühle ist die Familie zentrale Austragungsstätte von Konflikten, ein Ort, in dem Träume verankert sind. In der Cricoteka, einem Kantor-Dokumentationszentrum in der Kanonicza-Gasse 5, kann man die Umsetzung seines Theaters studieren. Auf Wunsch werden Videoaufnahmen sämtlicher Stücke gezeigt; dazu gehören außer der bereits genannten »Toten Klasse« (1975) die Werke »Wo ist der Schnee vom vergangenen Jahr« (1978), »Wielopole, Wielopole« (1979), »Verdammt seien die Künstler« (1984), »Nie mehr komme ich hierher zurück« (1988) und »Heute ist mein Geburtstag« (1990).

Kantor gastierte mit seinem Ensemble Cricot 2 in Europa, Amerika, Asien und Australien. Kurz vor seinem Tod wurde der Künstler mit dem Großen Bundesverdienstkreuz der Bundesrepublik Deutschland ausgezeichnet.

Ein Kantor-Theater ohne Kantor konnte nicht existieren. Zu sehr hatte der Meister die Theaterarbeit bestimmt – er war es, der mit seinen Einfällen die Struktur der Stücke modellierte. Etwa ein Jahr bemühte sich Cricot 2, auf Tourneen in Westeuropa seine Stücke zur Aufführung zu bringen, doch schon bald wurde offenbar, daß ohne den Esprit Kantors, ohne seine stetige Intervention die Dynamik der Aufführung erlahmte. Einzelne Ensemblemitglieder sind noch heute bemüht, Elemente seiner Bühnenkunst zu bewahren und neuen Sinnzusammenhängen zuzuführen. Auf dem jährlich in Krakau stattfindenden Theatertreffen legen sie Proben ihres Könnens ab. Andrzej Wełmiński sucht unmittelbar anzuküpfen an die Vorstellungswelt Kantors, Wacław und Leszek Janicki integrieren dramaturgische Elemente des Cricot-Theaters in die Aufführung von Stücken des irischen Dramatikers Samuel Beckett. Wer sich mit ihnen in Verbindung setzen will, kann Anschrift und Telefon in der Cricoteka, dem Dokumentationszentrum in der Kanonicza-Gasse erfragen.

## Krzysztof Penderecki

Der berühmte Komponist wurde 1933 in Dębica, einem Vorort von Krakau geboren, er studierte und lehrte an der Krakauer Musikakademie. International berühmt wurde er mit Uraufführungen seiner Stücke beim Warschauer Herbst 1959 und bei den Donaueschinger Musiktagen ein Jahr darauf. Aus seiner experimentellen Phase ragt das Werk »Threnos« hervor: Es dauert exakt so lang wie der Luftangriff auf Hiroshima am 6. August 1945: 8 Minuten und 26 Sekunden. »Ein Klangereignis von bestürzender Unmittelbarkeit«, so urteilte der Musikkritiker W. Pütz über das mit 52 Streichinstrumenten besetzte Stück, das den Opfern des amerikanischen Luftangriffs gewidmet ist.

In seinen späteren Werken vereinfachten sich die komplizierten Satzstrukturen, moderne Musik schloß Frieden mit liturgischem Geist. Gleichwohl kreisten Pendereckis Inhalte auch weiterhin unentwegt um Themen wie Tod und Vernichtung, weshalb er es sich gefallen lassen mußte, von Kritikern als »Martyriumskomponist« klassifiziert zu werden. Im Dom zu Münster erlebte 1966 die

Lukaspassion ihre erste Aufführung, ein Jahr später gedachte Penderecki mit einem Oratorium der Ermordeten in Auschwitz. Es war überschrieben »Dies irae« und wurde anläßlich der Einweihung einer Gedenkstätte für die Opfer des Faschismus in Auschwitz-Birkenau verfaßt. Der Komponist verwendete Textauszüge von Aischylos und Broniewski, von Aragon, Różewicz und Valéry, verwob diese mit Psalmen und Zitaten aus der Apokalypse.

Einen ganz besonderen Platz in seinem Schaffen nimmt das »Polnische Requiem« ein: Der Komponist entläßt seine Zuhörer mit der Botschaft, daß es sich lohnt zu kämpfen und Opfer zu bringen – das Gute wird schließlich über das Böse triumphieren. Als Karol Wojtyła 1978 zum Papst gewählt wurde, widmete er ihm ein »Te Deum«.

Kritiker monieren Pendereckis jüngste Anfälligkeit für gut bezahlte Aufträge aus dem westlichen Ausland. Seine 4. Sinfonie komponierte er für die französische Regierung, die 5. Sinfonie für die Regierung Südkoreas. Es scheint, als hätte sich Penderecki endgültig von der Avantgarde verabschiedet.

## Roman Polański

Eher zufällig wurde Roman Polański in Paris geboren – 1933, im Jahr der Machtübernahme Hitlers. Wenig später zogen die Eltern nach Krakau, im Bezirk Zwierzyniec verbrachte Roman Polański seine Kindheit. Im September 1939 rückten deutsche Truppen nach Polen vor, wenig später hieß es auch in Zwierzyniec: »nur für Deutsche«. Die Polańskis fanden anfangs Unterschlupf bei Verwandten, dann wurden sie ins Ghetto verschleppt. Romans Mutter wurde in Auschwitz vergast, sein Vater überlebte Mauthausen. Bevor der Vater deportiert wurde, gelang es ihm, den Sohn bei einer Familie außerhalb des Ghettos unterzubringen.

Nach dem Krieg verbrachte Roman seine glücklichste Zeit bei den Pfadfindern, wo ihn die Freunde vor allem als Geschichtenerzähler schätzten. Im Krakauer Rundfunk fand er seinen ersten Job; er verdankte ihn der ungewöhnlichen Arroganz, mit der er ein Programm für Kinder kritisiert hatte. Vergeblich bewarb er sich um einen Platz an der Hochschule für Schauspielkunst – er wurde für zu klein befunden. Einen bedeutenden Fürsprecher fand er jedoch im Regisseur Antonii Bohdziewicz, über den er Andrzej Wajda kennenlernte, damals Student an der Staatlichen Filmhochschule Łódź. Wajda engagierte ihn für eine Rolle in seinem ersten Spielfilm »Die Generation«.

1958 drehte Polański seinen ersten Kurzfilm. »Zwei Mann und ein Schrank« erzählt die Geschichte von zwei Männern, die aus dem Meer herauskommen – beladen mit einem Schrank; sie sind anders als die anderen – und werden darum nicht akzeptiert. Experimentellen Charakter verrieten auch die beiden folgenden Filme. »Der Dicke und der Dünne« (1961) setzte sich mit dem Herr-Knecht-Verhältnis auseinander, »Säugetiere« (1962) mit der vermeintlichen Unveränderlichkeit menschlicher Verhaltensweisen.

Als Polanski seine großen Filme wie »Rosemaries Baby« (1968) oder »Chinatown« (1974) drehte, lebte er schon nicht mehr in Krakau. Seinem Talent, so glaubte er, waren die Bedingungen in Polen nicht förderlich, darum ging er ins westliche Ausland, drehte Filme in den Studios von Paris, London und Hollywood.

## Andrzej Wajda

*Und immer wieder entflammst du in dir*
*Wie eine Pechfackel lohenden Zunder,*
*Und brennend fragst du, ob größere*
*Freiheit dir wird, oder ob alles, was dein,*
*Zuschanden gehen soll? Ob Asche nur bleibt*
*Und Staub, der mit dem Winde verweht?*
*Oder ob auf der Asche Grund*
*Strahlend ein Diamant erscheint,*
*Der Morgen des ewigen Sieges...*

Jerzy Andrzejewski las dieses Gedicht des Exilanten Norwid und schrieb den Roman »Asche und Diamant« – der Krakauer Regisseur Andrzej Wajda (geb. 1926) hat ihn 1958 verfilmt. Die Asche verglich er mit jenem künstlichen System, das in Polen »auf den Bajonetten der Roten Armee« eingeführt wurde. Unter der Asche, so bekundete er in einem Interview 1989, werde eines nahen Tages »der echte Diamant« hervorkommen.

Wajda war in diesem Jahr noch Optimist. Er inszenierte Shakespeares »Hamlet« am Krakauer Alten Theater und ließ sich als Mitglied der Solidarność bei den gleichzeitig stattfindenden ersten demokratischen Wahlen im Juli 1989 in den Senat, die zweite Kammer des polnischen Parlaments wählen.

Mittlerweile ist es still geworden um Wajda – es scheint, als sei auch er erfaßt von der Welle der Resignation, die in Krakau grassiert. 1993 bekundete er: »Der intelligente Zuschauer geht nicht mehr ins Kino« – er scheint bekümmert darüber, daß seine jüngsten Filme nicht mehr die gleiche Resonanz beim Publikum finden wie jene Werke, die er bis 1981 drehte.

Seinen Ruhm bezog er aus seiner intensiven, fast obsessiv betriebenen Wahrheitssuche. »Die Lüge kann nicht ewig dauern« lautete ein Schlüsselsatz im Film »Der Mann aus Marmor« (1977). Die Filmstudentin Agnieszka begab sich darin auf die schwierige Suche nach der historischen Wahrheit. Sie stieg hinab in die Kellerverliese staatlicher Museen, wühlte in filmischem Abfall in der Hoffnung, im Weggeschnittenen und Ausgeblendeten Hinweise zu finden auf »reale«, unverfälschte Wirklichkeit.

Wie die Protagonistin seines Films vergrub sich auch Wajda in die polnische Geschichte, widerstand der Versuchung, sie im Sinne der Parteidoktrin oder plumper antikommunistischer Propaganda zu instrumentalisieren. Davon zeugen seine Filme »Asche und Diamant« (1958), »Hochzeit« (1973), »Das gelobte Land« (1975) und »Der Mann aus Eisen« (1981). Und führte er nicht gerade Regie im Film, so erprobte er die Bühne als Purgatorium: Zu den berühmtesten Produktionen am Krakauer Alten Theater zählten Bearbeitungen von Dostojewski und Wyspiański.

Wer Ende Mai in Krakau weilt und das Kurzfilmfestival besucht, wird mit Sicherheit den bekannten Regisseur im Publikum entdecken können. Vielleicht auch auf der Bühne – denn dem unbestechlichen Wahrheitssucher wird gern ein Platz in der Jury eingeräumt.

## Sławomir Mrożek

1930 wurde Mrożek als Sohn eines Briefträgers in Krakau geboren und blieb in dieser Stadt bis 1959. Nach Abbruch des Architekturstudiums wurde er 1950 Mitarbeiter der Krakauer Tageszeitung »Dziennik Polski«, schrieb Reportagen und Feuilletonartikel. Schon früh liebte er es, Politiker, Bürokraten und Mitbürger »beim Wort« zu nehmen; dadurch gelang es ihm, vorherrschende Klischees und Stereotypen, den Phrasencharakter vieler Erklärungen und Beteuerungen aufzudecken. Ab 1953 wurden seine surrealistischen Satiren auch über Krakau hinaus bekannt. Er schrieb Erzählungen und Kurzromane, publizierte ab 1955 auch bissige Cartoons. Mit seinem ersten Drama, dem grotesk-parodistischen Theaterstück »Polizei« (1958) machte er sich bei den Herren des Staatsapparates unbeliebt. Mrożek schüttete Spott über einen Sicherheitsapparat, der Verbrechen erfinden mußte, um nicht arbeitslos zu werden.

Ein Jahr später verabschiedete sich der Autor von Krakau, ging für vier Jahre nach Warschau, wo er in einer von ihm selbst betriebenen Zeitung, dem »Fortschrittler«, Zeitungsparodien veröffentlichte. Ab 1963 lebte er in Westeuropa, vorwiegend in Paris. Rasch wurde der »Hamlet aus Krakau«, wie man ihn nannte, auch hier beliebt. Wahrscheinlich lag es daran, daß ihm mühelos die Synthese von polnischem Lokalkolorit und universal bedeutsamen Fragen gelang. Aber vielleicht hat auch Gabriel Laub recht, der schrieb: »Mrożeks Gedanken sind so ungewöhnlich, daß sie jedem verständlich sind.«

Bekanntestes Stück im westeuropäischen Ausland wurde der »Tango« (1964), eine groteske Studie zerrütteter Familienverhältnisse. Mrożek liebt es, die Spielfiguren in ausweglose Situationen zu treiben – der Zuschauer erschreckt und lacht auf, wird sich bald selbst in Einbahnstraßen wiederfinden. In seiner Geburtsstadt Krakau zählt Jerzy Jarockis Einstudierung des »Tango« zu den erfolgreichsten Aufführungen in der Geschichte des Alten Theaters der Stadt. Der gleiche Regisseur überwacht die Inszenierung des Mrożek-Stücks »Liebe auf der Krim« (Miłość na Krymie), das 1994 in Krakau seine Welturaufführung erlebt. In dem Stück für 22 Akteure bemüht sich der Dramatiker um einen Zusammenschnitt der verwickelten russischen Geschichte des 20. Jahrhunderts.

## Karol Wojtyła alias Papst Johannes Paul II.

*Droht Gefahr, dann hebt der allmächtige Gott*
*Mit einem gewaltigen Glockenton*
*Als seinen neuen Papst*
*Einen Slawen auf seinen Thron.*

*Papst Johannes Paul II.*

So dichtete der Romantiker Juliusz Słowacki im Jahr 1848. Genau 130 Jahre später, am 16. Oktober 1978, wurde die Vision des Dichters Wirklichkeit. Erstmalig in der Geschichte der katholischen Kirche wurde ein Pole zum Papst gewählt.

Schlagartig berühmt wurde damit auch der kleine Ort Wadowice 54 Kilometer südwestlich von Krakau. In einer ärmlichen Wohnung in der Kościelna-Straße 7 war Karol Wojtyła am 18. Mai 1920 geboren worden, in der gegenüberliegenden Marienkirche hatte man ihn getauft. Heute dient die Wohnung als Museum: persönliche Gegenstände, Photos und Manuskripte illustrieren die steile Karriere des Karol Wojtyła.

Die religiöse Vorstellungswelt des Knaben wurde durch zahlreiche Besuche im 14 km östlich gelegenen Wallfahrtsort Kalwaria Zebrzydowska geprägt. Die Krakauer Magnaten Mikołaj und Jan Zebrzydowski hatten hier in der ersten Hälfte des 17. Jahrhunderts nach dem berühmten Vorbild des Kalwarienbergs von Jerusalem eine Komposition von Kirche, Kloster und Kapellen geschaffen. Karol Wojtyła betete im Gethsemane-Garten nahe der barocken Basilika auf dem Berg Żar, wandelte durch die Gänge des angrenzenden Bernhardinerklosters. Von dort schritt er zu Ostern im tausendköpfigen Menschenstrom die sechs Kilometer lange hügelige Strecke zum Berg Lanckorona ab; an jeder der 42 Kapellen des Kreuzwegs machte er halt und versetzte sich in die Leiden Christi.

Biographen verweisen gern auf die Vielseitigkeit des Kirchenfürsten. Als 18jähriger nahm er an der Krakauer Jagiellonen-Universität das Studium der Polonistik auf, mußte dies aber nach dem Einmarsch der Deutschen 1939 abbrechen. In einem Untergrundtheater übte er sich während der Besatzungszeit in der Schauspielkunst; an einem geistlichen Seminar widmete er sich theologischen Studien, daneben betätigte er sich als religiöser Poet. 1949 wurde er Pfarrvikar der Florianskirche in Kleparz, danach Priester; 1958 avancierte er zum Bischof, wohnte vier Jahre im Dekanhaus Nr. 21 der Kanonicza-Gasse. 1963 wurde er Krakauer Erzbischof und verlegte seine Residenz in den Bischofspalast; die Ernennung zum Kardinal erfolgte im Jahr 1967.

Am 16. Oktober 1978 erklomm er die oberste Stufenleiter der kirchlichen Hierarchie: Das Konklave wählte ihn zum ersten polnischen Papst in der Geschichte der katholischen Kirche; er ist damit nach Hadrian VI. (1523) erster nichtitalienischer Papst. Karol Wojtyła wählte den Namen Johannes Paul zum Gedenken an seinen nach nur knapp dreimonatiger Amtszeit verstorbenen Vorgänger.

In Polen löste die Papstwahl einen ungeheuren Enthusiasmus aus. Für viele, die die Leidensgeschichte des polnischen Volkes mit der Passion Christi gleichsetzten, bewahrheitete sich das Diktum, wonach die Polen ein auserwähltes Volk, der »Messias der Völker« seien. Die polnischen Bischöfe sekundierten: »Christus hat damit (...) vor aller Welt die Richtigkeit unseres Weges bestätigt.« – 1979 reiste Karol Wojtyła ein erstes Mal als Papst nach Polen, ließ sich verehren und feiern. Auf den Błonia-Wiesen in Krakau kamen über 500.000 Menschen zusammen, um »ihren« Papst zu hören. Kazimierz Brandys notierte: »Die fesselnde Individualität von Johannes Paul II. und sein Auftreten erweckten den Eindruck, als ob er mit Worten auf eine verstellte Tür weisen wollte, sie dann weit öffnete, um das Licht hereinzulassen.« Der Autor, der mit solch wohlklingenden Metaphern für die Erscheinung des Papstes warb, beschuldigte die westlichen Intellektuellen, mit ihrer Kritik am polnischen Katholizismus das wahre Wesen der religiösen Aufbruchsbewegung mißzuverstehen. Was der Papst auslöste, zitierte er, war »eine patriotische Manifestation, ein nationaler Aufstand ohne einen Schuß.« Einer von ihnen, so empfanden es die Polen, war – nachdem das Volk so ausdauernd gelitten hatte – dazu ausersehen, der Geschichte eine neue Richtung zu geben. Der Papst machte seinen Landsleuten Mut, stolz zu sein auf ihr Land, es zu lieben trotz der Tragödien, die es stets aufs neue erlitt. Das Volk der Märtyrer und Helden, so suggerierte er, werde Kraft finden zum Neubeginn, eines nicht mehr fernen Tages wiederauferstehen als freie Nation.

Nach dem Polenbesuch verstärkte der Papst seine Kontakte nicht nur mit den Kirchenorganen des Landes, sondern auch mit den Vertretern der Arbeiterbewegung. Der Elektriker Lech Wałęsa, Führer der 1980 gegründeten Gewerkschaft Solidarność, schmückte sich schon bald mit dem Antlitz der Jungfrau Maria am Jackenrevers. »Ohne die Kirche«, so bekannte er, »könnte nichts geschehen, mich selbst würde es nicht geben, und ich wäre nicht, was ich bin.«

Am 13. Mai 1981 wurde auf den Papst ein Attentat verübt, das er nur knapp überlebte. Über die Hintermänner des Täters, eines Bulgaren türkischer Abstammung, herrscht bis zum heutigen Tag Unklarheit. Die Bewohner seines Geburtsortes Wadowice stifteten aus Dankbarkeit für die Errettung Wojtyłas die Apostel-Peter-Kirche, die 1991 im neuen Wohnviertel am Skawa-Fluß eingeweiht werden konnte.

Politiker des Westens erkannten schon früh die Nützlichkeit des Papstes für das anvisierte Ziel, das kommunistisch regierte Osteuropa zu destabilisieren. Der amerikanische Außenminister Haig vermerkte anerkennend, die päpstlichen Informationen seien »in jeder Hinsicht besser und aktueller« als die seines Geheimdienstes. Daher verwundert es nicht, daß am 13. Dezember 1981, jenem Tag, an dem in Polen das Kriegsrecht ausgerufen und die Gewerkschaft Solidarność verboten wurde, US-Präsident Ronald Reagan den Papst anrief und ihn um Rat bat. Johannes Paul II. empfahl die Strategie des subversiven Kampfes. Von offenen Auseinandersetzungen riet er ab, da sie leicht zu einem Bürgerkrieg eskalieren und die Intervention sowjetischer Truppen provozieren könnten. Über Radio wies er Kardinal Glemp an, von allen Kirchenaltären Polens die Botschaft des passiven Widerstandes zu verkünden. Zugleich ließ er die sowjetische Regierung wissen, daß er im Fall einer Intervention sofort nach Polen flöge, um das polnische Volk in seinem Kampf gegen die Besatzungsmacht zu unterstützen.

Als sich Karol Wojtyła und Ronald Reagan am 5. Juni 1982 trafen, beschlossen sie, die illegale Gewerkschaft Solidarność materiell zu unterstützen, denn mit ihrer Hilfe, so hofften sie, würde es gelingen, Polen aus dem kommunistischen Staatenverbund herauszubrechen: Tausende von Telex- und Faxgeräten, Druckmaschinen und Photokopierern wurden über kirchliche Kanäle ins Land geschleust, die Propagandasendungen von Radio Free Europe, Voice of America und Radio Liberty vervielfacht.

## Czesław Miłosz

Nach 42jährigem Exil ist Czesław Miłosz nach Polen zurückgekehrt. Die polnische Literatur verdankt ihm, der 1951 erst nach Frankreich, dann in die USA emigrierte, einige ihrer besten Gedichte. Das Gedicht »Rettung« stammt aus dem Jahr 1945:

*Was ist Poeseie, wenn sie weder Völker*
*noch Menschen rettet?*
*Eine Komplizenschaft amtlicher Lügen,*
*ein Singsang von Säufern, denen bald*
*jemand die Kehle aufschlitzt,*
*ein Lesestückchen aus Gartenlauben…*

1980 wurde er als dritter Pole in diesem Jahrhundert mit dem Literatur-Nobelpreis ausgezeichnet. Miłosz ist ein unabhängiger Geist: Nie huldigte er dem unter Exilpolen so verbreiteten romantisch verklärten Nationalismus – er lebte im Westen, ohne sich den neuen Herren opportunistisch anzudienen. Seine kulturpolitischen Ausführungen zu Polen gehören zum besten, was über dieses Land geschrieben wurde. In seiner »Geschichte der polnischen Literatur« heißt es, die Polen seien »ein ungeheuer lebendiges Volk, das leicht in eine verdummende Apathie verfällt und das seine Leistungen erst unter Bedingungen enthüllt, die jede andere Gesellschaft zermalmen würde«. Wer durch Krakau spaziert, begegnet dem Dichter in den Buchläden am Rynek, vielleicht auch im Literatencafé und in den Kellergewölben des Osorya.

# Kulturmetropole Krakau: Informationen und praktische Tips

## Unterkunft

Von Luxushotels in der Altstadt zu Privatquartieren, Jugendherbergen und Campingplätzen: Krakau bietet für jeden Geldbeutel eine passende Unterkunft. Allerdings empfiehlt es sich, in den Monaten Juli und August eine Zimmerreservierung vorzunehmen. Die nachfolgende Aufteilung in Preisklassen soll die Wahl der Unterkunft erleichtern. Preiswerte Privatzimmer werden vor Ort vermittelt, Hotels, Pensionen und Herbergen kann man vorbestellen: telefonisch oder per Fax. Die Reservierung ab Deutschland, Österreich und der Schweiz erfolgt über die Vorwahl 0048-12.

Untere Preisklasse (DZ 20-60 DM)

- **Privatzimmer**: buchbar über Waweltur, ul. Pawia 8 (am Bahnhof neben dem Touristenbüro), Tel. 221921: Mo-Fr 8-20, Sa 9-14 Uhr und Jordan, ul. Floriańska 37 (Innenstadt), Tel. 217764: Mo-Fr 9-18, Sa-So 9-15 Uhr. Allerdings befinden sich nur wenige angebotene Zimmer in der Nähe der Altstadt; darum empfiehlt es sich, die Anschrift auf dem Stadtplan genauestens zu prüfen, bevor man sich zu einer Zusage entschließt.

- **Studentische Zimmervermittlung Almatur**, Rynek Główny 7-8 (Eingang über den Hinterhof), Tel./Fax 220902: Mo-Fr 9-17 Uhr: ist vor allem in den Sommermonaten bei der Wohnungssuche behilflich.

- **PTTK Dom Turysty**, ul. Westerplatte 15/16, Tel. 229566, Fax 212726: nahe der Hauptpost, nur 5 Minuten zu Fuß zum Rynek; 591 Personen können hier übernachten; es gibt mehrere Doppel- und Dreibettzimmer (mittlere Preisklasse), billiger sind die Schlafsäle für 4 bis 8 Personen; die Gepäckaufbewahrung ist von 7 bis 22 Uhr geöffnet.

- **Wawel Tourist Hostel**, ul. Poselska 22, Tel. 226765, 220439: preiswerte Unterkunft in einer ruhigen Seitengasse nahe der Dominikanerkirche; für die bereits renovierten Doppelzimmer ist mit einem baldigen Preisaufschlag zu rechnen.

- **Hotel Sarp**, ul. Floriańska 39, Tel. 227540: aufgrund seiner großartigen Lage eine der begehrtesten Adressen der Krakauer Altstadt; im 3. Stock eines Hauses in der Floriansgasse mit 6 DZ, jeweils zwei Paare teilen sich Bad und Küche.

- **Pension Rycerska**, pl. Na Groblach 22, Tel. 226082, Fax 223399: Bronisław Krawczyk, der Besitzer dieser hübschen, nahe dem Wawel gelegenen Pension nimmt besonders gern Musiker und Künstler auf; 26 Betten in Doppelzimmern, reichhaltiges Frühstück.

- **Mini-Hotel**, pl. Wolnica 7, Tel. 562467: im 3. Stock eines Hauses in Kazimierz mit Blick auf das ehemalige Rathaus; 2 EZ, 2 DZ, 1 Appartement, alle mit Bad.

- **Hotel Wisła**, ul. Reymonta 22, Tel. 334922, Fax 373760: preiswertes Sporthotel 2 km westlich der Altstadt, erreichbar ab Bahnhof mit Bus Nr. 139 und 208.

- **Jugendherberge I**, ul. Oleandry 4, Tel. 338822, Fax 338920: unattraktives Gebäude nahe der Uni und dem Studentenclub Rotunda, 1,5 km westl. der Altstadt; größte Herberge des Landes mit 365 Betten; 2-16 Personen teilen sich ein Zimmer; von 10-17 Uhr geschl., letzter Einlaß 23 Uhr; erreichbar mit Straßenbahn 15 ab Bahnhof.

- **Jugendherberge II**, ul. Kościuszki 88, Tel. 221951: spartanisch eingerichtete Schlafräume mit insgesamt 110 Betten oberhalb eines Augustinerklosters, erreichbar mit Bus 100 ab Plac Matejki oder Straßenbahn 2 ab Bahnhof; die Herberge wird von Nonnen geleitet und ist ab 23 Uhr fest verschlossen.
- **Camping Krak**, ul. Radzikowskiego 99, Tel. 372122: bester Campingplatz Krakaus nahe dem Motel Krak mit 500 Übernachtungsplätzen; ab Bahnhof Bus 238.
- **Camping Smok**, ul. Kamedulska 18, Tel. 210255: im Ortsteil Przegorzaly 5 km westlich des Zentrums; Platz der I. Kat. mit 100 Stellplätzen.
- **Camping Krakowianka**, ul. Żywiecka 4, Tel. 664191: in ruhiger Lage 7 km südlich des Zentrums, umgeben von Park- und Sportanlagen; Platz der II. Kategorie mit 180 Stellplätzen, dazu 66 Betten in Bungalows; ab Bahnhof Straßenbahn 19 oder Bus 119.
- **Camping Ogrodowy**, ul. Królowej Jadwigi 223, Tel. 252267: kleiner Zeltplatz nordöstlich des Decius-Parks in Wola Justowska; Platz der II. Kat. mit nur 50 Stellplätzen, ab Bahnhof Bus B.

Mittlere Preisklasse (DZ 60-100 DM)

- **Hotel Pollera**, ul. Szpitalna 30, Tel. 221044, Fax 221389: in zentraler Lage gegenüber dem Słowacki-Theater mit 37 z.T. renovierten Zimmern; das Restaurant ist im Art Deco-Stil eingerichtet, die bunten Glasfenster in der Eingangshalle stammen von Wyspiański.
- **Hotel Saski**, ul. Sławkowska 3, Tel. 214222, Fax 214830: attraktiv gelegenes Hotel in der Altstadt mit 63 z.T. renovierten Zimmern; nostalgischen Charme vermittelt der Lift aus dem Jahr 1903.
- **Hotel Europejski**, ul. Lubicz 5, Tel. 220911, Fax 232529: ein traditionsreiches, 1884 erbautes Hotel in Sichtweite des Bahnhofs; einige der 56 Zimmer, darunter 27 Doppelzimmer, sind mit Parkettfußboden und antiken Möbeln ausgestattet, andere sind weniger freundlich und auch recht laut.
- **Hotel Polonia**, ul. Basztowa 25, Tel. 221233, Fax 221621: weitere Unterkunft in Bahnhofsnähe mit elegantem Eingang, doch vorwiegend spartanisch eingerichteten und nicht sehr leisen Räumen; von einigen der 69 Zimmer bietet sich ein schöner Ausblick auf den Grüngürtel der Stadt.
- **Hotel Warszawski**, ul. Pawia 6, Tel. 220622, Fax 220622: einfaches Hotel gleich neben der Tourismusinformation am Bahnhof, 23 Zimmer, geräumig und vorwiegend laut.
- **Hotel Polski pod Białym Orłem**, ul. Pijarska 17, Tel. 221144, Fax 221426: großartige Lage an der nördlichen Altstadtmauer mit 50 einfachen, doch freundlichen Zimmern.
- **Hotel Monopol**, ul. Św. Gertrudy 6, Tel. 227666, Fax 227015: Haus mit 35 Zimmern an der Ringstraße, 5 Gehminuten südöstlich des Rynek; ab Bahnhof mit Straßenbahn 10 oder 19.
- **Dom Polonii**, Rynek Główny 14, Tel. 226341, Fax 224355: gepflegtes Appartement im 3. Stock eines alten Patrizierhauses direkt am Markt.
- **Dom Gościnny Uniwersytet Jagielloński**, ul. Floriańska 49, Tel. 211225: neues Gästehaus der Universität in der Floriansgasse mit 7 EZ und 5 DZ, alle mit Bad; großzügige Ausstattung mit breiten Betten, Sitzecke und Schreibtisch; reichhaltiges Frühstück, Fernsehraum mit TV-Sat, freundliche Atmosphäre.
- **Dom Gościnny Stanisław Pigoń**, ul. Garbarska 7a, Tel. 226766: älteres Gästehaus der Universität knapp außerhalb der Altstadt, 15 Gehminuten nordwestlich des Rynek; 12 EZ, 8 DZ, 2 Suites, alle mit Bad; der Parkplatz ist bewacht.

- **Hotel Ariel**, ul. Szeroka 17, Tel. 213870: 3 Appartements für 2-3 Personen über einem jüdischen Café im Stadtviertel Kazimierz.
- **Hotel Korona**, ul. Kalwaryjska 9, Tel. 666511, Fax 564666: Sporthotel mit Tennisplatz im Stadtteil Podgórze, 47 Betten.
- **Pension Krystyna**, ul. Lusińska 9B, Tel. 676161: 10 km südlich der Altstadt in der Nähe eines großen Kurparks und einer Reitschule; 11 Zimmer, großer Raum mit Kamin.
- **Pensjonat Pod Kamykiem**, Rzaska 325, Tel. 361748: in grüner, ländlicher Umgebung auf halbem Weg zwischen Flughafen und Altstadt (Bus 208); gemütliche Zimmer mit Bad, auf Wunsch Vollpension.

### Obere Preisklasse (DZ über 100 DM)

- **Hotel Grand**, ul. Sławkowska 5-7, Tel. 217255, Fax 218360: modernisiertes Privathotel mitten im Herzen Krakaus, nur wenige Minuten vom Rynek entfernt; das im Palaischarakter erbaute, mit 45 Zimmern und 6 schönen Suites ausgestattete Hotel darf sich rühmen, schon viele berühmte Politiker und Diplomaten beherbergt zu haben. Das Hotelrestaurant ist für seine gute Küche bekannt; der Speisesaal ist mit Glasdach bedeckt, zwei gemütliche Logen erlauben es, aus diskreter Entfernung den Gästen beim Essen zuzuschauen.
- **Hotel Francuski**, ul. Pijarska 13, Tel. 225122, Fax 225270: prachtvolles kleines Hotel aus dem Jahr 1912 an der nördlichen Altstadtmauer; mit 50 EZ, DZ und Suites, alle mit TV-Sat.
- **Hotel Elektor**, ul. Szpitalna 28, Tel. 218025, Fax 218689: im Herzen der Altstadt, 3 EZ und 12 geräumige Suites mit TV-Sat und modern ausgestattetem Bad; das Frühstücksbüffet fällt für den stolzen Übernachtungspreis von 300 DM erstaunlich karg aus, bessere Noten verdient das Restaurant; dazu gibt es eine Weinstube in historischen Kellerräumen.
- **Hotel Pod Różą** ul. Floriańska 14, Tel. 221424, Fax 217513: ältestes Hotel Krakaus mit 30 Zimmern, angeschlossen ist ein Casino.
- **Hotel Royal** (Garisson Hotel), ul. św. Gertrudy 26 und 29, Tel. 213500, Fax 215857: Mittelklassehotel südlich der Altstadt in Wawelnähe; mit 31 Zimmern, Café und Nightclub. Weniger Komfort bietet das angeschlossene Hotel Garnizonowy, eine ehemalige Unterkunft für die Armee (60 Zimmer, mittlere Preisklasse).
- **Hotel Logos**, ul. Szujskiego 5, Tel. 225404, Fax 224210: modernes Haus mit Glasfassade wenige Gehminuten westlich der Altstadt; 37 kleine, doch gemütliche Zimmer mit Bad und TV-Sat.
- **Hotel Pod Kopcem**, ul. Waszyngtona, Tel. 220355, Fax 222055: kleines, aber schönes Hotel in einer habsburgischen Festung auf dem Kościuszko-Hügel; fast alle Zimmer liebevoll eingerichtet mit wunderbarer Aussicht, dazu ein Restaurant, in dem es geschmackvoll zubereitete Forellen gibt; erreichbar mit Bus 100 ab pl. Matejki.
- **Hotel Demel**, ul. Głowackiego 22, Tel. 361600, Fax 364543: neuerbautes privates Hotel in ruhiger Lage auf dem Weg zum Flughafen Balice; 58 Zimmer und 4 Appartements, ausgestattet mit Radio, Telefon und TV-Sat; Fitness-Center mit Sauna und Mini-Hallenbad.
- **Hotel Cracovia**, al. Focha 1, Tel. 228666, Fax 219586: 1 km westlich vom Zentrum gelegenes ehemaliges Orbis-Hotel mit 417 Zimmern.
- **Hotel Forum**, ul. Konopnieckiej 28, Tel. 669500, Fax 665827: extrem teures und architektonisch wenig attraktives Hotel am Fluß südlich der Wawelburg, 265 Zimmer.

- **Hotel Wanda**, ul. Armii Krajowej 15, Tel. 371677, Fax 378518: Orbis-Hotel an der Straße nach Katowice, 3 km vom Zentrum, mit 80 Zimmern.
- **Hotel Continental**, ul. Armii Krajowej 11, Tel. 375044, Fax 375938: beliebter als das Nachbarhotel Wanda, vor allem wegen des guten Restaurants; 304 Zimmer, Hallenbad.
- **Hotel Ibis**, ul. Przy Rondzie 2, Tel. 218188, Fax 229858: erstes Krakauer Etablissement der französischen Hotelkette Accord mit 368 Betten, 1,5 km vom Zentrum.
- **Motel Krak**, ul. Radzikowskiego 99, Tel. 372122, Fax 372532: 5 km nordwestlich Krakaus, an der Straße nach Katowice, 128 Betten und Swimming-Pool.
- **Hotel Piast**, ul. Radzikowskiego 109, Tel. 364600, Fax 364774: neues, komfortables Hotel mit 448 Betten in einem Krakauer Vorort an der E 40, ein hoteleigener Bus bringt die Gäste gegen Gebühr ins 6 km entfernte Stadtzentrum; für Rollstuhlfahrer wurden geräumige Zimmer im Erdgeschoß eingerichtet.

## Restaurants

Der ökonomische Wandel hat die Verhältnisse in der Gastronomie durcheinandergewirbelt. Binnen weniger Jahre sind in Krakau zahlreiche neue Restaurants entstanden; dabei überrascht es, daß sich Gaststätten mit polnischer Küche nicht nur haben behaupten können, sondern sogar an Beliebtheit gewonnen haben.

### Polnische Küche

Um all jenen, die zum ersten Mal ein polnisches Restaurant besuchen, die Bestellung zu erleichtern, sollen die wichtigsten Gerichte kurz erläutert werden. Zum Auftakt wird in Polen gern *Barszcz z uszkami* verzehrt, eine würzige Roterüben-Suppe, in die mit Fleisch gefüllte Teigtaschen, die sogenannten »Öhrchen« (uszky) eingetaucht sind. Eine weitere Variante nennt sich *Barszcz z krokotkiem*: zur Suppe wird eine knusprige Fleischkrokette gereicht. Als Alternative empfiehlt sich *Żurek*, eine Sauresahne-Suppe mit Wurststücken, Kartoffeln und Ei; im Sommer wird sie als *Chłodnik* (Kaltschale) serviert, angereichert um kleingeschnittene Salz-Dill-Gurken.

Als Hauptgericht erfreuen sich *Pierogi* größter Beliebtheit: Teigtaschen, die auf verschiedenste Art zubereitet werden. Am häufigsten ißt man Pierogi mit einer schmackhaften Füllung von Käsequark und Zwiebeln (po ruskie), manchmal auch mit Sauerkraut, Pilzen oder Fleisch. Zu den Pierogi läßt man sich Saure Sahne (Śmietana) reichen oder trinkt Kefir. Wer Teigtaschen nicht mag, greift auf *Bigos* zurück, ein nahrhaftes Gericht aus gedünstetem Sauerkraut, Speck, Zwiebeln und Pilzen – mit viel Lorbeer und Kümmel, durch Beigabe von Paprika rot eingefärbt. Als Nachtisch gibt es Kuchen und Kompott, Wodka rundet die Mahlzeit ab.

Auf der Speisekarte der eleganten Restaurants sucht man vergeblich nach Pierogi und Bigos, Żurek und Barszcz. Hier wird die Mahlzeit mit Karpfen in Aspik eingeleitet, oft auch mit geräuchertem Lachs oder delikat eingelegten Pilzen. Als Hauptmahlzeit ist süßsauer gebeizter Enten- oder Hasenbraten mit geschmorten Äpfeln zu empfehlen, danach folgen Eis oder Kuchen. Zum Essen wird Champagner genossen; Wodka ist klassenübergreifendes Nationalgetränk, wird zur Verdauung auch hier gern nachgereicht.

## Gourmet-Restaurants

In Wierzynek und Tetmajerowska, den beiden traditionsreichen, doch überteuerten Restaurants direkt am Rynek, muß gut gekleidet sein, wer eingelassen werden will. Weniger steif ist das Ambiente in Osorya und Pod Aniołami, zwei neuen Kellerlokalen gleichfalls im Zentrum der Krakauer Altstadt: beliebt vor allem dank des sehr guten Preis-Leistungs-Verhältnisses.

**Pod Aniołami** (»unter den Engeln«): diesen schönen Namen trägt ein Gourmet-Restaurant in dunklen, mittelalterlichen Kellergewölben. Holztische und -bänke sind mit handgewebten Teppichen bedeckt, brennende Kerzen verleihen den Räumen romantisches Flair. Die ausgestellte Keramik aus dem 14. Jahrhundert wurde während der Renovierungsarbeiten entdeckt, die Holzskulpturen stammen aus dem Fundus von Jacek Łodziński, der auch die Ethno-Galerie Loch Camelot betreibt. Die Küche paßt zum Ambiente: altpolnische Spezialitäten vom Feinsten, frischer Fisch und Fleisch vom Rost, angerichtet mit erlesenen Kräutern. Auch die hausgemachten Desserts wie z.B. Apfelkuchen mit Zimt schmecken vorzüglich.

- Pod Aniołami, ul. Grodzka 35, Tel. 213999, tägl. 12-23 Uhr

**Osorya**: Gepflegte Leichtigkeit, Muße und Nonchalance prägen das angenehme, keineswegs elitäre Ambiente dieses Restaurants. Es liegt in den mittelalterlichen Gewölben unterhalb des Stary teatr, des »Alten Theaters« der Stadt. Masken und lebensgroße, in wertvolle Dessous gehüllte Puppen verleihen ihm eine exzentrische Note. Bequem sind die Sofas, in denen man stundenlang sitzen kann, an warmen Sommerabenden sind vor allem die Terrassenplätze begehrt. Theaterleute und Schriftsteller haben Osorya zu ihrem Treffpunkt erkoren; der Dramatiker Slawomir Mrożek ist einer von vielen, die sich allabendlich hier einfinden, um bei einem Glas Wein den Tag ausklingen zu lassen. Ein Raum ist mit Bildern Jan Sawskas geschmückt, in den übrigen Gemächern werden wechselnde Ausstellungen gezeigt, nicht selten Werke polnischer Surrealisten. Gemeinsam mit seiner Frau Barbara ist Besitzer Tomasz Ciepliński ein begeisterter Kunstfreund – sein Onkel galt in der Nachkriegszeit als größter Kunstsammler der USA; 1948 leitete er die Kampagne zur Wahl des Präsidenten Truman.

- Osorya, ul. Jagiellońska 5, Tel./Fax 228020, tägl. 12-24 Uhr

**Wierzynek** gilt vielen Polen noch heute als das beste und edelste im Land. Wenn kein Staatsbesuch ansteht, ist auch das gemeine Volk willkommen. Je nach Gusto kann es im mittelalterlich anmutenden Rittersaal speisen oder im Pompejanischen Zimmer mit eleganten Fresken, im Biedermeier- oder im Wierzyneksaal. Als Spezialität des Hauses gelten Rinderfilet, Kalbsschnitzel und Wildbret. Im Erdgeschoß lockt ein gemütliches Café mit leckerem Kuchen und Eis, besonders empfehlenswert ist »kawa po staropolska«, Kaffee auf altpolnische Art mit Brandy, Zimt und Sahne. Im Kellergewölbe wird Honigwein serviert.

- Wierzynek, Rynek Główny 15, Tel. 221035: tägl. 12-23 Uhr

**Tetmajerowska**, das frühere »Hawełka«, ist ein weiteres traditionsreiches Restaurant am Rynek. Im 19. Jahrhundert pflegten Besucher aus Warschau die Redensart: »Krakau? Was ist schon Krakau? Die Tuchhallen, Hawełka noch, und nichts mehr.« Die Snack-Bar im Erdgeschoß erinnert heute kaum an vergangenen Ruhm, die Noblesse hat sich in den ersten Stock zurückgezogen. Unter den Köstlichkeiten, die das Haus offeriert, ist besonders die Pilzsuppe und die gebratene Truthahnbrust hervorzuheben.

- Tetmajerowska, Rynek Główny 34, Tel. 224753: tägl. 12-23 Uhr

Preiswerte Lokale

Viele Restaurants gibt es in Krakau, in denen polnische Gerichte preiswerter angeboten werden. Die Atmosphäre ist hier weniger steif, es gibt keine Butler und Türöffner.

- **Cechowa**, ul. Jagiellońska 11, Tel. 210936: gute und preiswerte polnische Gerichte in einem gemütlichen, holzgetäfelten Raum, tägl. 11-23 Uhr
- **Staropolska**, ul. Sienna 4, Tel. 225821: traditionelle polnische Suppen und Fleischgerichte, tägl. 9-23 Uhr
- **Kurza Stopka**, pl. Wszystkich Świętych 10, Tel. 229196: herzhafte Geflügelgerichte, tägl. 9-22 Uhr
- **U Literatów**, ul. Kanonicza 7: in einem wunderschönen Gebäude aus dem 14. Jahrhundert trinkt man zu polnischen Gerichten Münchener Paulaner-Bier; tägl. 9-21 Uhr
- **Pani Stasia**, ul. Mikołajska 18: Volksküche im Hinterhof, niedrige Preise bei guter Qualität; Arbeiter sitzen neben Professoren, Kunststudenten neben amerikanischen Touristen; auf der nie wechselnden Speisekarte rangieren russische Pierogi an erster Stelle; Mo-Fr 12.30-16 Uhr
- **Floriańska**, ul. Floriańska 43, Tel. 211584: neben polnischen werden hier auch spanische Gerichte serviert, tägl. 8-23 Uhr
- **Orbit**, ul. Wrocławska 78a, Tel. 335538: gepflegt und gutbürgerlich, 2 km nordwestlich der Altstadt, ab Bahnhof Bus 130, tägl. 12-23 Uhr

## Jüdische Küche

**Ariel** ist beliebtester Treffpunkt von Kazimierz. Antikes Mobiliar und dunkle Gemälde: nirgendwo fühlt sich der Besucher stärker an das untergegangene Galizien erinnert als hier. Jeden Abend gibt es Konzerte mit jüdischer Musik, dazu wird eine kleine Auswahl jüdischer Speisen angeboten. Besonders zu empfehlen ist Berdyczow, eine mit Zimt und Rosinen abgeschmeckte Gemüsesuppe.

- Ariel, ul. Szeroka 18, Tel. 217920, tägl. 10-22 Uhr; zum Verwechseln ähnlich zwei weitere Cafés (Szeroka 6+17) mit jüdischer Küche und abendlicher Live-Musik; per Gerichtsbeschluß wurde ihnen untersagt, sich gleichfalls »Ariel« zu nennen.

**Na Kazimierzu**, das einzige koshere Restaurant in Südpolen, befindet sich in Kazimierz neben der Remuh-Synagoge. Zu empfehlen ist das spezielle Sabbath-Menü am Freitag, z.B. mit Karpfen auf jüdische Art, gebratener Gans oder Ente und hausgemachtem Kuchen. Elegantes, ruhiges Ambiente, kein Massenansturm wie im gegenüberliegenden Ariel. Besitzer ist F. Nissenbaum, dem auch die Wodka-Fabrik Nisskosher in Bielsko-Biała gehört.

- Na Kazimierzu, ul. Szeroka 39, Tel./Fax 219909, tägl. 12-24 Uhr

## Ukrainische Küche
**Smak Ukraiński** ist in einem Kellergewölbe der ruhigen Kanonikergasse untergebracht und sehr preiswert. Wer bereits mit polnischer Küche vertraut ist, wird hier gern die ukrainischen Varianten von *Barszcz* und *Pierogi* probieren wollen.
- Smak Ukraiński, ul. Kanonicza 15, tägl. 12-23 Uhr

## Litauische Küche
**Vil-Tera** ist an das litauische Kulturzentrum angeschlossen, sämtliche Speisen sind hausgemacht und preiswert. Die Besucher sind mehrheitlich polnische Nostalgiker, die sich nach jenen Zeiten zurücksehnen, da Wilna polnisch war.
- Vil-Tera, ul. Krzyża 1, Tel. 221100: tägl. 11-22 Uhr

## Ungarische Küche
**Balaton**: beliebt bei jung und alt, besonders gut schmecken Gulaschsuppe und Kartoffelpuffer mit Geflügel.
- Balaton, ul. Grodzka 37, Tel. 220469: tägl. 9-22 Uhr

## Französische Küche
**Leonard's**, ein elegantes Restaurant in dezent ausgeleuchteten Renaissancegewölben. Auf Speisekarten und Wänden leuchtet dem Besucher das Konterfei der berühmten »Dame mit dem Hermelin« entgegen, Leonardo da Vincis Original befindet sich 500 m entfernt im Czartoryski-Museum. Wem die schneeweißen Leinentischdecken und das Silberbesteck zu vornehm erscheinen, kehrt in der zugehörigen »Taverna« ein, die mit preiswerten Mittagsmenüs aufwartet.
- Leonard's, Rynek Główny 25, Tel. 219894: tägl. 12-23 Uhr

## Korsische Küche
**Paese**, verborgen in einer Seitenstraße nahe der Dominikanerkirche, ist vor allem zur Abendzeit eine begehrte Adresse: Lendenfilet bei Kerzenschein, dazu französischer Wein, doch nicht immer die passende Musik.
- Paese, ul. Poselska 24, Tel. 216273: tägl. 13-24 Uhr

## Italienische Küche
**Da Pietro** befindet sich in schönen Kellergewölben, einige Speisen kranken am übermäßigen Einsatz von Ketschup. Dies gilt leider in noch stärkerem Maße für **Grace**, eine Pizzeria im Studentenviertel.
- Da Pietro, Rynek Główny 17, Tel. 212880: täglich 12.30-24 Uhr
- Grace, ul. Jagiellońska 14, Tel. 214752: täglich 11-23 Uhr

## Griechische Küche
Im **Akropolis** finden Gyros und Moussaka reißenden Absatz.
- Akropolis, ul. Grodzka 9, Tel. 217725, tägl. 10-24 Uhr

## Arabische Küche
**Andalous** offeriert arabische Speisen und ist spezialisiert auf Couscous. Wer es einfacher und preiswerter liebt, besucht den Schnellimbiß **Tunis Grill** auf der gegenüberliegenden Straßenseite.

- Andalous, pl. Dominikański 6, Tel. 225227: tägl. 12-24 Uhr
- Tunis Grill, pl. Dominikański 1, Tel. 217888: Mo-Sa 8-20 Uhr

## Mexikanische Küche

**El Paso**: ein elegantes Restaurant, in dem zu lateinamerikanischer Musik *enchilladas, burritos* und *nachos* serviert werden. Preiswerter ißt man bei **Taco**, das sich aufgrund seiner großen Beliebtheit bis in die Kellerrräume ausgedehnt hat.

- El Paso, ul. Św. Kryża, 13, tägl. 13-23.30 Uhr
- Taco, ul. Poselska 20, Tel. 215441: Mo-Sa 12-22, So 13-21 Uhr

## Chinesische Küche

**A Dong**: Sehnsucht nach Exotik wird gestillt im stilvoll eingerichteten, besten orientalischen Restaurant Krakaus. Außer chinesischen werden auch vietnamesische Gerichte angeboten.

- A Dong, ul. Brodzińskiego 3, Tel. 564872: tägl. 11-23 Uhr

## Vorwiegend vegetarische Küche

**Chimera** ist für Vegetarier eine der besten und auch preiswertesten Adressen in Krakau. Gespeist wird an Holzbänken im Innenhof; bei Regen und Kälte zieht man um in die romantischen Kellerräume, wo zuweilen auch ein Gitarrist oder ein Schauspieler die Gäste unterhält. (Nicht zu verwechseln mit dem Nobelrestaurant Chimera im Nachbarhaus, wo betuchtere Gäste einkehren!)

- Chimera, ul. Św. Anny 3, Tel. 232178: tägl. 10-22 Uhr

# Cafés

Krakau ist eine Stadt für Genießer: Rings um den Marktplatz reihen sich Cafés, die sich vor allem in den Nachmittagsstunden großer Beliebtheit erfreuen – ideale Orte, um sich vom sprühenden Krakauer Ambiente, das sich hier wie auf einer offenen Bühne entfaltet, bezaubern zu lassen. Touristen wählen meist das elegante Redolfi oder Malma, Einheimische bevorzugen die an der Westseite gelegenen Bambus und Troll. Die Kultur der Caféhäuser reicht zurück ins 19. Jahrhundert, die Zeit, als die Habsburger noch das Leben der Stadt bestimmten. Ähnlich wie in Wien oder Budapest entdeckte man auch in Krakau die Freude am Müßiggang, traf sich mit Freunden, um den Lauf der Welt bei Kaffee und Kuchen zu kommentieren. Heute wird diese Vorliebe wiederbelebt; am Rynek und in den Tuchhallen, in den vom Platz abzweigenden Gassen und in Kazimierz entstehen reihenweise kleine Cafés, vereinzelt auch Teestuben.

- **Jama Michalika**, ul. Floriańska 45, Tel. 221561, tägl. 9-22 Uhr: berühmtes Café am Königstrakt, in dem Künstler zu Beginn des Jahrhunderts die Wände mit Bildern und Karikaturen dekorierten.
- **Noworolski**, Sukiennice (Tuchhallen), Rynek Główny, Tel. 224771, tägl. 9-23 Uhr: Lenins Lieblingscafé, im Art Deco-Stil prachtvoll ausgestaltet; viele Besucher kommen bereits am Morgen hierher, um auf wienerische, englische oder kontinentale Art zu frühstücken.
- **Larousse**, ul. Św. Tomasza 22, tägl. 9-22 Uhr: winziges, mit Extrakten der französischen Enzyklopädie tapeziertes Café; ausgezeichneter, stets frischer Kuchen.
- **Rio**, ul. Św. Jana 4, tägl. 8-20 Uhr: Stehcafé für Intellektuelle, Geburtsstätte origineller Ideen.
- **Stare Mury**, ul. Pijarska 21, tägl. 8-23 Uhr: Café und Open-Air-Galerie an der alten Stadtmauer, Innenräume mit Fresken ausgemalt.
- **U Literatów**, ul. Kanonicza 7, tägl. 10-21 Uhr: ruhiges, antik eingerichtetes Café im Club der Literaten mit romantischem Garten, vorzügliche Schokoladen-Walnuß-Torte (*tort literacki*).
- **Pożegnanie z Afryką** (Jenseits von Afrika), św. Tomasza 21, tägl. 10-22 Uhr: Wunderbare Gerüche von Kaffee, Zimt und Amaretto durchdringen den kleinen und dunklen, Nichtrauchern vorbehaltenen Raum; Gäste haben die Wahl zwischen mehr als 30 Kaffeesorten.
- **Herbaciarnia No. 1**, ul. Tomasza 7, Mo-Do 9-23, Fr-So 10-24 Uhr: freundliche Teestube mit vorwiegend jungem Publikum, Frühstück mit Muesli und Joghurt.
- **Loch Camelot**, Św. Tomasza 17, Mo-Fr 11-18, Sa 11-14 Uhr: abseits des Trubels mit Galerie und Cabaret
- **Molier**, ul. Szewska 4, tägl. 11-01 Uhr: stets verräucherter Künstlertreff; Capuletti, eine Mischung von Pfirsichlikör, Orangensaft, Pfefferminz, Wodka und Gin, gehört zu den bevorzugten Getränken.
- **U Luisa**, Rynek Główny 13, tägl. 13-24 Uhr: zu Bier und Jazzklängen vergnügen sich Computerfreaks in Krakaus erstem Internet-Café.
- **U Zalipianek**, ul. Szewska 24, Tel. 229550, tägl. 9-22 Uhr: Terrassencafé am Grüngürtel der Planty, die Innenräume mit ihren folkloristisch angehauchten Wandmotiven wirken etwas angestaubt.

- **Manggha**, ul. Starowiślna 10, tägl. 10-21 Uhr: im Jugendstil eingerichtetes Café mit südländisch anmutendem Innenhof knapp außerhalb des alten Stadtkerns, 100 Meter östlich der Hauptpost. Der exotische Name Manggha war das Pseudonym des Künstlers Feliks Jasieński, eines begeisterten Sammlers asiatischer Kunst; der Galerie- und Cafébesitzer möchte das Erbe von Manggha wiederbeleben und ein Ambiente schaffen, das Brücken schlägt zum unbekannten Fremden.
- **Ariel**, ul. Szeroka 18 (Kazimierz), Tel. 217920, tägl. 9-22 Uhr: beliebter Treff mit Blick auf die Alte Synagoge; in den Innenräumen werden Bilder mit jüdischen Motiven ausgestellt, abends erklingt Musik der Gruppe Kroke.
- **Arche Noah**, ul. Szeroka 2 (Kazimierz), tägl. 10-18 Uhr: mit angeschlossenem Jüdischen Buchladen »Jarden«, wo auch Besichtigungstouren durch Kazimierz und Ausflüge nach Auschwitz gebucht werden können.
- **Singer**, Estery 20 (Kazimierz): dunkles Schlummercafé mit weichen Polstersesseln und Singer-Nähmaschinen, die zu Tischen umfunktioniert wurden; leise Musik, meist Filmmusik und Jazz.

## Museen

Polens Kulturhauptstadt birgt über 30 Museen: viele von beschwören die Atmosphäre früherer Zeiten. Auf dem Wawel erforscht der Besucher das königliche Schloß mit seinen riesigen Kunstschätzen, wird Zeuge polnischer Geschichtsverbundenheit. In der Kultur haben die Polen als Nation überlebt, dankbar pflegen sie die Erinnerungen ans Gestern. Moderne Kontrapunkte setzen das Museum für Kunst des 20. Jahrhunderts, die über die Stadt verstreuten Galerien, das Wyspiański- und Kantor-Haus. In der folgenden Übersicht werden die Museen thematisch geordnet und einzeln vorgestellt:
1. Kunst, Theater und Fotografie
2. Geschichte und Universität
3. Archäologie, Naturkunde und Ethnologie

### 1. Kunst, Theater und Fotografie

Wer an Kunst interessiert ist, wird im Krakauer **Nationalmuseum** (Muzeum Narodowe) fündig, das sich in mehrere Abteilungen aufgliedert, verteilt auf verschiedene Gebäude der Stadt. Es wurde im Jahr 1879 im ersten Stock der Tuchhallen gegründet und konnte binnen kürzester Zeit durch Ankäufe und Schenkungen seine Sammlungen immens vergrößern. Seine Bedeutung ist daran zu ermessen, daß es bis zum Ersten Weltkrieg das einzige Museum war, das in Polen existierte.

Polnische, insbesondere religiöse Kunst des 14.–19. Jahrhunderts ist reich vertreten im **Szołajski-Museum**. Viele Besucher kommen einzig hierher, um die Madonna aus Krużlowa zu bewundern, jene anmutige Frauenfigur, die ihr Kind auf den Armen trägt, als wäre es schwerelos. Ebenfalls im Museum ausgestellt ist eine Skulptur von Veit Stoß, die »Christus am Ölberg« darstellt.
- Szołajski-Museum (Kamienica Szołayskich), pl. Szczepański 9, Tel. 227021, Di 10-18, Mi-So 10-15 Uhr.

Das Museum polnischer Kunst des 19. Jahrhunderts befindet sich in den Tuchhallen auf dem Großen Marktplatz. Die Ausstellung gliedert sich in vier Bereiche: Aufklärung, Romantik, historische Malerei, Landschafts- und Genrebilder der Jahrhundertwende.

*Saal der Aufklärung:*

Der Italiener Bacciarelli war ab 1765 Hofmaler des letzten polnischen Königs Stanisław August Poniatowski und zugleich Begründer einer Malerwerkstatt, aus der später die Akademie der Schönen Künste hervorging. Repräsentative Herrscherportraits Bacciarellis hängen neben Werken der Schüler: den melancholischen Bildern von Kazimierz Wojniakowski, den temperamentvollen Schlachtenszenen von Aleksander Orłowski und den fast naiv anmutenden Studien von Józef Oleszekiewicz.

*Saal der Romantik:*

Diese Stilrichtung wird hier ausschließlich durch Piotr Michałowski repräsentiert, der als wichtigster polnischer Maler des 19. Jahrhunderts gilt (1800-1855). Er stammte aus einer Adelsfamilie, studierte in Göttingen Wirtschafts- und Naturwissenschaften, interessierte sich aber vor allem für Kunst und Philosophie. Er wurde hoher Verwaltungsbeamter in Kongreßpolen, während des Novemberaufstands versorgte er die Rebellen mit Waffen und Munition. Nach dem Scheitern der Erhebung zog er sich aus der Realpolitik zurück, wollte fortan nur noch »mit dem Pinsel den Ruhm der polnischen Waffen verbreiten«. Im Museum hängen Michałowskis virtuos gemalte Landschaftsbilder neben eindringlichen Portraitstudien von Familienangehörigen und Untergebenen: Bildnissen seiner Töchter und Freunde, Diener und jüdischen Pächter.

*Saal der historischen Malerei:*

Matejkos monumentales Gemälde »Die preußische Huldigung« (1882) beschwört die Glanzzeit polnischer Geschichte herauf: Der ehemalige Hochmeister des Deutschen Ordens leistet dem polnischen König Sigismund I. 1525 den Lehnseid. Der polnische Hof erstrahlt in Feierlichkeit und Pomp, der Zugang zum Baltischen Meer verspricht langwährenden Wohlstand und Macht. Einzig Stańczyk, der melancholische Hofnarr, will sich an der Zeremonie nicht erfreuen, seine Nachdenklichkeit verweist auf kommende düstere Tage.

Das Gemälde »Kościuszko bei Racławice« (1888) hat eine ähnliche Aussage: Zwar wird der Sieg Kościuszkos und die damit verknüpfte »Wiedergeburt der Nation« farbenfreudig und prunkvoll dargestellt, doch hat die Szenerie etwas Trügerisches und Irreales, stellt Glück auf Widerruf dar.

*Saal der Jahrhundertwende:*

Der Raum wird von Józef Chełmońskis Gemälde »Viergespann« (1881) beherrscht. Auf einer Landstraße rasen Pferde dahin, angetrieben vom Schreien der Kutscher. Die Dramatik des Bildes ergibt sich aus der gewählten Perspektive: der Vorgang wird von unten erschaut, aus der Sicht der aufspritzenden Schlammmassen; dargestellt ist genau jener Augenblick, da das Gespann über den Betrachter hinwegzudonnern droht. Zurecht wurde darauf verwiesen, daß in dem Bild filmische Bewegung vorweggenommen wird – nicht zufällig entstand es kurz vor der Entdeckung der Filmkunst.

- Museum polnischer Kunst des 19. Jahrhunderts, Tuchhallen (Sukiennice), Rynek Główny 1, Tel. 221166, Di-Fr 10-18, Sa-So 10-15.30 Uhr

Das **Jan-Matejko-Haus** ist dem wichtigsten Historienmaler Polens gewidmet. Es befindet sich in der Floriansgasse 41, wo der Künstler am 7. November 1839 geboren wurde, seine gesamte Kindheit verbrachte und bis zu seinem Tod mit Frau und fünf Kindern zusammenlebte.

Das Wohnzimmer blieb in unverändertem Zustand erhalten. Viele berühmte Gäste wurden hier empfangen, einer von ihnen war Kaiser Franz Josef I., der im September 1880 den Wunsch bekundete, Matejko persönlich kennenzulernen. Der Wohnsalon befindet sich im ersten Stock des Gebäudes, wo zahlreiche biographische Andenken das Interesse der Besucher wecken. Die Gemäldegalerie im zweiten Stock wird ergänzt um Matejkos Entwürfe für die Wandbilder in der Marienkirche und ein Triptychon aus dem 16. Jahrhundert. Das Atelier des Malers befand sich im dritten Stock, wo die interessantesten Werke Matejkos ausgestellt sind. Dies sind zumeist kleinformatige Ölbilder, Portraitzeichnungen und historische Skizzen; die berühmten großformatigen Bilder des Künstlers befinden sich in den Tuchhallen.

Zu den interessantesten Werken im Matejko-Haus gehören ein Kopernikus-Ölbild und eine Stańczyk-Skizze. Vor allem ersteres ist ein für den Künstler eher untypisches Bild. Als sich 1873 der Geburtstag des Astronomen Nikolaus Kopernikus (1473–1543) zum 400. Male jährte, blieb Matejko nicht untätig. Die im Atelier postierte Studie des Kopernikus zeigt diesen auf der Terrasse des Frombork-Turmes: Die revolutionäre Erkenntnis, daß die Erde sich um die Sonne dreht, läßt ihn schaudern; bestürzt schaut er zum Himmel empor, verliert die Kontrolle über sein Fernrohr.

Gleichfalls im Matejko-Haus ist eines seiner Stańczyk-Bilder ausgestellt: Stańczyk zählte zu den Lieblingsfiguren des Künstlers, war der weise Hofnarr, der die Katastrophen schon nahen sah, während Hof und Adel noch dem Genuß frönten und tanzten.»Stańczyk täuscht Zahnschmerzen vor« lautet der Titel der hier ausgestellten Bleistiftskizze, eine Vorstudie zu seiner bekannten Komposition »Stańczyk auf dem Ball« (1862).

- Jan-Matejko-Haus (Dom Jana Matejki), ul. Floriańska 41, Di-Do 10-15, Fr 10-17.30, Sa-So 10-15 Uhr

Die Kunstsammlung im Czartoryski-Palais enthält Bilder von der Renaissance bis zum 18. Jahrhundert. Herzstück der Sammlung ist Leonardo da Vincis Gemälde »Dame mit dem Hermelin«, das als wichtigstes Kunstwerk polnischer Sammlungen gilt. Das Bild, das vermutlich 1483 entstand, hängt im zweiten Stockwerk des Museums – gesichert hinter Panzerglas, ähnlich wie die Mona Lisa im Louvre. Bei der dargestellten jungen Frau handelt es sich um Cecilia Gallerani, eine Geliebte des mailändischen Herzogs Ludovico Sforza. Versonnen lächelnd schaut sie an dem Betrachter vorbei, in ihren Armen hält sie liebevoll einen Hermelin. Für Leonardo da Vinci war die Poträtkunst ein Mittel, um die Geheimnisse der Seele zu offenbaren. Der Hermelin, so notierte er,»läßt sich eher vom Jäger fangen, als daß er in eine schmutzige Höhle fährt, und all dies nur, weil er seine Lieblichkeit nicht beflecken will.«

*»Die Dame mit dem Hermelin«*

1991 durfte das Bild seinen angestammten Platz erstmals verlassen und auf Reisen gehen: wertvolle Devisenbringerin für die kapitalschwachen Staatlichen Kunstsammlungen. Ein weiteres Bild, das in der Kunstgeschichte Berühmtheit erlangte, ist Rembrandts »Landschaft mit barmherzigem Samariter«: In der von Gewitterwolken aufgepeitschten Landschaft verschwindet die Figur des Menschenfreundes. Künstlerisch besonders wertvoll sind auch die Zeichnungen und Radierungen von Albrecht Dürer.

- Kunstsammlung im Czartoryski-Palais (Zbiory Czartoryskich), ul. Św. Jana 19, Tel. 225566, Di-Do 10-15, Fr 10-18, Sa-So 10-15 Uhr

Das **Museum polnischer Kunst des 20. Jahrhunderts** befindet sich gegenüber vom Hotel Cracovia im Neuen Gebäude des Nationalmuseums, dessen Bau 1939 abgeschlossen wurde. Von der Kunst des Jungen Polens spannt sich ein weiter Bogen über die Zwischenkriegszeit bis zur Moderne. Stanisław Wyspiański ist mit Entwürfen für Fenstermalerei in der Wawelkathedrale vertreten, Józef Mehoffer mit dem »Bildnis der Ehefrau«. Zu den bedeutendsten hier ausgestellten polnischen Künstlern gehören auch Stanisław Ignacy Witkiewicz (Witkacy), Tadeusz Makowski, Tadeusz Kantor, Jerzy Nowosielski und Andrzej Wróblewski; Skulpturen stammen u.a. von Władysław Hasior und Xawery Dunikowski. – Das Gebäude enthält ferner eine Abteilung mit Münzen, Waffen und Uniformen aus der Zeit seit dem Mittelalter.

- Museum polnischer Kunst des 20. Jahrhunderts, Neues Gebäude (Nowy Gmach), al. 3 Maja 1, Tel. 343377, Di 10-15.30, Mi 10-18, Do-So 10-15.30 Uhr; erreichbar mit Straßenbahn 15 und 18

Die Staatliche Kunstsammlung im Schloß Wawel nimmt in der nationalen Kultur der Polen eine herausragende Stellung ein. 700.000 Besucher pilgern alljährlich zum Schloß, wo sie die Symbole königlicher Macht persönlich in Augenschein nehmen dürfen. Ehrfurchtsvoll betrachten sie die Sammlung der flämischen Gobelins, die in den Jahren 1959-61 nach langer Odyssee über Rumänien, Frankreich, England und Kanada an ihren angestammten Platz zurückkehrten.

Einen weiteren Höhepunkt bildet die Besichtigung der Kathedrale, wo in schön gemeißelten Gräbern die Könige, Bischöfe und Nationalhelden bestattet sind; besonders sehenswert ist die Sigismundkapelle, schönstes Beispiel der Renaissance nördlich der Alpen.
- Königliche Gemächer und Schatzkammer, Di-So 10-15 Uhr
  Dauerausstellung »Verlorener Wawel«, Mi-Mo 10-15 Uhr
  Kathedrale, Mo-Sa 9-17, So 12-17 Uhr
  Museum der Kathedrale, Di-So 10-15 Uhr
  Drachenhöhle, Di-So 10-15 Uhr (nur Juni-September)

Das **Erzbischöfliche Museum** wurde im Sommer 1994 in einer der schönsten Gassen Krakaus, der ul. Kanonicza eröffnet. Außer vielen sakralen Kunstwerken werden auch Sammlungen von Goldschmiedearbeiten, Skulpturen und Gemälden vorgestellt, zumeist Leihgaben der Schatzkammer der Marienkirche. Eines der Zimmer des Museums ist dem Papst gewidmet.
- Erzbischöfliches Museum (Muzeum Archidiecezjalne), ul. Kanonicza 19, Di-Sa 10-15 Uhr

Das **Stanisław-Wyspiański-Museum** demonstriert die Vielseitigkeit des Künstlers. Vorgestellt werden Gemälde und Glasmalerei, architektonische Modelle und Plakate, Kostüme und Bühnenentwürfe; Erstausgaben seiner literarischen Werke und diverse Schriften runden die Sammlung ab.
- Stanislaw Wyspiański-Museum, ul. Kanonicza 9, Tel. 228337: Di-Mi 10-15, Do 10-17, Fr-So 10-15 Uhr

Auch dem Jugendstilkünstler **Józef Mehoffer**, der die Wandbilder der Krakauer Marien- und Franziskanerkirche entwarf, ist ein biographisches Museum gewidmet.
- Dom Józefa Mehoffera, ul. Krupnicza 26, Tel. 211113, Di 10-15.30, Mi 10-18, Do-So 10-15.30 Uhr

In den 20er Jahren entstand in Krakau ein Amateurtheater mit dem Namen **Cricot**. Mit surrealistischen Aufführungen und absurdem Humor verstörte es die Krakauer Philister, attackierte den konservativen Geist der Stadt. Spielstätten waren eine schäbige Baracke am Szczepański-Platz, das Krankenhaus der Scholaren neben dem Słowacki-Theater und das Café im Haus der Bildenden Künstler in der Łobzowska-Straße. 1939 machte der Einmarsch der Deutschen dem avantgardistischen Treiben ein Ende. – 1955 nahm das Theater seine Arbeit wieder auf, nannte sich nun Cricot 2. Tadeusz Kantor war die inspirierende Kraft, sein »Theater des Todes« strahlte weit über die Grenzen Polens hinaus. Immer wieder wurde die faszinierende Bildersprache gerühmt, in der Kantor von der verlorenen Welt Mitteleuropas zu erzählen wußte. In der Cricoteka erinnern Videoaufnahmen, Bilder und Manuskripte an die Theaterarbeit des neben Grotowski berühmtesten Regisseur der Nachkriegszeit.
- Cricoteka, ul. Kanonicza 5, Tel. 228332: Mo-Fr 10-14 Uhr

Das **Museum der Theatergeschichte Krakaus** ist im »Haus zum Kreuz« untergebracht, einem gotischen Haus, das im 15. Jahrhundert arme Gelehrte beherbergte. Die Ausstellung besteht hauptsächlich aus Dokumenten, Zeichnungen und Fotos, Bühnenbildern und Kostümen. Ein Saal ist der Geschichte der

Krakauer Oper gewidmet, ein anderer ausschließlich dem Schaffen Stanisław Wyspiańskis.
- Museum der Theatergeschichte Krakaus, ul. Szpitalna 21, Tel. 226864, Mi 11-18, Do-So 9-15.30 Uhr

Das **Museum der Geschichte der Fotografie** fand seinen neuen Standort 1 Kilometer nordwestlich der Altstadt und zeigt wechselnde Ausstellungen.
- Museum der Geschichte der Fotografie, ul. Józefitow 16, Tel. 345932, Di 12-17, Mi-So 10-15 Uhr

Das **Museum des Jungen Polens** befindet sich in Bronowice, dem einstigen Dorf am Stadtrand von Krakau. Noch heute gibt es in diesem Ort strohgedeckte Bauernhäuser, die an das Leben um die Zeit der Jahrhundertwende erinnern. Im Haus des Malers Włodzimierz Tetmajer fand am 21. November 1900 eine denkwürdige Hochzeit statt: Der Dichter Lucjan Rydel, Sohn eines angesehenen Universitätsprofessors, heiratete Jadwiga Mikołajczyk, die Tochter eines im Dorf ansässigen Bauern. Die Verbrüderung von Stadt und Land, von Intelligenz und Volk war für die einen die Verwirklichung eines romantischen Traums, für die anderen ein gesellschaftlicher Skandal.

Die polnische Literatur verdankt dieser Hochzeit eines ihrer wichtigsten Dramen. Der Trauzeuge Wyspiański verarbeitete Gespräche und Ereignisse während jener Nacht zu einem Drama, das den Titel »Wesele« (Die Hochzeit) trägt. In seinen »Erinnerungen« schrieb Tadeusz Boy-Zeleński: »Ich erinnere mich, als wäre es heute, wie er in einem bis oben zugeknöpften schwarzen Gehrock die ganze Nacht an den Türrahmen gelehnt stand und mit seinen stählernen, unheimlichen Augen umherschaute. Um ihn herum toste die wilde Hochzeit, brodelten die Tänze, und hier in diese Stube kamen immer wieder ein paar Menschen, immer wieder drangen Gesprächsfetzen an sein Ohr. Dort sah und hörte er sein Stück.« – Als die »Hochzeit« am 16. März 1901 in Krakau uraufgeführt wurde, war der Skandal perfekt: Es war gar zu offenkundig, welche realen Personen sich hinter den Figuren des Dramas verbargen...

In Bronowice, an dem die legendäre Hochzeit zelebriert wurde, erinnern seit 1969 Bilder und Memorabilia an die Zeit um die Jahrhundertwende, den künstlerischen Aufbruch des Jungen Polens.
- Museum des Jungen Polens (Rydlówka, Muzeum Młodej Polski), ul. Tetmajera 28, Bronowice Male, Tel. 370750, Di-Mi 11-18, Do 15-18, Fr-Sa 11-18 Uhr; erreichbar mit Straßenbahn 4, 8, 12 und 44

## 2. Geschichte und Universität

Das **Historische Museum zur Geschichte der Stadt Krakau** (Muzeum Historyczne Miasta Krakowa) ist so reich bestückt, daß es über die ganze Stadt verteilt verschiedene Ausstellungsorte füllt.

Das Krzysztofory-Palais beherbergt die wichtigsten Exponate zur Geschichte und Kultur der Stadt. Das erste Panorama Krakaus war abgedruckt in Hartmann Schedels Weltchronik und erschien im Jahr 1493 in Nürnberg; im Krzysztofory kann das Original in Augenschein genommen werden. Weitere wichtige Ausstellungsstücke sind eine Sammlung der Krakauer Weihnachtskrippen, eine von Wyspiański entworfene Lajkonik-Tracht, die Fahne des Krakauer Aufstandes

aus dem Jahr 1846 und eine Kollektion ikonographischer Darstellungen des alten Krakau.
- Krzysztofory, Rynek Główny 35, Tel. 229922, Di-Mi 9-15, Do 11-18, Fr-So 9-15 Uhr

Die kleine Ausstellung im **Rathausturm** ist nur während der Sommermonate geöffnet. Gezeigt werden die Herrschaftssymbole der Krakauer Bürgermeister, die von der Stadtpolizei eingesetzten Waffen und natürlich auch jene Fahne, die 1918 am Tag der wiedererlangten Unabhängigkeit Polens auf dem Rathaus gehißt wurde.
- Rathausturm, Rynek Główny, tägl. 9-16 Uhr

Krakau 1939-1945: unter diesem Titel steht die Ausstellung, die sich der Herrschaft des Generalgouverneurs Frank annimmt. Ausstellungsort ist vorläufig das 1936 errichtete **Dom Śląski** (Schlesisches Haus), das in den Jahren der Okkupation Sitz der Gestapo war. Vorgeführt werden Haftzellen und Foltergeräte, Dokumente und Fotos, Waffen der Partisanen.
- Dom Śląski, ul. Pomorska 2, Tel. 331414, Mo-Mi 9-15, Do 11-15, Sa 9-15 Uhr

Im Jahr 1960 wurde in den Räumen der **Alten Synagoge** eine ständige Ausstellung über Geschichte und Kultur der Krakauer Juden eröffnet. Man sieht Gegenstände, die Sitten und Bräuche der Juden spiegeln, Ritualgefäße, verzierte Gebetstücher, jüdische Käppchen, Kronen und Porzellan, Fotos und Plakate, Gemälde von Malczewski, Gottlieb, Kossak und Markowicz.
- Alte Synagoge (Stara Synagoga), Kazimierz, ul. Szeroka 24, Tel. 220962, Di-Do 9-15, Fr 11-18, Sa-So 9-15 Uhr; der benachbarte Remuh-Friedhof ist geöffnet Mo-Fr 9-16 Uhr

Ein kleines **Ghetto-Museum** entstand in den Räumen der Apotheke »Zum Adler« – an der Südseite jenes Platzes, um den das Jüdische Ghetto im März 1941angelegt wurde. Einziger katholischer Pole, der das Ghetto in jenen Jahren nicht verließ, war der Apothekenbesitzer Tadeusz Pankiewicz; nach dem Krieg veröffentlichte er ein Buch, in dem er seine Erfahrungen mit den Opfern und Tätern jener Zeit beschreibt.
- Ghetto-Museum, Apteka Pod Orłem, pl. Bohaterów Getta 13, Tel. 565625, Mo-Sa 10-14 Uhr

Das **Universitäts-Museum** befindet sich im Gebäude des Collegium Maius. Zu den interessantesten Ausstellungsstücken zählt der goldene jagiellonische Globus, ein astronomischer Kalender aus dem Jahr 1510; auf ihm wurde erstmalig der neuentdeckte amerikanische Kontinent (»America terra noviter reperta«) eingezeichnet. Daneben besticht vor allem die Sammlung astronomischer Instrumente; dazu zählen ein arabisches Astrolabium aus der zweiten Hälfte des 11. Jahrhunderts, ein astronomischer Himmelsglobus von 1484 und natürlich auch all jene Geräte, mit denen ab 1491 Nikolaus Kopernikus, der berühmteste Student der Academia Cracoviensis, arbeitete.

Bei dem 30minütigen Rundgang werden auch Kollektionen von Münzen, Keramik- und Zinngefäßen vorgestellt, man passiert eine Galerie mit Bildern von Königen, Sponsoren und Rektoren. Am Rande fällt der Blick auf ungewöhnliche, exzentrische Sammlungsstücke, z.B. eine Haarlocke des Nationalhelden Tadeusz Kościuszko und jenen Schreibstift, den Papst Johannes Paul II. benutzte, als er eine Eintragung im Besucherbuch der Universität vornahm. Ebenfalls gesammelt wurden die persönlichen Gegenstände jener Professoren, die am 6. November 1939 in der Sonderaktion Krakau verhaftet wurden und bald darauf im KZ Sachsenhausen starben.

- Universitäts-Museum, Collegium Maius, ul. Jagiellońska 15, Tel. 220549; Führung in Gruppen Mo-Fr 11-14, Sa 11-13 Uhr

Das **Pharmazie-Museum** in der Floriansgasse hat Seltenheitswert: nur Basel und Heidelberg können mit Krakau konkurrieren. 1946 kam Stanisław Proń, der damalige Direktor der Krakauer Apothekerkammer, auf die Idee, in einer Ausstellung alles zu versammeln, was mit dem Apothekerhandwerk zusammenhängt: Gefäße und Mörser, Arznei- und Heilmittel, Briefmarken mit pharmazeutischen und medizinischen Motiven.

- Pharmazie-Museum, ul. Floriańska 25, Tel. 219279: geöffnet Di 15-19, Mi-Sa 11-14 Uhr

## 3. Archäologie, Naturkunde und Ethnologie

Das Archäologische Museum ist in mehrere Abteilungen untergliedert. Im Zentrum der Ausstellung stehen archäologische Funde in Kleinpolen, ergänzt um Zeichnungen, Fotos und Bildtafeln. Dem Besucher wird eine Synthese der Geschichte dieser Region vom Paläolithikum bis zum Mittelalter geliefert. Erste menschliche Spuren wurden bei Ojców gesichtet; sie stammen aus der Altsteinzeit, etwa 180.000 Jahre v.Chr.; Feuerstein wurde bereits um 50.000 v.Chr. bearbeitet, in jener Zeit wurden auch die ersten Siedlungen auf dem Wawelberg angelegt, der einzigen Erhebung inmitten des sumpfigen Weichseltals. Werkzeuge aus Feuerstein und Tongefäße mit geometrischen Mustern deuten darauf hin, daß hier schon früh Ackerbau und Viehzucht betrieben wurden. Becher und Schalen aus Bronze belegen, daß der Wawelberg schon in der Bronzezeit bewohnt war.

Es scheint, als würden bei jedem größeren Umbau, der an einem historischen Gebäude oder Platz Krakaus vorgenommen wird, neue Entdeckungen gemacht. So wurden z.B. kürzlich in der Nähe der Marienkirche und der Adalbertkirche Überreste einer geschlossenen Ortschaft mit Herdöfen, Keramik und Metallerzeugnissen gefunden. In der Kanonicza-Gasse spürte man einen Schatz mit Beilgeld auf, einem Tauschmittel aus dem 9. Jahrhundert.

Besonders viele Besucher versammeln sich vor der Steinstatuette von Świętowit, die im Flußbett des Zbrusz gefunden wurde und eine vierköpfige heidnische Göttin darstellt. Doch nicht minder interessant ist der Streifzug durch die umliegenden Räume. Hier finden sich Schwerter, Pfeilspitzen und Äxte, kunstvoll hergestellte Halsbänder aus Perlen und Muscheln, bemalte Keramik der Jungsteinzeit aus Bilcza Złota in der Ukraine, Figuren aus Terrakotta, steinerne Gußformen und Tongefäße. Wer sich für die Kultur des Mittelmeerraums interessiert, wird ebenfalls fündig. Neben ägyptischen Sarkophagen und Mumien sind Kunstdenkmäler der peruanischen Kultur ausgestellt.

Zum Archäologischen Museum gehören auch die unterirdischen Räume der **Adalbertkirche** auf dem Rynek. Während der Sommermonate kann sich der Besucher hier in die Geschichte des Krakauer Marktplatzes einführen lassen (tägl. 9-16 Uhr).

- Archäologisches Museum (Muzeum Archeologiczne), ul. Poselska 3, Tel. 227560, Mo 9-14, Di+Do 13-17, Fr+So 10-14 Uhr

Prunkstück der Sammlung des aus der Altstadt ausgegrenzten **Naturwissenschaftlichen Museums** ist das einzige in der Welt vorhandene, ausgestopfte Exemplar eines Wollnashorns; im **Geologischen Museum** wird demnächst die größte Meteoritensammlung Polens ausgestellt.
- Naturwissenschaftliches Museum (Muzeum Przyrodnicze), ul. Św. Sebastiana 9, Di 10-14, Mi 10-18, Do-So 10-14 Uhr
- Geologisches Museum (Muzeum Geologiczne), ul. Senacka 3, Tel. 228920, Di-Fr 10-15, Sa-So 10-14 Uhr

Die volkskundliche Sammlung im **Ethnologischen Museum** von Kazimierz verteilt sich über mehrere Stockwerke. Im Erdgeschoß kann der Besucher Modelle polnischer Bauernhäuser und ihre Innenausstattung studieren; im 1. Stock werden Krakauer Weihnachtskrippen und Trachten, Musikinstrumente und Stickereiarbeiten vorgeführt, im obersten Stock Gemälde von Nikofor, Glasmalereien aus Spisz, Orawa und Podhale, die Nachbildung einer Dorfkapelle aus Anielów. Aber auch Volkskunst aus anderen Ländern ist ausgestellt: Kollektionen aus Sibirien und Alaska, Kamerun und Südamerika; die indonesische Sammlung enthält ein Schattenbild-Puppentheater aus Java.
- Ethnologisches Museum (Muzeum Etnograficzne), pl. Wolnica 1, Tel. 562863, Mo 10-18, Mi-Fr 10-15, Sa-So 10-14 Uhr; Straßenbahn 6, 8, 10

# Galerien

Die Maler und Graphiker der 80er Jahre verweigerten sich mehrheitlich der von oben verordneten Kultur. Mißtrauisch beäugten sie die offizielle Kulturpolitik, die mit Zuckerbrot und Peitsche, Subventionen und Zensur kritische Regungen zu unterdrücken suchte. Als Gegenmacht bot sich die Kirche an, doch auch sie förderte nicht uneigennützig; nur Werke religiösen Inhalts waren ihr willkommen. So entstand eine künstlerische Subkultur, die sich im Abseits formierte. Ausstellungen wurden in Wohnungen und Kellern, in Ateliers und Privatgalerien improvisiert; die Künstler lebten in bescheidenen materiellen Verhältnissen. Sie sagten sich von formalistischen Experimenten und einer auf den Intellekt zielenden Kunstsprache los, bevorzugten spontane Umsetzung unmittelbarer Gefühle und Phantasien. Der expressiv-rebellische Gestus vieler Bilder trug ihnen den Beinamen »Polnische Wilde« ein.

Viele Kunstfreunde nutzten das politische Tauwetter Ende der 80er Jahre zur Gründung von privaten Galerien, in denen sie oppositionelle, zuweilen auch experimentierfreudige Künstler ausstellten. Doch kaum war der Rausch der ersten Vernissagen verflogen, wurde offenkundig, daß kaum jemand bereit war, den verlangten Preis für die Bilder zu zahlen. So vollzog sich alsbald eine rasante und gründliche Transformation vieler Galerien: Qualitätskriterien wurden verabschiedet, Marktkriterien eingesetzt. Zu den Galerien, die den unerwartet ausbrechenden Konkurrenzkampf nicht überlebten, zählt die bekannte Galerie Inny Świat (Andere Welt), deren Aushängeschild in der Floriansgasse, ein nostalgisch-ironisches Portrait Kaiser Franz Josephs II., die Bürger Krakaus an die »goldenen« Zeiten Galiziens gemahnte. Im folgenden sollen von den über 60 Krakauer Galerien vorrangig jene aufgeführt werden, die an dem ehemaligen Anspruch festhalten, Kunst nicht dem Kunsthandwerk zu opfern.

Die **Starmach-Galerie**, untergebracht in den Kellergewölben eines jüngst restaurierten Hauses am Rynek, ist die renommierteste Galerie Krakaus. Bei Teresa und Andrzej Starmach werden keine Newcomer ausgestellt, sondern überwiegend Klassiker der Nachkriegs-Avantgarde. Die meisten von ihnen gehören der Krakauer Gruppe an (Kantor, Nowosielski, Brzozowski) oder sind Vertreter der geometrischen Abstraktion (Stażewski, Winiarski). Die Galeristen sind mit den meisten der von ihnen ausgestellten Künstler befreundet und haben ein großes Archiv ihrer Bilder angesammelt, um das sie, wie der Besitzer erklärt, viele polnische Museen beneiden.

- Starmach-Galerie, Rynek Główny 45, Tel. 219618, Mo-Fr 11-18, Sa 11-14 Uhr

**Zderzak** bedeutet »Stoßstange«, der Name suggeriert Konfrontation. Die junge Galeristin Marta Tarabuła machte Zderzak 1985 zu einem Treffpunkt der Underground-Künstler, einem Ort hitziger ästhetischer und politischer Debatten. Nicht allein gegen die zerfallende Polnische Arbeiterpartei richtete sich der Protest, sondern auch gegen Tendenzen der katholischen Kirche, oppositionelle Kunst vereinnahmen zu wollen. Grzyb, Cisowski und Maciejowski, von Marta Tarabuła in den Jahren des Umbruchs entdeckt, sind mittlerweile fest etabliert, gehören zu den bekanntesten polnischen Künstlern der Gegenwart.

- Zderzak, ul. Sławkowska 1, Tel. 216266, Mo-Fr 11-18, Sa 11-15 Uhr

**Dominik Rostworowski** besaß schon 1984 eine private Galerie in Krakau, doch erst 1990 durfte er sie in die Kellergewölbe jenes Palastes verlegen, der einmal seiner Familie gehörte und nun wieder in ihren Besitz überging. Der Galerist fördert Krakauer und ausländische Künstler, auch seinem Cousin, dem Bildhauer Bolesław Rostworowski, der im ersten Stock des Hauses wohnt, wurde bereits eine große Ausstellung gewidmet.

- Dominik Rostworowski, ul. Św. Jana 20, Tel. 232151, Mo-Fr 11-18, Sa 11-14 Uhr

Jan Fejkiel, spezialisiert auf Drucke und zeitgenössische Malerei, verfügt nur über einen kleinen Raum. Wie populär die Galerie noch immer ist, spiegelt sich am Tag der Vernissage: der Wein fließt in Strömen, am Eingang drängen sich die Zuspätgekommenen.

- Jan Fejkiel Galerie, ul. Floriańska 36, Tel. 222971, Mo-Fr 11-18, Sa 11-14 Uhr

**Krzysztofory** war ab 1960 legendärer Treffpunkt von Tadeusz Kantor und seinen Freunden; auch heute bleibt die Galerie dem Erbe der Krakauer Gruppe verpflichtet – der Kauf von Bildern ist in dieser Galerie nicht möglich.

- Galerie Krzysztofory, ul. Szczepańska 2, Tel. 229360, Di-So 11-16 Uhr

**Piano Nobile** verkauft Werke zeitgenössischer Krakauer Künstler. Hanna Wojterkowska-Haber und Janina Górka-Czarnecka ist es gelungen, die Ausstellungseröffnungen zu einem »gesellschaftlichen Ereignis« aufzuwerten, bei dem sich alles trifft, was in der Krakauer Kulturszene Rang und Namen hat. Vom Ausstellungssaal im zweiten Stock bietet sich ein weiter Blick auf die Tuchhallen.

- Piano Nobile, Rynek Główny 33, Tel. 225395, Di-Fr 11-18, Sa 11-14 Uhr

*In der Starmach-Galerie*

Die **Galerie moderner Kunst BWA**, ist bekannt für provozierende Ausstellungen moderner Kunst und sorgfältig erarbeitete Retrospektiven; so präsentierte man hier eine Gesamtschau aller kirchenkritischen Bilder des Jerzy Duda-Gracz, der die ersten 21 Jahre seines Lebens im Pilger- und Wallfahrtsort Tschenstochau zubrachte. Alle drei Jahre findet im Ausstellungssalon die Internationale Graphik-Triennale statt. Der Eingang ist an der dem Park zugewandten Seite.
- Galerie moderner Kunst BWA, pl. Szczepański 3a, Tel. 224021, Di-So 11-18 Uhr

Der **Kunstpalast** ist Hauptsitz des »Vereins der Freunde der Kunst« und einer der bedeutendsten Ausstellungssalons der Stadt. Doch im Unterschied zur benachbarten BWA-Galerie verletzt er nur selten die Moralvorstellungen der konservativen Kulturelite Krakaus.
- Kunstpalast (Pałac Sztuki), pl. Szczepański 4, Tel. 226616, Di-So 11-16 Uhr

Die Organisatoren der **Krakauer Graphik-Triennale** versichern, dies sei »der größte Graphik-Wettbewerb der Welt«. Alle drei Jahre (1997, 2000) treffen sich Künstler und Kunstkritiker aus aller Welt, bemühen sich darum, aus der Vielzahl ausgestellter Werke gültige Trends abzulesen. Die Anfänge der Triennale reichen in die späten 50er Jahre zurück. Polen war ab 1956 das einzige Land Osteuropas, in dem Kunst diskutiert werden konnte, die sich nicht den Leitsätzen des Sozialistischen Realismus unterwarf. International bekannte Künstler wie Henry Moore, Marino Marini und Eduardo Paolozzi stellten in Krakau ihre Werke aus, konfrontierten die polnischen Autoren mit neuen Techniken und Ideen. Professor Witold Skulicz, seit Anbeginn mit der Leitung betraut, sah in der Ausstellung ein »Fenster zur Welt«. Der Graphik-Wettbewerb war einer der wenigen Berührungspunkte zwischen Künstlern aus Ost und West. Seit 1989 muß er sich in einem marktwirtschaftlichen System bewähren. Eifrig intensivieren die Organisatoren die bestehenden Kontakte mit Kattowitz und Thorn, Nürnberg und Prag, halten Ausschau nach Sponsoren, suchen Hilfe beim Stadtrat und dem nationalen Kulturministerium.

- International Print Triennal Society, ul. Dunajewskiego 2/6, Tel. 221903, Fax 217123

**Andrzej Mleczko** ist Vorsitzender der Jury von »Satyrykon«, dem bedeutendsten Wettbewerb für kritische Graphik in Europa. Bereits in den 70er Jahren hatte der Cartoonist nationale Berühmtheit erlangt. Er karikierte verlogene Politiker und abgebrühte Bürokraten, geißelte soziale und ökonomische Mißstände. Auch die »kleinen Leute« wurden häufig Opfer seiner Attacken: Gesund und munter spazierten sie durch seine Skizzen, selbstzufrieden und prahlerisch. In tragikomischer Verzerrung entlarvte Mleczko ihre Gewißheit als Schein, ihr Glück als Beschränkung. Mleczkos Zeichnungen erschienen in den Zeitungen Polityka und Szpilki, in Student und Przekrój. Als das Kriegsrecht verhängt wurde, beschloß er, gemeinsam mit anderen Schriftstellern und Künstlern die Medien des Landes zu boykottieren. 1983 eröffnete er eine eigene Galerie in der ul. Św. Jana: Studenten belagerten den kleinen Raum, rissen sich die die beliebten Mleczko-Cartoons aus den Händen.

10 Jahre später ist der Andrang etwas zurückgegangen, doch der Künstler bleibt widerständig. Mit gezückter Feder spießt er aktuelle Irrungen und Wirrungen auf, versteht sich weiterhin als kritischer Chronist. »Vor dem Hintergrund des Wawel, der Marienkirche und dem Mickiewicz-Denkmal bewegt sich sein Held als ein Geschöpf unserer Zeit, erinnert uns schüchtern daran, wer wir waren und wohin wir gehen.« (Andrzej Wajda)

- Autorengalerie Andrzej Mleczko, ul. Św. Jana 14, Tel. 217104, Mo-Fr 11-17, Sa 10-14 Uhr

In der **Plakatgalerie** kann man prüfen, ob sich polnische Plakatkunst auch heute noch auszeichnet durch Originalität und Witz. Ende der 50er Jahre entdeckten polnische Künstler das Plakat als ideales Medium, um ihre raffiniert gestalteten, bissig-sozialkritischen Anschauungen unter die Leute zu bringen. Auch Theater- und Kino-Poster begannen damals, subversive Kraft zu entfalten.

- Plakatgalerie, ul. Stolarska 8, Tel. 212640, Mo-Fr 11-18, Sa 10-14 Uhr

Weitere interessante Galerien:

- **ZPAF**, ul. Tomasza 24, Tel. 222400, Mo-Sa 11-15 Uhr: Ausstellungen von Fotokünstlern
- **Terra Incognita**, ul. Mikołajska 17-19, Tel. 210843, Mo-Fr 11-18, Sa 12-16 Uhr. Sammlung afrikanischer Kunst
- **Temporary Contemporary**, ul. Dolnych Młynów 7, Tel. 232548, Di-Do 11-18 Uhr: zeitgenössische Gemälde, Graphik und Glaskunst
- **Art Club**, ul. Łobzowska 3, Tel. 233122, Mo-Fr 10-15.30 Uhr; vorwiegend experimentelle Werke, abends trifft man sich im Club bei Speise, Musik und Poesie

# Kulturinstitute

Wo früher die Adelsgeschlechter der Zbaraskis und Potockis residierten, hat sich seit 1991 das deutsche **Goethe-Institut** etabliert. Hier finden keine Dichterlesungen deutscher Klassiker statt, sondern Retrospektiven avantgardistischer Filmemacher und Fotografen, Vorträge und Konferenzen zu Fragen der europäischen Einigung und des deutsch-polnischen Verhältnisses. Die Bibliothek im ersten Stock informiert über alle vom Goethe-Institut geplanten Ausstellungen und Vorführungen. Der Besuch der Bücherei empfiehlt sich allein schon wegen der behaglichen Räumlichkeiten und des schönen Ausblicks auf den Platz. Wer Lust auf die Lektüre deutschlandbezogener Bücher und Zeitschriften hat, entdeckt hier einen reichen Fundus; auch Ton- und Videokassetten werden archiviert.

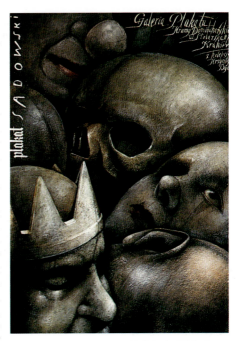

*Polnische Plakatkunst*

- Goethe-Institut, Rynek Główny 20, Tel. 226902, Fax 228276; Lesesaal Mo und Di 12-16, Do 12-18 Uhr, Benutzung kostenlos

»R. hat gefragt: ›Wir sind die wahre Bohème, nicht wahr?‹ Ich nickte. Tatsächlich. Über uns steht nichts in der Verfassung geschrieben, nicht an uns werden Hirtenbriefe gerichtet, nicht uns betreffen Nationalfeiertage. Wir stehen am Rand, wir verhalten uns nicht wie die Menschen. Das Land heißt Polen, die Stadt heißt Krakau.« Der diese Zeilen schrieb, heißt Marcin Świetlicki und wurde 1991 mit dem Georg-Trakl-Förderpreis ausgezeichnet, den das **Generalkonsulat der Republik Österreich** seit diesem Jahr an begabte polnische Autoren verleiht.

Die Österreicher, die Krakau einst ihr eigen nannten, sind in der ehemaligen Königsstadt besonders aktiv. Sie unterhalten einen Lesesaal in der Mickiewicz-Allee 51 und ein modernes Sprachlehrzentrum im Nachbargebäude des prachtvollen Generalkonsulats. Großer Popularität erfreut sich das meist Anfang Juni organisierte mehrtägige Krupnicza-Straßenfest mit Musik, Speise und Tanz; dazu gibt es Aufführungen in den Theatern Bagatella und Groteska. Das bisher ehrgeizigste österreichische Kulturprojekt wurde 1996 gestartet. Unter dem Titel

Bajit Chadasz (»Neues Haus«) findet im ersten Monat des Jüdischen Kalenders (September/Oktober) ein vierwöchiger Zyklus von Vorträgen, Filmen, Konzerten und Ausstellungen statt. Der Schwerpunkt liegt auf Analyse, nicht auf folkloristischer Präsentation. Zugleich wird hier Juden und Polen ein Forum geboten, sich mit ihrer gemeinsamen Geschichte auseinanderzusetzen.

- Österreichisches Generalkonsulat, ul. Krupnicza 42, Tel. 219900; ein Informationsbüro der Österreichischen Bundeswirtschaftskammer wurde in der ulica Grodzka 1 eingerichtet (Tel. 211000).

Krakau ist die einzige Stadt Polens, in der die **Schweizer Kulturstiftung Pro Helvetia** vertreten ist. Sie engagiert sich vor allem für die Krakauer Filmkunst. Parallel zum bekannten Kurzfilmfestival Ende Mai und zum Internationalen Nachwuchswettbewerb Etiuda im November lädt die Stiftung bekannte Trickfilmer ein, die in Workshops ihr Knowhow verraten,

- Kulturstiftung & Bibliothek Pro Helvetia, ul. Wiślna 10, Tel. 226230, Mo-Fr 10-17 Uhr

Das **Französische Kulturinstitut** wurde bereits in den frühen 60er Jahren gegründet: ein Versuch, so Alexander Kluge in einem Fernsehinterview aus dem Jahr 1993, »Polen in Stellung gegen Deutschland zu bringen«. Es werden Filme im französischen Original, Konzerte und Ausstellungen geboten.

- Institut Français, ul. Św. Jana 15, Tel. 220982 Mo-Do 11-19, Fr 10-17 Uhr

Das **Italienische Kulturinstitut** ist seit 1989 in Krakau präsent, in seinen Räumen verspürt man mediterrane Leichtigkeit; die Caffetteria-Galleria im Kellergewölbe, von den Krakauern »Italica« genannt, zeigt wechselnde Kunstausstellungen, in der Bar gibt es Cocktails und italienischen Wein.

- L'Istituto Italiano di Cultura, ul. Grodzka 49, Tel. 218946, Mo-Fr 10-15 Uhr

Das **Jüdische Kulturzentrum** fand seinen Platz im ehemaligen Bethaus Bene Amun im Ortsteil Kazimierz. Auch hier gibt es wechselnde Ausstellungen, Vorträge und Konzerte; angeschlossen sind das Antiquariat Rara Avis und ein Café. Schmuck, Scherenschnitte und Gemälde präsentiert die Kunstgalerie Szalom (ul. Jozefa 16), jüdische Musik ist abends im Café Ariel zu hören (ul. Szeroka 18).

- Jüdisches Kulturzentrum (Centrum Kultury Żydowskiej), ul. Meiselsa 17, Tel. 337058, Fax 344593, Mo-Fr 10-18, Sa 10-14 Uhr

Das Litauische Kulturzentrum beschränkt sich vorläufig darauf, polnisches Publikum mit Speisen aus der Region um Wilna anzulocken. Im Vorraum finden kleinere Ausstellungen statt, litauische Volkskunst kann hier erworben werden.

- Litauisches Kulturzentrum, ul. Św. Krzyża 1, Tel. 221100, tägl. 11-22 Uhr

Das **Ukrainische Kulturzentrum** wartet auf mit einer Galerie und einem Buchladen im Erdgeschoß sowie einem Ikonenmuseum im ersten Stock. Für kulinarischen Genuß sorgt das preiswerte Kellerrestaurant.

- Ukrainisches Kulturzentrum (Centrum Kultury Ukraińskiej), ul. Kanonicza 15, Tel. 219294

Der Regisseur Andrzej Wajda legte den Grundstein für das **Japanische Kulturzentrum** am Westufer der Weichsel. Es wurde 1995 eröffnet und soll demnächst die Sammlung des Krakauer Künstlers Feliks »Manggha« Jasieński beherbergen, größte und wertvollste Kollektion auswärtiger japanischer Kunst. Der Architekt Arata Isozaki, der auch das Olympiastadion von Barcelona entwarf, gestaltete das Dach des Kulturzentrums als eine riesige Welle, die sich dem Wawel entgegenstemmt.

- Japanisches Kulturzentrum (Centrum Kultury i Sztuki Japońskiej), ul. Konopnickiej 32, Tel. 671438, Di-So 10-18 Uhr

Auf einem bewaldeten Hügel westlich des Stadtzentrums liegt Wola Justowska, bevorzugte Wohngegend begüterter Krakauer. Auf Initiative von Karl Dedecius, dem wichtigsten Übersetzer polnischer Literatur in Deutschland und Direktor des Deutsch-Polnischen Instituts in Darmstadt, entsteht hier die **Europa-Akademie** ihre Tore. Sie wird im Pałac Decjusza untergebracht, einer prächtigen Renaissance-Villa, die im Auftrag des königlichen Sekretärs Ludovicus Decius vom Hofarchitekten Berrecci errichtet wurde. Die Villa Decius: ein Treffpunkt für Wissenschaftler und Künstler aus verschiedenen Nationen, die sich der Idee des Dialogs zwischen Ost und West verbunden fühlen. Geplant sind Jahresaufenthalte am »Institute for Advanced Studies«, Sommerkurse am College for New Europe sowie Fachtagungen und Konferenzen.

- Europa-Akademie, Pałac Decjusza, Wola Justowska

Die **Universitätsbibliothek** befindet sich in der Mickiewicz-Allee. Das Gebäude entstand 1937, ist streng symmetrisch gegliedert und mit einer schnörkellosen, die Vertikale betonenden Außenfassade versehen. Sie beherbergt 3 Millionen Bücher, darunter viele kostbare Handschriften aus dem 15. und 16. Jahrhundert, so die »Geschichte Polens« von Jan Długosz, die Schrift »De revolutionibus orbium coelestium« (Über die Bewegung der Himmelskörper) von Kopernikus und Twardowskis »Buch der 20 Künste« mit einem Handabdruck des Teufels; dem Besucher mag erklärt werden, das Buch gehöre in Wirklichkeit einem Doktor Faustus, der gleichfalls in Krakau studiert habe. Im Gebäude der Universitätsbibliothek ist auch der Lesesaal des British Council untergebracht, die U.S. Consulate Library befindet sich im Ostteil der Altstadt.

- Universitätsbibliothek (Biblioteka Jagiellońska), ul. Mickiewicza 23: Mo-Fr 8-20, Sa 8-14 Uhr
- British Council Library, ul. Mickiewicza 23: Di 9-15, Mi-Fr 13-18, Sa 9-14 Uhr
- U.S. Consulate Library, ul. Stolarska 9, Tel. 226040: Mo-Fr 12-16.45 Uhr

Studenten der Krakauer Universität starteten zu Beginn der 80er Jahre eine Zeitschrift, die durch ihren Mangel an Respekt gegenüber kirchlichen und politischen Autoritäten Aufsehen erregte. Ihr Name ist *Brulion*, bisher sind über 20 Ausgaben erschienen. Der Sitz der Zeitschrift wurde kürzlich nach Warschau verlegt, doch die Attacken fallen seitdem nicht weniger ironisch und scharf aus. Präsident Kwaśniewski wird ebenso verspottet wie der Intellektuelle Adam Michnik – letzterer ein Beispiel für die 68er Generation, deren Vertreter nach Meinung der Brulionisten zu Anwälten jener etablierten Gewalt herabgesunken sind, die sie einst kritisierten. Die Brulionisten wollen sich auch weiterhin der Zusammenarbeit mit den herrschenden Mächten verweigern, störrisch und widerständig bleiben. Ausgefeilte Analysen und weitausgreifende Erzählungen kann man von ihnen nicht erwarten. »In der Kürze liegt die Würze« – gemäß diesem Leitsatz bevorzugen sie die zugespitzte Pointe, die feuilletonistische Marginalie, den feurig-kurzen Essay. Die Namen der Autoren (Stala, Machej, Świetlicki, Koehler) sind in Deutschland bisher nur aus den Sondernummern der **Dekada Literacka** bekannt. Dies ist eine zweiwöchentlich erscheinende Kulturzeitschrift, die von der Krakauer Kulturstiftung herausgegeben wird. Zu ihren Mitarbeitern gehören Anna Baranowa, Julian Kornhäuser und Stanisław Lem. Einmal im Jahr erscheint eine zweisprachige Ausgabe, an deren Verbreitung sich die Gesellschaft für Deutsche und Polnische Kultur beteiligt (Freundeskreis Frankfurt/Krakau, Palais Jalta, Bockenheimer Landstr. 104, Frankfurt a.M., Tel. 7411399).

- Dekada Literacka, ul. Kanonicza 7, Tel. 224773

Im **Club der Literaten** trifft man illustre Autoren wie Wisława Szymborska und Julian Kornhauser, Stanisław Lem und Czesław Miłosz. Der Club tagt im ersten Stock des Hauses »Zu den Kronen«, neben dem Redaktionsraum der Dekada Literacka. Zuweilen finden hier auch polnisch-deutsche Dichterlesungen statt, so daß selbst diejenigen, die der polnischen Sprache nicht mächtig sind, die Gegenwartsliteratur des Nachbarlandes kennenlernen können. Nach der Lesung begibt man sich hinab ins Literaten-Café, um bei einem Glas Wein das Gespräch fortzuführen.

- Club der Literaten (Dom Pod Trzema Koronami), ul. Kanonicza 7, Tel. 224773

Wie das »Haus unter der Birne« (Dom pod Gruszką) zu seinem Namen kam, ist unbekannt. Heute ist in der einstigen Residenz der Magnatenfamilie Morsztyn der **Club der Journalisten** untergebracht. Im prächtigen Bankettsaal finden des öfteren politische Diskussionen statt, im benachbarten Café-Restaurant darf auch nicht-journalistisches Publikum speisen. Im ausgehenden 19. Jahrhundert gab es an dieser Stelle das Café Sauer, das seine Progressivität dadurch unter Beweis stellte, daß es als einziges der Stadt auch Frauen willkommen hieß. Diese mußten allerdings in einem gesonderten Raum Platz nehmen – es hieß, der Anblick männlicher Exzesse sei ihnen nicht zuzumuten. Um die Jahrhundertwende avancierte das Café zu einem begehrten Treff aufmüpfiger junger Autoren, es entstanden hier viele Lieder und Scherzgedichte.

- Club der Journalisten (Dom pod Gruszką), ul. Sławkowska 2 (Eingang ul. Szczepańska), Tel. 228896

# Theater

Das 1799 gegründete Alte Theater ist eines der berühmtesten Polens. Im 19. Jahrhundert profitierte es davon, daß nur das österreichische Besatzungsregime den ihrer Herrschaft unterworfenen Polen – wenigstens ab 1866 – kulturelle Autonomie gewährte. Krakau wurde zum Mekka der Literaten und Künstler, nur hier konnten sie unzensiert arbeiten. Am Alten Theater, ab 1893 auch am neugegründeten Słowacki-Theater, wirkten die besten Regisseure und Bühnenbildner des Landes, hier wurden klassische, aber auch zeitgenössische Stücke aus dem In- und Ausland aufgeführt.

Auch die neuere Geschichte des Alten Theaters ist mit berühmten Namen verknüpft. Jerzy Grotowski arbeitete hier als Regisseur, Tadeusz Kantor als Bühnenbildner. Andrzej Wajda schuf den sogenannten »Neuen Stil«, Aufführung klassischer Stücke in modernem Kontext. Über Jahre begeisterte man sich an seiner Produktion der Stücke »Wesele« (Hochzeit) von Wyspiański und »Hamlet« von Shakespeare.

Das Alte Theater verfügt gegenwärtig über ein Repertoire von 25 Stücken. Seine Geschichte wird seit 1981 in einem Ausstellungsraum (ul. Jagiellońska 1) veranschaulicht. Vorgeführt werden Kostüme und Bühnenentwürfe, Plakate, Fotos und Druckschriften. Das Museum kann jeweils eine Stunde vor der Aufführung und während der Pause besichtigt werden.

- Altes Theater (Stary Teatr), Duża Scena, ul. Jagiellońska 1, Tel. 228566
- Studiobühne »Mała Scena«, ul. Sławkowska 14, Tel. 215976
- Studiobühne »Scena Kameralna«, ul. Starowiślna 21, Tel. 211998

Klein, aber fein: zwar stellt sich sich im **Słowacki-Theater** nicht das Grandezza-Gefühl der Warschauer Oper ein, doch es läßt sich schwelgen in einer Atmosphäre eleganter Behaglichkeit. Durch das prachtvolle Foyer gelangt man in den Aufführungssaal, wo sich dreistöckige Logen um einen ovalförmigen Raum schmiegen, der von einer goldverzierten Kuppel überwölbt ist. Seit der Jahrhundertwende werden in dem Theater-Theater die Stücke von Wyspiański und anderen Autoren des Jungen Polen gespielt, aber auch bedeutende ausländische Werke. An bestimmten Abenden, meist sonntags und montags, gastiert

hier die Krakauer Oper und das Klassische Ballett. Wer Ein- und Zwei-Personen-Stücke bevorzugt, findet eine zusätzliche Bühne an der Rückseite des Słowacki-Theaters.
- Juliusz-Slowacki-Theater (Teatr Słowackiego), pl. Św. Ducha 1, Tel. 224022
- Miniaturbühne (Scena Miniatura), pl. Św. Ducha 2, Tel. 224364

Polnische Bühnenszenen wirken oft wie lebendig gewordene Bilder, über sie vermittelt sich Inhalt. Dies gilt in besonderem Maße auch für das Theater **STU**, das in den 70er Jahren als studentische Alternativbühne entstand und bis heute von seinem Begründer Krzysztof Jasiński geleitet wird. Sehr beliebt sind hier die Stücke des irischen Dramatikers Samuel Beckett.
- Teatr STU, al. Krasińskiego 16, Tel. 222744

Das **Volkstheater** in Nowa Huta wurde 1955 eröffnet und errang schnell Ruhm auch über Polens Grenzen hinaus. Den engagierten Regisseuren Krystina Skuszanka und Jerzy Krasowski und dem Bühnenbildner Józef Szajna gelang es, mit Aufführungen vorrangig moderner Stücke das Theater binnen weniger Jahre zu einer der führenden Bühnen Polens zu machen.

Seit 1993 macht das Volkstheater abermals von sich reden – diesmal mit seinem Jugendtheater. Eine Überschrift in der deutschen »Tageszeitung« lautete: »Von der heilsamen Kraft des Theaters: Punks und Skins aus Krakau spielen Shakespeare«. Als das Ensemble in Bremen und Berlin, Freiburg und Hamburg gastierte, waren die deutschen Medien verblüfft, denn diese Variante sozialer Integration suchte man an deutschen Bühnen vergebens. 30 Punks und Skins fegten in Lederjacken und schwarzen Stiefeln über die Bühne, spielten den Kampf, aber haßten sich nicht mehr. Noch im Frühjahr 1992 hatten sie sich vor dem Theatergebäude Straßenschlachten geliefert – doch der Krakauer Intendant Jerzy Fedorowicz rief nicht die Polizei, sondern engagierte die Jugendlichen kurzerhand für die Inszenierung eines Shakespeare-Stücks. »Das Theater kann als eine Art Verhaltensschule funktionieren«, glaubte Fedorowicz, und er hat, vorläufig zumindest, recht behalten: es bildeten sich Freundschaften, zwei Gangmitglieder heirateten gar.
- Volkstheater (Teatr Ludowy), os. Teatralne 34 (Nowa Huta), Tel. 442766

Ein kleiner Ableger des Theaters befindet sich im **Keller des Rathausturms**, der auch für Rezitationsabende und kleine Jazzdarbietungen genutzt wird; nicht selten gastieren hier der Musiker Leszek Zadlo und die Schauspielerin Barbara Kwiatkowski-Lass, letzteren den Kinogängern aus vielen Filmen von Polański vertraut.
- **Scena »Pod Ratuszem«**, Rynek Główny 1, Tel. 215016

Hier die Anschriften weiterer Aufführungsorte:
- **Teatr Bückleina**, ul. Lubicz 5a, Tel. 119861: neues Kulturzentrum neben dem Hotel Europejski mit avantgardistischen Produktionen, vorgeführt werden experimentelle Musik- und Theaterstücke, Performances und Installationen
- **Teatr Bagatela**, ul. Karmelicka 6, Tel. 224544: einst ausschließlich Theater für Kinder und Jugendliche, heute angereichert um »Erwachsenen«-Theater
- **Teatr Groteska**, ul. Skarbowa 2, Tel. 333762: einst Heimstätte des Puppentheaters, heute zunehmend für Darbietungen von Jazzvokalisten und kleineren Ensembles genutzt

- **Teatr Maszkaron**, ul. Starowiślna 21, Tel. 215525: Satire-Theater

Wer an den Theaterfestivals interessiert ist, die im Laufe des Jahres in Krakau stattfinden, wendet sich an folgende Adresse:
- Kulturinformationszentrum (Centrum Informacji Kulturalnej), Św. Jana 2, Tel. 217787, Fax 217731

## Traumfabrik Kino

Etwa Mitte der 50er Jahre begannen sich westliche Kritiker intensiv für den polnischen Film zu interessieren. An der Staatlichen Filmhochschule von Łódź wurde eine Vielzahl von Talenten hervorgebracht, die allesamt mit Kurzfilmen debütierten. Im Rahmenprogramm zum Krakauer Kurzfimfestival leistet man sich gern einen Rückblick auf jene goldene Zeit der Anfänge Ende der 50er Jahre. Die Produktionen waren schon damals bestimmt von makabrem Humor, absurder Logik, Spott und Parodie. Zu den berühmtesten Kurzfilmen zählten »Das Haus« von Jan Lenica und Walerian Borowczyk, »Zwei Mann und ein Schrank« von Roman Polański.

Das Kurzfilmfestival findet alljährlich Ende Mai statt und gehört zu den Höhepunkten des Krakauer Kultursommers – traditionsreiches Pendant zu den Festspielen in Oberhausen und Mannheim. Man muß nicht polnisch sprechen können, um sich an den vorgestellten Filmen zu erfreuen. Sie leben von Bildinhalten, vom überraschenden Schnitt. In Kurzfilmen verdichtet sich der Handlungsstrang, die Aussage wird auf den Punkt gebracht. Wie im Aphorismus, einer weiteren polnischen Spezialität, regiert die Pointe und die zugespitzte Sentenz. Die Filme werden meist im Kino Kijów vorgestellt, das sich unmittelbar links neben dem Hotel Cracovia befindet und knapp 1000 Zuschauern Platz bietet.
- Kijów, al. Krasińskiego 34, Tel. 223093

Alle auch in Deutschland bekannt gewordenen Regisseure Polens haben sich einmal in Krakau dem Urteilsspruch einer Jury unterstellt, und viele von ihnen arbeiteten danach selber als Juroren. Prominente ausländische Jurymitglieder waren Hilmar Hoffmann, Erwin Leiser, Lindsay Anderson und Istvan Szabo. In den 10 Jahren von 1973 bis 1983, da der Science-Fiction-Autor Stanisław Lem als Literaturdozent an der Universität angestellt war, war auch er als Juror tätig – ebenso **Andrzej Wajda** und **Krzysztof Zanussi**, denen man in den Krakauer Altstadtcafés häufig begegnen kann.

Wajda und Zanussi – wer von beiden ist der »polnischste« aller polnischen Regisseure? Über diese Frage wird selbst in Universitätsseminaren gestritten. Bohrende Intensität wird beiden Regisseuren bescheinigt, doch während Wajda stets einen unmittelbaren Bezug zur polnischen Geschichte herstellt, bleibt bei Zanussi dieser Bezug meist verdeckt – sein Filmstil ist introvertiert. 1966 debütierte er mit dem vielerorts preisgekrönten Film »Tod eines Provinzials«. Der kühle Diagnostiker liebte das Stilmittel des Kontrasts: Der Stadt setzte er das Kloster entgegen, der Wissenschaftsgläubigkeit den Zweifel. Zu seinen bedeutendsten Filmen gehört der Streifen »Illumination«, worin einen Physikstudenten wachsendes Mißtrauen erfaßt gegenüber dem Wahrheitsgehalt »ex-

akter« Wissenschaft. Je mehr Wissen er aufnimmt, desto unsicherer und skeptischer wird er. Was ist das für eine Wissenschaft, die ihm den Sinn des Lebens nicht zu erklären vermag, deren Wahrheitsgehalt von Theoretikern wie Pragmatikern gleichermaßen verdunkelt wird? Um Erkenntnis (Illumination) zu gewinnen, so die These Zanussis, bedarf es mehr: »Der Mensch muß viel erleben und erfahren, um sich der Wahrheit zu nähern. Wissen allein genügt nicht.«
Auf das Kino der denkenden Bilder folgte in den 70er Jahren das Kino der moralischen Unruhe. **Krzysztof Kieślowski** gewann 1977 den Krakauer Grand Prix für seinen Kurzfilm »Szpital« (Klinik) und attackierte die Anwesenden mit seinem Protest gegen das »Kino der Väter«. In Westeuropa wurde man erst auf ihn aufmerksam, als er sich vom politischen künstlerischen Engagement verabschiedete: »Es gibt etwas Höheres, das diese Welt ordnet« (Kieślowski 1987). Der Fernsehzyklus »Dekalog«, eine ethische Neuinterpretation der zehn Gebote, durchlief die Dritten Programme, der nächste Film »Die zwei Leben der Veronika« (1992) wurde bereits ein großer Publikumserfolg. Krakau und Paris sind die Schauplätze dieses Films, in dem die Schicksale zweier Frauen mysteriös verknüpft sind. Mit behender Kameraführung und schnellen Schnitten wird der Rhythmus der östlichen Metropole eingefangen, ihre verspielte Bewegtheit am Abgrund. Der Film ist untermalt von betörender sakraler Musik, von Zbigniew Preisner komponiert in der Stadt der Kirchen und Klöster. Auch der 1993 in Venedig preisgekrönte Film »Die Farbe Blau«, erster Teil der Dreifarben-Trilogie, war deutlich von der Ideologie Krakaus beeinflußt: der Glaube an Wunder, so die Botschaft des Films, gebiert Wirklichkeit.
Filme werden in Krakau fast ausnahmslos in der Originalversion mit polnischen Untertiteln gezeigt. Für einen verregneten Tag am Rynek empfiehlt sich ein Seitensprung ins zentral gelegene Kino Pod Baranami oder ins Sztuka; die übrigen Kinos befinden sich knapp außerhalb der Altstadt. Mikro hat den Charakter eines Filmclubs: Kaurismäki, Anderson und Meszaros stellten hier persönlich ihre neuesten Filme vor.
- **Mikro**, ul. Juliusza Lea 1, Tel. 342897
  **Pod Baranami**, Rynek Główny 27, Tel. 223265
  **Wanda**, ul. Św. Gertrudy 5, Tel. 221455
  **Warszawa**, ul. Stradomska 15, Tel. 221544
  **Sztuka**, ul. Św. Jana 6, Tel. 214199

## Klassik

Krakau besitzt eine Vielzahl hervorragender Aufführungsorte – mag auch die Akustik nicht immer so gut sein wie in der Philharmonie. Konzerte finden statt im Wawelschloß und in zahlreichen Kirchen, in den Tuchhallen, der Aula des Collegii um Novum und in schönen Patrizierhäusern. Im August, anläßlich der Konzertreihe »Musik im Alten Krakau« kommt es oft auch zu Konzerten auf Plätzen und Straßen. Wer mehr über die Festivals klassischer Musik und die geplanten Orgelzyklen erfahren möchte, wendet sich an das Kulturinformationszentrum:
- Kulturinformationszentrum (Centrum Informacji Kulturalnej), Św. Jana 2, Tel. 217787, Fax 217731

Orchester und Chor der Staatlichen Philharmonie werden gerühmt für ihr hohes künstlerisches Niveau. Kondrashin, Kubelik, Neuman und Penderecki waren Dirigenten dieses Orchesters, das unmittelbar nach Beendigung der Kriegshandlungen entstand und am 3. Februar 1945 sein erstes Konzert gab. Das Gebäude der Philharmonie verfügt über eine hervorragende Akustik, westliche Besucher werden überrascht sein über die auch für polnische Verhältnisse ungewöhnlich niedrigen Eintrittspreise.

Das Repertoire des philharmonischen Ensembles umfaßt alle Stile und Epochen, legt aber einen besonderen Schwerpunkt auf die zeitgenössische polnische Musik. So wurden hier fast alle Werke von Krzysztof Penderecki, dem in Krakau lebenden Komponisten einstudiert – auch auf Gastspielen im Ausland und bei internationalen Festivals z.B. in Venedig, Edinburgh und Las Palmas wurden sie dargeboten. Die Schallplattenaufnahme von Pendereckis Lukas-Passion erhielt als besondere Auszeichnung den Grand Prix du Disque. Vor allem der gemischte Chor wird mit Lob überhäuft. Gepriesen werden spannungsreiche Interpretation und dynamische Kontraste, die freien Einsätze in extremen Lagen und sich kreuzenden Parallel-Glissandi.

- **Państwowa Filharmonia** (Staatliche Philharmonie), ul. Zwierzyniecka 1, Tel. 220958 bzw. 224312, Fax 229477

Im Gebäude der Philharmonie probt auch die Capella Cracoviensis, das 1970 von Stanisław Gałoński gegründete Kammermusikensemble, das sich mittlerweile um einen hervorragenden Chor erweitert hat. Ihr Repertoire reicht von mittelalterlicher bis zu zeitgenössischer Musik; das Vokalensemble ist spezialisiert auf traditionelle Passionen, Kantaten und Messen.

- **Capella Cracoviensis**, ul. Zwierzyniecka 1, Tel. 220958

Der 1943 in Krakau geborene Komponist Krzysztof Meyer war Schüler Pendereckis, bevor er selber an den Musikhochschulen von Krakau und Köln zu lehren begann. Sein letztes Musikstück »Carrillon pour Orchestre op. 80« ist eine ungewänliche Klangstudie: Glockenspiele, Xylophone, Vibraphone und Marimbaphone bringen ätherisch leichte, schwebende Töne hervor, die von plötzlichen Streicher- und Bläsereinsätzen aufgestört werden.

Die Darbietung einer solchen Komposition könnte man sich gut vorstellen in einer kleinen Galerie, die den Ruf erwarb, der kleinste und originellste Konzertsaal Krakaus zu sein. In unregelmäßigen Abständen treten hier interessante Ensembles auf. Wer eine Stunde vor der Abendvorstellung erscheint, kann im zugehörigen Café Manggha leckeren Kuchen kosten und sich bereits einen der Loggia-Plätze reservieren, von dem man Bühne und Zuschauerraum gut überblicken kann.

- **Stara Galeria** (Alte Galerie), Starawiślna 10, Tel. 220158

Nicht selten wird den Zuhörern bei klassischen Konzerten eine nostalgische Zugabe verehrt. Zweimal hat sich der Komponist Chopin der Tanzform des Krakowiak bedient: 1828 entstand ein »Rondo á la Krakowiak« (op. 14), und auch das Klavierkonzert op. 11 läßt in seinem dritten Satz deutlich Anklänge an die behende Krakauer Volksweise erkennen. Der Krakowiak wurde schon im Mittelalter gespielt und getanzt: ein flotter Zweivierteltakter, zu dem manchmal

auch improvisierte, nicht selten freche Texte vorgetragen wurden. 1794 machte Wojciech Bogusławski den Krakowiak in ganz Polen berühmt. Seine Oper über »Das vermeintliche Wunder oder die Krakauer und die Bergbewohner« war durchdrungen von den Volksweisen des Krakowiak, populäre Begleitmusik zum Aufstand des Tadeusz Kościuszko. Im 19. Jahrhundert war er vor allem unter seinem französischen Namen »cracovienne« bekannt. Charakteristisch war für ihn der Wechsel von Ferse und Stiefelspitze, Fersenzusammenschlag und Umdrehung.

An bestimmten Abenden der Woche, meist sonntags und montags, gastiert in den Räumen des Słowacki-Theaters die Krakauer Oper und das Klassische Ballett.
- **Scena Operowa**, Slowacki-Theater (Teatr Słowackiego), pl. Św. Ducha 1, Tel. 224575

Im Gebäude einer alten Reitschule werden Operetten aufgeführt; österreichische Touristen rümpfen freilich die Nase – in Wien, meinen sie, seien die Ensembles bedeutend besser.
- **Scena Operetkowa**, ul. Lubicz 48, Tel. 211630

## Jazz, Rock, Folklore

Krakau hat viele bekannte Jazzmusiker hervorgebracht, z.B. Janusz Muniak, Tomasz Stańko, Jan Redyka, Jarosław Śmietana, Janusz Grzywacz und Jan Jarczyk. In den 80er Jahren verdienten sie ihr Geld im Ausland, jetzt kehren die meisten von ihnen zurück. Einer von ihnen, der Saxophonist Janusz Muniak, Jazzkennern bestens vertraut aus der jahrelangen Zusammenarbeit mit Don Cherry, Freddy Hubbard, Charlie Ventura und Ted Curson, ist nach Krakau zurückgekehrt und hat in den Kellerräumen eines Hauses aus dem 14. Jahrhundert den Jazzclub U Muniaca gegründet, den alle Liebhaber dieser Musik besuchen sollten. Live Jazz gibt es hier jeden Donnerstag, Freitag und Samstag von 21.30 bis 01 Uhr. Der Club betreibt zugleich eine Kunstgalerie, ein Café und eine Bar, die täglich ab 12 Uhr geöffnet sind.
- **Jazzclub U Muniaca**, ul. Floriańska 3, Tel. 212373

Wie man hört, spielen auch andere Jazzmusiker mit dem Gedanken, in die Kulturstadt Krakau zurückzukehren. Eine Jazzkneipe, in der sie alle schon einmal gespielt haben, befindet sich am großen Marktplatz. Eine Bühne und zwei Lautsprecher bestimmen den dunklen, traditionsreichen Raum der Piwnica Pod Jaszurami (Unter den Eidechsen). In letzter Zeit ist es hier etwas stiller geworden. Nur wenn interessante Konzerte und Discos angesagt sind, fühlt man sich erinnert an studentischen Überschwang früherer Tage.
- **Piwnica Pod Jaszurami**, Rynek Główny 8, Tel. 220902

Der Studentenclub Rotunda befindet sich außerhalb des Zentrums in der Nähe des Hotels Cracovia; doch der lange Anmarsch lohnt sich – besonders für all diejenigen, die polnische Studenten kennenlernen wollen. Dienstags ist Jazz angesagt, freitags Reggae; Rock- und Discofreunde kommen am Wochenende auf ihre Kosten.
- **Rotunda**, ul. Oleandry 1, Tel. 333538

Wer ein Plakat sieht, das ein Konzert der Klezmergruppe Kroke ankündigt, sollte nicht zögern. Die Krakauer Gruppe läßt sich von den traditionellen jüdischen Melodien aus Mittel- und Osteuropa inspirieren, aber auch von der Musik des Balkans. Als Steven Spielberg während der Dreharbeiten zu »Schindler's List« die jüdischen Musiker kennenlernte, lud er sie spontan zu einem Gastspiel nach Jerusalem ein. Sind die Musiker nicht gerade auf Gastspielreise, so erlebt man sie im Café Ariel im Stadtteil Kazimierz; die Konzerte beginnen meist um 20 Uhr.
- **Café Ariel**, ul. Szeroka 18, Tel. 217920

Weitere wichtige Adressen für Musikfreunde:
- **Café Pod Chochołami**, pl. Św. Ducha 1: Jazz am Mittwoch
  **Piwnica Pod Wyrwigroszem**, ul. Św. Jana 30: Jazz Mi-Sa
  **Pub Klinika**, ul. Św. Tomasza 35: Jazz, Rock und Blues jeden Freitag
  **Art Club**, ul. Łobzowska 3: Folkloreabende, meist Do+So
  **Café Ariel**, ul. Szeroka 18: täglich Konzerte mit jüdischer Musik
  **Arka Noego** (Arche Noah), ul. Szeroka 2: täglich russische oder jüdische Musik

# Kabarett

»Cabarets« als Stätten der Begegnung und des kollektiven Genusses bildeten sich Ende des 19. Jahrhunderts vor allem in Paris heraus: eine geistige Bohème trat in Widerspruch zu bürgerlichem Krämergeist und kultureller Uniformierung. »In Cafés seltsamer Art«, schrieb Léon Xanrof, »versammeln sich die Verratzten und die Geduckten – in zerfranste Mäntel gehüllt«.
Begründer des ersten polnischen Kabaretts war ein Theaterautor, der von 1899 bis 1903 in Paris lebte und sich inspirieren ließ von den Nachläufern des bissig-spöttischen, 1881 ins Leben gerufenen »Chat Noir«. Sein Name war Jan August Kisielewski. Eigentlich war Warschau ausersehen für die Gründung jenes künstlerischen Kabaretts, mit dem er antreten wollte gegen die »Sklerose des polnischen intellektuellen Lebens«. Doch weil sich in Warschau die Idee nicht verwirklichen ließ, zog der Autor weiter nach Krakau. »Der grüne Ballon« (»Zielony Balonik«) wurde am 7. Oktober 1905 in einem vor allem von jungen Malern besuchten Kellerraum vorgestellt; Kisielewski führte ab Mitternacht für jeweils drei Stunden Regie, es gab bissige kleine Aufführungen, Lieder, Plaudereien, Pantomimen. 1907 wurde die Michalik-Höhle, das Café Jama Michalika neue Spielstätte des Kabaretts. Es wurde bald so bekannt, daß Publikum aus Warschau und Wien angereist kam. Vor allem wollten sie Tadeusz Boy-Żeleński hören, gleichfalls ein »Pole aus Paris«: er hatte in der französischen Hauptstadt Medizin studiert, freilich nur am Tage – denn nachts widmete er sich der Welt des Chansons. In Krakau wurde er einer der aktivsten Autoren; für den »Grünen Ballon« verfaßte er die schönsten poetischen und satirischen Lieder. – Auch heute lädt in der Michalikhöhle wieder ein Kabarett einmal wöchentlich zum Besuch seiner Vorstellungen ein.
- **Café Jama Michalika**, ul. Floriańska 45, Tel. 221561

»Als der Keller entstand, hatten wir keine Wohnungen, kein Geld, keine Frauen, keine Männer, keine Kinder. Die Leute waren unabhängig von allem. Und jetzt verdient jeder sein Geld, hat seine eigenen Angelegenheiten. Ich gehöre zu den wenigen, die für immer geblieben sind. Denn ich bin in keinen anderen Beruf abgewandert. Ich habe kein Haus, ich habe kein eigene Familie, ich habe keinen Kühlschrank, ich habe kein Auto, ich habe kein Telefon. Also bin ich zum ›Keller‹ verurteilt. Vielleicht ist das meine Bestimmung.
Ob ich den ›Keller‹ auch in einer anderen Stadt führen könnte? Vielleicht in Paris. Aber in Polen wahrscheinlich nicht. Nur in Krakau... Das Lachen ist ein rationalistisches Abenteurer und erfordert eine gewisse Disposition, die es hier gibt, in der ganzen Wunderlichkeit dieser Stadt, in ihrer Gottgefälligkeit und ihrem Plebejertum zugleich.« (Piotr Skrzynecki)

Für die meisten Krakauer gilt Pod Baranami als die unschlagbar beste Cabaret-Adresse. Die Vorstellungen beginnen meist samstags um 22 Uhr; eng sitzen die Zuschauer beieinander, es riecht nach Rauch und Schweiß. Alle warten gespannt auf Piotr Skrzynecki, seit 1956 Spielleiter des Kabaretts, der die Gäste des heutigen Abends vorstellt und es binnen weniger Minuten versteht, das Publikum in Bann zu ziehen. Kein Krakauer, der ihn nicht kennt, diesen Sonderling mit schwarzem Trödelhut und silberner Glocke; heftiges Läuten ist dem Meister Mittel, die kabarettistische Botschaft mit Witz und Verve gezielt in die Köpfe der Zuhörer zu treiben. Poetische Texte und satirische Dialoge werden zur Musik vorgetragen, Bruchstücke aus Politikerreden, Reklamesprüchen und wissenschaftlichen Werken spontan ins Programm integriert. Die Vorstellung endet zwischen 1 und 2 Uhr, doch nur wenige Gäste verlassen zu so früher Stunde den stickig-warmen Raum, warten lieber, bis der Tag anbricht...

- **Piwnica Pod Baranami**, Pałac Pod Baranami, Rynek Główny 27, Tel. 223265

Mit gemischten Gefühlen blicken die Kabarettisten in die Zukunft. Sie wissen: der politische Alltag hält Witze und Pointen in Fülle bereit, man braucht nur Ohren und Feder zu spitzen. In einer Zeit, wo sich Mafiosi und Spekulanten als Promotoren des Fortschritts gebärden, internationale Finanzgremien »bittere Medizin« verordnen und Politiker, um wählbar zu sein, beweisen müssen, daß sie keine Juden sind, brauchen sich Kabarettisten über Mangel an Ideen nicht zu beklagen. Aber gibt es genügend Bürger, die Vergnügen finden an beißendem Spott? Im Loch Camelot ist man zuversichtlich, daß die Vorstellungen auch im kommenden Jahr gut besucht sein werden.

- **Loch Camelot**, ul. Św. Tomasza 17, Tel. 210123

Bis 1992 kannte man in Krakau den Unterhaltungskünstler Jan Pietrzak – oder »Pan Janek«, wie er liebevoll genannt wird – nur aus dem Fernsehen. Nun aber hat er Warschau, wo er über 30 Jahre wirkte, gegen Krakau eingetauscht. Gern tritt er im Café Cabaret auf, doch liegen ihm Angebote auch von anderen Spielstätten vor.

- **Café Cabaret**, ul. Św. Jana, Tel. 219637

# Bars und Kellerkneipen

Abends gehört Krakau den Studenten. Was man in Warschau vergeblich sucht, hier kann man es finden: studentische Bars, die sich nach 20 Uhr rasch füllen und bis Mitternacht oder auch etwas länger geöffnet bleiben. Fast alle nachfolgend aufgeführten Bars sind Kellerkneipen, romantische Treffs, wo nicht selten Live Music aufspielt.

- **Roentgen Pub**, pl. Szczepański 3: lebhafte Kellerbar mit viel Rauch und Rock, das Publikum besteht fast ausschließlich aus Kunststudenten und flippigen jungen Leuten, täglich ab 11 Uhr, bleibt geöffnet bis weit nach Mitternacht

- **Krzysztofory**, ul. Szczepańska 2; im Jahr1963 inszenierte Kantor eine »Anti-Ausstellung« in den Räumen des Krzysztofory. In den Kellergewölben aus unverputztem Backstein wurden Bilder, Fotos und Zeitungsartikel wie Wäschestücke an eine Leine geklemmt, eine bizarre »Vernichtungsmaschine« zertrümmerte zusammengeklappte Stühle. Wer heute hinabsteigt in das Café, findet dadaistische Objets d'Art zwischen Tischen und Stühlen eingezwängt, dazu »eingefrorene« Happenings – Erinnerungen an Tadeusz Kantor, installiert von zeitgenössischen Künstlern. Mit vielen Besuchern zwischen 21 und 23 Uhr.

- **Free Pub**, ul. Sławkowska 4: Kellerpub mit Underground-Touch; das Bier kommt vom Faß und ist preiswert, auch deshalb einer der beliebtesten Treffpunkte der Krakauer Studenten; täglich ab 11 Uhr, geschlossen wird meist erst gegen 3 Uhr

- **Piwnica Pod Baranami**, Pałac Pod Baranami, Rynek Główny 27: traditionsreiche Kellerkneipe mit Jazz- und Cabaretabenden, täglich ab 20 Uhr

- **Piwnica Pod Ogródkiem**, ul. Jagiellońska 6: Kellerbar unter den Räumen des PTTK, der Vereinigung der polnischen Touristen und Naturliebhaber, fast an jedem Abend herrscht Hochbetrieb; Live Musik mehrmals pro Woche, dazu gibt es kleine chinesische und bretonische Speisen; tägl. ab 11 Uhr

- **Fischer Pub**, ul. Grodzka 42: Sobald sich die Türen zur Mittagszeit öffnen, füllt sich die Kneipe mit Studenten, die dem Lehrbetrieb entfliehen; abends gibt es nicht selten kleine Jazz- und Piano-Solo-Einlagen; tägl. ab 12 Uhr

- **Pod Papugami**, ul. Św. Jana 18: Guinness-Bier und irische Folklore, tägl. ab 16 Uhr

- **John Bull Pub**, ul. Mikołajska 2: das Bier wird aus England importiert, tägl. ab 11 Uhr

- **Bodega**, ul. Gołębia 2: tägl. 13-24 Uhr: gemütliche Weinstube in Kellergewölben mit über 150 edlen Tropfen zur Auswahl

# Discos und Casino

Gegen Mitternacht wird die Altstadt überflutet, die verwelkten Blumen werden weggespült. Die ersten Kneipen schließen, geöffnet bleiben außer den oben aufgeführten Bars eine Reihe von Discos und das Casino im Hotel »Zur Rose«.

- **Jazz Rock Café**, ul. Sławkowska 12: kleine Tanzfläche, Disco jeden Freitag und Samstag mit Pop- und Rockmusik der letzten 20 Jahre

- **Pod Papugami**, ul. Szpitalna 1: beliebte Kellerdisco, tägl. ab 20 Uhr

- **Maxim**, ul. Floriańska 32: große Tanzfläche, Disco tägl. ab 22 Uhr

- **Blue Box**, ul. Szpitalna 38: Hightech-Disco mit Lasershow, tägl. ab 20 Uhr

- **Żelazna**, ul. Berka Joselewicza 21: Techno-Disco und Eisen-Design

- **Casino Kraków**, Hotel Pod Różą, ul. Floriańska 14: Zutritt nur mit Anzug und Krawatte; von 15 Uhr bis 3 Uhr morgens kann man am Spieltisch sein Glück versuchen, Mindesteinsatz ca. 3 DM!

# Sport

Die Touristeninformation in der ul. Pawia ist hilfreich bei der Reservierung von Tennisplätzen und Reitstunden und erklärt dem Besucher, welche Frei- und Hallenbäder in der jeweiligen Saison geöffnet sind. Die Hotels Forum und Holiday Inn verfügen über eigene Hallenbäder, die jedoch an bestimmten Tagen den Hotelgästen vorbehalten bleiben. Segeln und Surfen ist möglich an dem bei den Krakauern sehr beliebten Badestrand Kryspinów, in einem Bootshaus an der Weichsel (ul. Kościuszki 16) kann man Kanus und Motorboote ausleihen.

Es gibt in der nahen Umgebung Krakaus sechs Reitzentren, in denen Kurse für Anfänger und Fortgeschrittene belegt werden können. Die Hohe Tatra ist im Sommer beliebtes Wander-, im Winter ein begehrtes Skigebiet. Wildwasserfahrten auf dem Dunajec haben den Reiz der Gefährlichkeit verloren, seit beim Schloß Niedzica ein Staudamm gebaut und der Fluß deshalb gezähmt ist.

## Kinderfreuden

Am besten gefällt es Kindern auf dem großen Markt – und hier vor allem unmittelbar vor der Marienkirche, wo eine ältere Dame Tütchen von Sonnenblumenkernen an Kinder austeilt, damit sie damit die Tauben füttern. Einigen von ihnen bereitet es anfangs Angst, wenn sich so plötzlich Dutzende von Vögeln auf ihren Armen niederlassen, doch schnell finden sie Vergnügen daran und möchten gar nicht mehr fort. Spaß macht auch eine Fahrt rings um den Rynek mit einer Pferdekutsche oder einer Rikscha – auf Wunsch kann die Fahrt ausgedehnt werden auf den Königstrakt.

Der Spaziergang durch die Grünanlagen führt zum Wawel, an dessen Weichselseite die Skulptur des feuerspeienden Drachen wilde Phantasien weckt. Wer reale Tiere bevorzugt, besichtigt den Krakauer Zoo, der im Wolkski-Wald versteckt ist und am leichtesten mit Bus 134 zu erreichen ist. Hier gibt es Affen und Leoparden, Antilopen und Schlangen, Flamingos und Gänse aus Hawaii. Der Zoo ist täglich geöffnet von 9 bis 19 Uhr, im Winter schließt er bei Sonnenuntergang.

Im Osten der Altstadt, an der Kopernikus-Straße 27, gibt es einen Botanischen Garten. Er wurde Ende des 18. Jahrhunderts angelegt, es gedeihen hier Alpengewächse, tropische Pflanzen, Palmen und Kakteen, auch eine 500 Jahre alte Eiche aus der Zeit der Jagiellonen lädt ein zum Besuch. Am Eingang des Gartens befindet sich ein altes Palais der Adelsfamilie Czartoryski, in dem sich schon seit 200 Jahren eine Sternwarte befindet. Im Sommer ist er täglich von 9 bis 19 Uhr geöffnet, im Winter nur von 10 bis 14 Uhr; die Treibhäuser können das ganze Jahr über täglich außer Freitag von 10-14 Uhr besucht werden.

Theatervorstellungen für Kinder erfreuen sich in Krakau größter Beliebtheit. Am Sonntagvormittag treten in den Kellerräumen des vegetarischen Restaurants Chimera Possenreißer und Pantomimen auf, Fabeln für die Jüngsten präsentiert das Theater Bagatela. »Drops«, das einzige Krakauer Kinderkabarett, lädt zu Aufführungen ins Hotel »Pod Różą« in der Floriansgasse ein, und die etwas Älteren machen einen Ausflug nach Nowa Huta, wo das Volkstheater Stücke für Jugendliche inszeniert.

Kommt ein Zirkus nach Krakau, so wird er mit Sicherheit auf den Łonia-Wiesen seine Zelte aufschlagen und weil sie so riesig sind, finden hier auch die Jahrmärkte statt. Gute Sport- und Schwimmanlagen gibt es ebenfalls hier, Turngeräte im nahen Jordan-Park.

Im Juli gehört der Rynek eine volle Woche lang Kindern und Jugendlichen. »Krakowiak« heißt das Fest, zu dem sich viele Folkloregruppen aus ganz Polen treffen und das junge Publikum zum Tanzen und Mitsingen animieren. Zum

Jahresausklang ein Ereignis der besonderen Art: Rund um das Mickiewicz-Denkmal werden am ersten Donnerstag im Dezember phantasievolle Weihnachtskrippen aufgestellt. Außerhalb der Weihnachtszeit findet man sie im Ethnologischen und Historischen Museum.

## Einkäufe

Krakau ist eine Fundgrube für Liebhaber von Antiquitäten und alten Büchern, Schmuck und Kunstobjekten. Interessante Geschäfte finden sich auf der Floriansgasse und der Grodzka-Straße sowie auf dem Markt. Besonders die Tuchhallen locken zum Einkauf von Souvenirs. Hier gibt es Bernstein- und Silberschmuck, handgestrickte Pullover und paillettenbestickte Westen, Holzketten und naive Skulpturen. Beliebt sind auch weiterhin die staatlichen DESA- und Cepelia-Läden mit einem reichen Angebot von Antiquitäten und Schmuck, Teppichen und Lederwaren.

- **Antykwariat Rara Avis**, ul. Szpitalna 7 (1. Stock) und ul. Meiselsa 17 (Kazimierz)
- **Antykwariat Naukowy**, Św. Tomasza 8 und ul. Floriańska 15
- **Cepelia**, Sukiennice und Rynek Główny 7
- **DESA**, ul. Floriańska 13 und Grodzka 8

Liebhaber ungewöhnlicher naiver Volkskunst werden fündig in den Galerien Camelot und Milenium: dort finden sie bizarre Holzvögel und feingeschnitzte Handpuppen, bunte Engel und Lebensbäume.

- **Camelot**, ul. Św. Tomasza 17
- **Milenium**, Rynek Główny 17 (Hetman-Passage)

Seit über 90 Jahren stellt die Werkstatt Renowacja kunstvolle Glasgegenstände her, zu ihren Designern gehörten Wyspiański, Mehoffer und Frycz. Zuletzt restaurierten die Glaskünstler die Fenster der Marienkirche und der Wawel-Kathedrale; besonders schöne Exponate wurden zu einer Verkaufsausstellung arrangiert. Gołogórski, eine weitere Galerie für Glaskunst, befindet sich in der belebten Grodzkastraße.

- **Renowacja** (Krakowki Zakład Witrazy), al. Zygmunta Krasińskiego 23, Tel. 228619, Mo-Fr 9-18 Uhr
- **Galerie Gołogórski**, ul. Grodzka 58, Tel. 214419: Glaskunst, Mo-Fr 10-18, Sa 10-14 Uhr

Es gibt in Polen noch keine streng festgelegten Öffnungszeiten. Die meisten Geschäfte sind Mo-Sa von 9 bis 18 Uhr geöffnet, rund um die Uhr das nahe dem Rynek gelegene Cymes.

- **Cymes**, ul. Szewska 10
- **Delikatesy**, Rynek Główny 34: bester Einkaufsladen im Zentrum
- **Okręgowa Spółdzielnia »Pszczelarska Pszczelarz«**, pl. Szczepański 8: auf Imkereiprodukte, Honig und Wachskerzen spezialisiertes Geschäft

# Festivals und Feiertage

| | |
|---|---|
| **1. Januar** | Neujahrstag |
| **6. Januar** | Tag der Heiligen Drei Könige: singende Kinder ziehen mit Bildern oder kleiner Weihnachtskrippe von Tür zu Tür |
| **Februar** | »Shanties«: Festival der Seemannslieder |
| **März** | Wettstreit junger Jazzmusiker im Club Rotunda |
| | Studentisches Theaterfest im Club Rotunda |
| **Palmsonntag und Karwoche** | Am Palmsonntag werden Weidenzweige in den Kirchen geweiht. Sie symbolisieren jene Palmenzweige, die zur Begrüßung Christi bei seinem Einzug in Jerusalem geschwenkt wurden.<br>Gleichfalls am Palmsonntag beginnen die christlichen Feierlichkeiten in Kalwaria Zebrzydowska, einem Ort 40 Kilometer südwestlich von Krakau. Ihren Höhepunkt erreichen sie am Gründonnerstag und Karfreitag mit der Inszenierung der Mysterienspiele: Jesu Leiden – vom Abendmahl bis zur Kreuzigung – werden seit mehreren hundert Jahren auf den umliegenden Hügelketten in Szene gesetzt. |
| **Gründonnerstag** | Junge Menschen werfen das Bild des Judas in die Weichsel oder bestücken eine Strohpuppe mit 30 Glasscherben, die jene 30 Silbermünzen symbolisieren, die Judas für seinen Verrat an Jesus erhielt. Die Strohpuppe wird von einem Kirchturm hinabgeworfen und durch die Straßen der Stadt geschleift, wobei sie mit Stöckengeschlagen wird. |
| **Karfreitag** | In der Krypta der Piaristenkirche wird eine Märchenlandschaft aufgebaut: inmitten von Blumen und Pflanzen wird das Grab Jesu plaziert. |
| **Ostersamstag** | Kirchvisite mit reich gefülltem, zur Weihe bestimmten Essenskorb. Sein wichtigster Inhalt sind die kunstvoll verzierten Ostereier, die am Morgen des folgenden Tages feierlich verschmaust werden. |
| **Ostersonntag** | Auferstehungsmesse und Prozession |
| **Ostermontag** | Am Tag des Heiligen Lejek, in Polen bekannt als Śmigus-Dyngus-Tag, werden in den Familien die Häupter mit Wasser benetzt: ein symbolisches Abstreifen der Sünden. Auf den Straßen geht es heftiger zu, denn hier bespritzen Jugendliche Passanten aus Wasserkübeln.<br>Im Krakauer Stadtteil Zwierzyniec wird »Emmaus«, ein volkstümliches Kirchenfest gefeiert. Auf der Kościuszko-Straße findet aus diesem Anlaß ein großer Jahrmarkt statt. |

| | |
|---|---|
| **Osterdienstag** | Am Krakhügel in Podgórze feiert man das traditionelle Rękawka-Fest. Laut Legende – an einem Tag irgendwann im 7. Jahrhundert trugen die Bewohner des Gebiets Erde in ihren Rockärmeln (»Rękawka«) zusammen, um ihrem Herrscher Krak zu Ehren einen 16 Meter hohen Hügel zu errichten. Zwischen Hügel und Benediktkirche feiern sie, sofern der Geldbeutel es zuläßt, ein ausgelassenes Volksfest; verkauft werden Krakauer Käsebrezeln, bunte Pfeifen und glitzernde Zellophanbälle. |
| **1. Mai** | Tag der Arbeit |
| **3. Mai** | Jahrestag der Verfassung vom 3. Mai 1791 |
| **Mai** | Gitarrenfestival<br>Kurzfilmfestival<br>»Krupnicza-Straßenfest« |
| **Fronleichnam** | Vom Wawel zieht eine Prozession über die Grodzkastraße zum Markt. In Tracht gekleidete Mädchen streuen Rosenblätter auf die Straße, Jungen präsentieren stolz die traditionelle Krakauer Kopfbedeckung: einen roten Hut mit Pfauenfedern. Auf dem Markt hat sich derweil eine tausendköpfige Menschenmenge postiert, fast ausschließlich Mönche und Nonnen. |
| **Acht Tage nach Fronleichnam** | Traditionsreiches Fest des Reiters Lajkonik: In Erinnerung an die Tatareneinfälle des 13. Jahrhunderts reitet ein in kostbare Gewänder gekleideter Mann mit Spitzhaube und Sichelmond auf einer Pferdeattrappe von Zwierzyniec zum Rynek. Unterwegs schlägt er die Schaulustigen mit einem leichten Stab und fordert Lösegeld. – Der Reiter erinnert an jenen legendären Weichselfischer, dem es gelang, ein großes Tatarenheer zu vertreiben. Der Einzug des Lajkonik auf dem Markt ist der Auftakt zu den Krakauer Tagen, einem Kulturfest mit vielen Konzerten, Ausstellungen und Theateraufführungen. |
| **Mitte Juni** | Alle zwei Jahre wird eingeladen zum Festival der jüdischen Kultur mit Theaterdarbietungen und Konzerten; es kommen Künstler aus den USA, Israel, Frankreich und Deutschland. |
| **2. Junihälfte** | Juvenalia: Studenten ziehen kostümiert durch die Straßen, der Besucher fühlt sich an Karneval erinnert; nachdem der Bürgermeister den Studenten einen symbolischen Schlüssel für das Stadttor überreicht hat, genießen sie einige wilde, närrische Tage. |
| **21. Juni** | In der Johannisnacht treiben Blumenkränze mit brennenden Kerzen auf der Weichsel. Der Wawel ist hell erleuchtet, am Flußufer und in Booten werden Feste gefeiert. |
| **Ende Juni – Ende August** | Orgelmusiktage im Benediktinerkloster von Tyniec |
| **Juli** | Krakowiak: Junge Folkloregruppen aus aller Welt treffen sich auf dem Rynek. |

| | |
|---|---|
| **August** | Musikfest im Alten Krakau: Mitglieder der Capella Cracoviensis spielen auf historischen Instrumenten, auch viele auswärtige Ensembles werden eingeladen. |
| **15. August** | An Mariä Himmelfahrt pilgern Gläubige aus allen Teilen des Landes nach Tschenstochau und feiern Gottesdienst unter freiem Himmel. Elf Tage später wird hier das Fest der Gottesmutter gefeiert, am 8. September ihr Geburtstag. |
| **September** | Messe der Volkskunst auf dem Rynek<br>Internationales Festival der Kleinen Jazzform<br>Internationale Graphik-Triennale (in den Jahren 1997 und 2000) |
| **Oktober** | Jüdischer Kulturmonat »Bajit Hadisz« |
| **1. November** | Am Tag vor Allerheiligen verwandelt sich der Kleparzer Markt in ein Blumenmeer. Bündelweise werden die Chrysanthemen und Astern gekauft, um auf die Gräber von Angehörigen und Freunden gelegt zu werden. Bis tief in die Nacht bevölkern Krakauer Bürger den Rakowicki- und den Salwator-Friedhof. Tausende brennender Kerzen schaffen eine romantisch-gespensterhafte Atmosphäre. |
| **11. November** | Jahrestag der Wiedergewinnung der Unabhängigkeit 1918 |
| **Dezember** | Am ersten Donnerstag des Monats werden Weihnachtskrippen am Mickiewicz-Denkmal ausgestellt – auffallend ihre feinziselierten Ornamente, der fast byzantinisch anmutende Prunk. Die schönsten Krippen werden prämiert und können anschließend bis Ende Januar im Historischen Museum der Stadt besichtigt werden. |
| **8. Dezember** | Mariä Empfängnis |
| **23. Dezember** | Prozession der Sängerknaben von der Barbakane zum Rynek |
| **24. Dezember** | Heiligabend ist der wichtigste Festtag der Polen. Wer bei einer polnischen Familie zu Gast ist, kann sich auf folgendes Ritual einstellen: Wenn der erste Stern am abendlichen Himmel zu leuchten beginnt, wird eine gesegnete Oblate verzehrt – die Familienmitglieder wünschen sich Glück für das kommende Jahr.<br>Viele Polen halten die Tradition aufrecht, ein Gedeck zuviel aufzutischen: der unverhofft anklopfende Gast soll am Weihnachtsschmaus teilhaben können. Meist besteht das Weihnachtsmenü aus Pilz- oder Rote-Bete-Suppe, gebratenem Karpfen, gefüllten Kohlrouladen, hausgemachten Nudeln mit süßer Sauce, Kompott und einer Vielzahl von Kuchen. Kurz vor Mitternacht pilgert die gesamte Familie in die Kirche. |

*Blick auf den stadtnahen Wolski-Wald*

# Ausflüge in die Umgebung

## Wieliczka

An jener Stelle, so lehrt der Volksmund, an der Königin Kinga ihren Ring fallen ließ, wurde im Jahr 1290 das unterirdische »weiße Gold« entdeckt. Zweifel an dieser Version sind freilich erlaubt, da in lateinischen Urkunden bereits im Jahr 1119 die Bezeichnung »Magnum Sal« (altpolnisch »Wielika Sol«) auftaucht und der heutige Name Wieliczka offenkundig darauf zurückzuführen ist. Unter der Herrschaft Kasimirs III. wurde in der Nähe des Salzbergwerks ein königliches Schloß errichtet, zusätzlich wurde die Ortschaft mit hohen Befestigungsmauern abgesichert. Der König verfügte, daß fortan sämtliche Einkünfte aus dem Salzbergwerk der Krone gehören sollten – diesem Beschluß verdankten Kasimir und seine Nachfolger über ein Drittel ihrer gesamten Einnahmen.

60 erfahrene, aus Sachsen angeworbene Bergleute waren ab Mitte des 14. Jahrhunderts mit dem Abtäufen der tiefen Schächte beschäftigt. Über die Schächte wurden Arbeiter und Pferde ins Berginnere befördert, sie waren der Ausgangspunkt für horizontale Gänge, die das Innere des Bergwerks labyrinthartig durchzogen. Mit 400 Kilogramm schweren Instrumenten schlugen die Bergleute Salzblöcke aus dem Flöz, die an der Erdoberfläche zu Salz verarbeitet wurden. Insgesamt erstrecken sich die Gänge des Bergwerks auf 420 Kilometer Länge – davon werden dem Besucher 3 Kilometer vorgeführt. Über 378 Holzstufen geht es hinab zur ersten von neun unterirdischen Ebenen. Während des dreistündigen Rundgangs – durchweg bei Temperaturen von nur 12 bis 14°C kann der Besucher aus Salz geformte Skulpturen und geschnitzte Altäre, Kristallgrotten, Kapellen und türkisfarbene Salzseen bewundern. Eine kolossale, fast vier Meter hohe Statue aus grünlich schimmerndem Salz stellt den Astronomen Nikolaus Kopernikus dar. Größte aller Kapellen ist die aus glitzerndem Steinsalz gehauene Kinga-Kapelle. Über 30 Jahre wurde an der Fertigstellung dieses 54x17x12 Meter großen Kunstwerks gearbeitet – 1927 schließlich wurde es eingeweiht. Schwere Lüster hängen von der hohen Decke, für die Seitenwände schnitzten Arbeiter Nachbildungen berühmter Kunstwerke, darunter das »Abendmahl« von Leonardo da Vinci; auch Messen und Konzerte werden hier zelebriert.

Ein 211 Meter tief gelegenes unterirdisches Sanatorium hat sich auf Erkrankungen der Atemwege spezialisiert. Allergie- und Asthmakranke verbringen hier mehrere Stunden täglich, um die salzhaltige Luft einzuatmen. Das Salinenmuseum in der dritten Ebene informiert über die 700jährige Geschichte des Bergwerks. Wieliczka ist eines der ältesten noch in Betrieb befindlichen Werke, wurde deshalb von der UNESCO als bedeutendes »Weltkulturerbe« eingestuft. Goethe und Balzac waren hier, um das von Menschenhand geschaffene Wunderwerk zu bestaunen und zeigten sich tief beeindruckt. Döblin kam ebenfalls nach Wieliczka, doch seinen Kommentar kann man in keiner touristischen Werbeschrift nachlesen. Er bereute es zutiefst, diese »Touristenfalle« betreten zu haben: »Ich hatte nichts erwartet, es war noch weniger: eine Sehenswürdigkeit mit Führern, Riesensälen, Ballsaal, Kunigundensaal, Piłsudskisaal, Kapel-

keit mit Führern, Riesensälen, Ballsaal, Kunigundensaal, Piłsudskisaal, Kapellen. Alles aus Salz, worüber ich staunen sollte. Wenn es Beton gewesen wäre oder Bonbonzucker, hätte es mir ebensowenig gemacht. Das Salz bekam ich nebenbei in den Gängen zu sehen; die Führer liefen rasch vorbei mit den Laternen und wollten mich mit elektrischen Lichteffekten überraschen. Ich riß innerlich das Maul zum Gähnen vier Stockwerke weit auf. Ganz unten war eine Schmiede, Motoren surrten, Feuer glühte, ein Amboß, ein lebendes Pferd; entfernt gab es Schächte, Fabrikanlagen. Das und die Arbeiter hätte ich gern gesehen. Aber man trieb mich Touristen wie das Vieh, sie hatten noch ein Ungetüm von Saal und noch eins in petto.«

- **Anfahrt:** Wer nicht mit dem Vorortzug oder Bus, sondern mit eigenem PKW fahren möchte, verläßt Krakau in Richtung Südosten über die Starowiślna- und die Wieliczka-Straße und folgt anschließend der E-40. Nach 13 Kilometern erreicht er die alte Bergwerkstadt Wieliczka.

- **Sehenswürdigkeiten:** Salzbergwerk (Kopalnia Soli), ul. Daniłowicza 10, Tel. 787302: im Sommer 8-18, im Winter 8-16 Uhr ; Salzschloß (Zamek Żupny), Mo+Mi-Sa, 9-16 Uhr

# Niepołomice

In der Ortschaft Niepołomice 25 km östlich von Krakau beginnt das Waldgebiet »Puczcza Niepolomicka«, das den Königen in früheren Zeiten als Jagdrevier diente. Noch heute kommen viele Jagdbegeisterte hierher, um ihre Flinte anzulegen gegen Hirsche und Rehe; Wisente sind so selten geworden, daß sie in einem abseitigen Reservat unter besonderen Schutz gestellt wurden.

Das ab 1550 für Sigismund II. erbaute königliche Jagdschloß kann noch heute besichtigt werden; durch ein Renaissanceportal gelangt man in den Innenhof, der umgeben ist von Arkaden. Fast noch interessanter erscheint ein Besuch der gotischen Kirche. König Kasimir der Große, dem man ein hitziges Temperament nachsagte, ließ sich eines Tages hinreißen, den Kirchenmann Marcin Baryczka zu ertränken – dieser hatte gewagt, ihm zu widersprechen. Zur Strafe belegte der Papst den König mit dem Kirchenbann, der erst wieder aufgehoben wurde, als der Regent sich bereit erklärte, mehrere Kirchen zu errichten und damit seiner Buße Ausdruck zu verleihen. Eine dieser Kirchen ist heute in Niepołomice zu bewundern. Ihre beiden Schiffe sind optisch nicht voneinander getrennt, nur wenige Stützsäulen, auf denen die Gewölbe ruhen, markieren eine Trennungslinie. Spätere Umbauten haben leider den Charakter des Innenraums erheblich verändert: Der Eindruck grandioser Weiträumigkeit will sich nicht mehr einstellen. In der seitwärts angebauten Branicki-Kapelle findet sich das prunkvolle Grabmal der gleichnamigen Magnatenfamilie, die Lubomirski-Kapelle ist mit Stuckornamenten geschmückt.

- **Anfahrt:** Mit Vorortzug oder Überlandbus 231; mit dem Auto über Wieliczka weiter in Richtung Bochnia, nach 8 km Abzweigung links.

- **Sehenswürdigkeiten:** Königliches Schloß (Zamek Niepołomice), ul. Zamkowa 2: täglich 8-16 Uhr

# Tyniec

Die Umgebung Krakaus ist hügelig und lockt mit vielen hübschen Ortschaften. Im Südwesten, nur 13 Kilometer von Krakau entfernt, liegt Tyniec mit alten Holzhäusern, Befestigungsanlagen und einer Benediktinerabtei, die 1044 gegründet und am rechten Ufer der Weichsel malerisch auf einem Kalksteinfelsen thront. Nach der Zerstörung durch die Tataren wurde sie im gotischen Stil aufgebaut, später im barocken Stil erneuert. Das Kloster, im frühen Mittelalter eines der reichsten des Landes, hörte 1817 vorübergehend auf zu existieren, 1939 nahmen Ordensbrüder die Arbeit wieder auf.

Die Kirche mit ihrem schönen, schwarzmarmornen Altar und einer ungewöhnlichen, einem Boot ähnelnden Kanzel kann täglich besichtigt werden. Wer in den Monaten Juli und August in Krakau weilt, sollte die Chance wahrnehmen, seinen Ausflug nach Tyniec mit dem Besuch eines Orgelkonzertes zu verbinden. Meist beginnen die Konzerte um 17 Uhr, Eintrittskarten sollte man im Vorverkauf an der Kasse der Krakauer Philharmonie erwerben. Wichtiger Hinweis: An Konzertabenden ist auch das zum Festungskomplex zugehörige Kloster geöffnet, das mit schönen gotischen Kreuzgängen aus dem 14. Jahrhundert aufwartet.

In den Büchern mit alten polnischen Sagen und Erzählungen hat sich auch Tyniec einen Platz erobert. Der allmächtige Ritter Walgierz Wdały war ein vorzüglicher Lautenspieler. Er liebte es, durch die Lande zu reisen und mit seinem Lautenspiel hübsche Frauen zu verzücken. Eine von ihnen, Helgunde aus Franken, folgte ihm auf die Burg nach Tyniec. Wiślaw, der Herzog von Wiślica, war musikalisch weniger begabt und deshalb neidisch auf Walgierz. Er versuchte ihn aus seiner Burg zu vertreiben. Das Unterfangen scheiterte, Walgierz ließ seinen Widersacher einsperren und begab sich bald abermals auf Reisen. Helgunde jedoch blieb allein zurück – ohne Walgierz und ohne sein abendliches Lautenspiel. Die Frau fühlte sich einsam und entdeckte ihre Zuneigung zum eingesperrten Herzog von Wiślica; sie befreite ihn und floh mit ihm auf seine Burg. Und wie so oft in polnischen Geschichten wird auch in dieser der Frau die betrügerische Rolle zugedacht. Es heißt, sie habe gemeinsam mit Wisław den zurückkehrenden Ehemann in einen Hinterhalt gelockt und in ein Verlies geworfen. – Doch damit ist die Geschichte noch nicht zu Ende. Die Schwester Wisławs hatte gleichfalls ein Herz für schwache Männer. Sie befreite den Eingekerkerten und schenkte ihm ein Schwert. Der betrogene Ritter überraschte die fränkische Ex-Frau, zerschnitt sie und ihren Geliebten in Stücke...

Wenn man vom Hof der Abtei hinüberschaut in nördliche Richtung, erkennt man den Wolski-Wald und die Kamaldulenserkirche in Bielany. In ihr sind Frauen nicht zugelassen, blutige Geschichten wie in Tyniec können dort nicht geschehen.

- **Anfahrt:** Mit Bus 112 ab Rondo Grunwaldzkie; im Sommer sollte man sich erkundigen, ob und wann Ausflugsboote ab Anlegestelle Wawel eingesetzt werden.

- **Sehenswürdigkeiten:** Benediktinerabtei, Tel. 660977: Mo-Sa 10-12, So 15-17 Uhr

## Ojców-Nationalpark

Nur 22 Kilometer nordwestlich von Krakau liegt der kleinste und zugleich abwechslungsreichste Nationalpark Polens. Er erstreckt sich über 14 Kilometer entlang des tief eingeschnittenen Prądniktals. Am Grunde der Schlucht fließt der gleichnamige Fluß, zu beiden Seiten ragen hohe weiße Kalksteinwände auf. Im angrenzenden Waldgebiet wachsen Buchen, Birken und Eichen, dazwischen erheben sich bizarr geformte Monolithen. In den Kalksteinhöhlen, die sich labyrinthartig durch den Fels ziehen, fanden Archäologen Spuren von Menschen, die hier bereits vor 180.000 Jahren lebten.

Ojców, ein kleines, aus Holzhäusern erbautes Dorf mit 350 Einwohnern, markiert den Beginn der sogenannten Adlerhorstroute – einer mittelalterlichen Handelsstraße, die von Krakau nach Schlesien führte. An strategisch wichtigen Punkten war sie von »Adlernesten« flankiert: Burgen und Kastellen auf unzugänglichen Felsen, die das polnische Königreich vor Überfällen der benachbarten Böhmen schützen sollten. Eine erste Festung befand sich am Nordausgang von Ojców, wo sich das Flußbett kurzzeitig auf 20 Meter Breite verengt; von der im 14. Jahrhundert von Kasimir dem Großen gestifteten Königsburg sind heute nur noch zwei Türme und Reste der Festungsmauern erhalten.

Ojców verfügt über ein heimatkundliches und ein naturkundliches Museum. Besonders letzteres lohnt den Besuch: Flora und Fauna der Region werden vorgestellt. Hier sieht man z.B. einige der 1600 im Naturpark lebenden Schmetterlingsarten und ausgestopfte Exemplare der Glatten Natter, einer für Menschen ungefährlichen Würgeschlange; interessant sind auch die Nachbildungen des Kleibers, eines Vogels, der zur Brutzeit das Nestloch mit Speichel und Erde verschließt.

Der Nationalpark mit seinen nadelförmigen Felsformationen und romantischen Schluchten läßt sich ab Ojców auf markierten Wanderwegen erkunden. In südlicher Richtung gelangt man in 30 Minuten zur »Jama Łokietka«, einer der insgesamt 220 von unterirdischen Wasserläufen ausgespülten Höhlen. Sie ist knapp 250 Meter lang und damit die größte Höhle des Parks; ihren Namen verdankt sie einer Legende, derzufolge sich in ihr der polnische König Władysław I. Łokietek im frühen 14. Jahrhundert vor seinem böhmischen Rivalen König Wenzel II. versteckte.

Folgt man von Ojców der Straße in nördlicher Richtung, so trifft man nach 45 Minuten in Grodzisko ein, wo auf einem Felsplateau hoch über dem Flußbett eine Kirche thront. Einsam und unzugänglich lebten hier im 13. Jahrhundert Nonnen des Klarissenordens mit ihrer Priorin Salomea. Als sie 1316 von Władysław I. nach Krakau gerufen wurden, verödete die Klosteranlage. Erst 1677 wurde der Ort wiederentdeckt. Der Krakauer Kanoniker Jan Sebastian Piskowski war so sehr von dem landschaftlichen Reiz des Ortes bezaubert, daß er hier nach eigenen Entwürfen eine Kirchenanlage errichten ließ. Hinter der kleinen, im barocken Stil erbauten Kirche öffnet sich ein Hof, der von drei künstlichen Grotten abgeschlossen wird. Dahinter führen 50 Stufen zur Einsiedelei der Heiligen Salomea, einer Kapelle, die verwegen über dem Abgrund schwebt.

Nach einer weiteren Stunde passiert man den Herkulesfelsen, einen weißen, keulenartig geformten Monolithen. Kurz darauf stehen wir vor einem der schönsten Baudenkmäler polnischer Architektur, dem gebieterisch am Nordostrand des Parks emporragenden Schloßkomplex **Pieskowa Skała** (Hundefels). Im 14. Jahrhundert war hier eine Burg errichtet worden, im 16. Jahrhundert wurde sie nach dem Wunsch der Magnatenfamilie Szafraniec zu einem prachtvollen Renaissance-Palast ausgebaut. Sein mächtiger Baukörper wird von Türmen und Loggien aufgelockert, eine Zugbrücke führt in den trapezförmigen Innenhof; dreistöckige Arkadengänge schmücken den Schloßplatz, über den stützenden Säulen prangen Maskarone, Skulpturen grotesker Häupter. Ein System unterirdischer Gänge erlaubte es den Bewohnern, im Falle eines Angriffs aus dem Schloß zu entkommen.

In den Schloßsälen wird anhand von Gemälden, Skulpturen, Möbeln und Gobelins die Stilentwicklung von der Gotik bis zum Klassizismus illustriert, wobei auffallend häufig sarmatische Kunst vertreten ist. Dies ist die Bezeichnung für einen kunsthandwerklichen Stil, der im 17. Jahrhundert vorherrschte und auf den starken Einfluß des Orients verweist. Die ausgestellten Gegenstände, vorwiegend Kleidung und Schmuck, sind mit stilisierten Tierdarstellungen und geometrischen Mustern verziert. Zu den wertvollsten Ausstellungsstücken gehört eine Serie französischer Teppiche aus dem 18. Jahrhundert, auf denen Lebensstationen Alexanders des Großen gezeigt werden.

Die Frau des Schloßbesitzers hieß Dorotka. Sie war, wie sich dies für eine polnische Legende gehört, eine untreue Frau. Im Schloßturm, der leider nicht mehr existiert, wurde sie gefangengehalten, damit sie nicht ein weiteres Mal in Versuchung geführt werde. Gewiß wäre sie eines raschen Todes gestorben, wenn da nicht ihr anhänglicher Hund gewesen wäre, der jeden Tag zum Felsen hinaufkletterte und seiner geliebten Herrin die Überreste seines Essens brachte. Womit dem Leser zugleich verraten ist, woher der Name des Schlosses (»Hundefelsen«) stammt...

Der Ausflug in den Nationalpark könnte mit einem Besuch des in einem Turm untergebrachten, sehr schön gelegenen Café-Restaurants abgeschlossen werden, wo man vorzüglich zubereitete Forellen essen kann.

- **Anfahrt:** Mit Linienbus PKS ab Hauptbahnhof über Bronowice nach Ojców (oder weiter nach Pieskowa Skała), mit Auto auf der E-40 bis kurz hinter Biały Kościoł, dann der Abzweigung rechts folgen; wer nur dem Schloßkomplex einen Besuch abstatten möchte, fährt auf der E-40 Richtung Olkusz und zweigt in Jerzmanowice rechts ab. Die schmale Straße, die durch den Park führt, kann zwar befahren werden, doch weitaus schöner ist es, das Tal zu durchwandern. Vor der Fahrt kann man im Krakauer Buchladen am Rynek 23 die Karte »Ojcowski Park Narodowy« erwerben, auf der im Maßstab 1:22.500 Wanderwege, Höhlen und Sehenswürdigkeiten genau verzeichnet sind.

- **Sehenswürdigkeiten:**
  Naturkundliches Museum (Muzeum Przyrodnicze), Tel. 40 Ojców: Mai-Oktober Di-So 9-16 Uhr
  Heimatkundliches Regionalmuseum (Muzeum Regionalne), Tel. 36 Ojców: Mai-Oktober Di-So 9-16 Uhr
  Łokietek-Höhle (Jama Łokietka): Mai-Oktober täglich 9-16 Uhr
  Schloßmuseum Pieskowa Skała, Tel. 226866: Di-Fr 10-16, Sa-So 10-18 Uhr

*Der Schloßkomplex Pieskowa Skała*

## Weiterfahrt nach Tschenstochau

Über Olkusz gelangt man zum Schloß Ogrodzieniec, das der Krakauer Bankier Seweryn Boner ab 1530 auf den Fundamenten einer ehemaligen Wehranlage erbauen ließ. Zwar ist vom Schloß nur noch eine Ruine erhalten, doch bietet sich von dort ein großartiger Ausblick: Der 504 Meter aufragende Hügel ist die höchste Erhebung der Krakau-Tschenstochauer Jura.

## Tschenstochau

Seine Bedeutung verdankt Tschenstochau nicht seinem gigantischen Eisenhüttenkombinat und auch nicht der Vielzahl seiner Textilbetriebe, sondern dem Portrait der Schwarzen Madonna, einem als wundertätig verehrten Bild:
*Skeptischen Blickes beäugt die dunkelhäutige Frau den Betrachter, kein Lächeln umspielt ihren Mund, zwei lange Narben ziehen sich über ihr Gesicht. Es scheint, als wolle sie sich nicht preisgeben; ihr Haupt ist von einem kostbaren Tuch umhüllt, ihr Haar säuberlich versteckt.*
Pilger aus allen Teilen des Landes wissen um die magische Kraft dieses Bildes. Ein nicht enden wollender Strom von Menschen bewegt sich über den Boulevard der Allerheiligsten Muttergottes (Aleja Najświętszej Marii Panny), steuert geradewegs auf das Kloster Jasna Góra zu, in dem das Nationalheiligtum verborgen ist. Die Händler wittern ihre Chance: An keinem der vier Festungstore wird die Gelegenheit ausgelassen, den Zauber zu vermarkten, religiösen Kitsch feilzubieten: Heiligenbilder und Plastikteufelchen, Luftballons mit dem Antlitz des Papstes, Rosenkränze in allen Formen und Farben. Aus Lautsprechern ertönen kirchliche Gesänge, Priester und Nonnen hasten umher, bemühen sich, gelassen zu erscheinen.
Vermutlich entstand das Bild der Schwarzen Madonna 1384 in der Malerwerkstatt des Italieners Simone Martini. Kurz danach wanderte es in die Hände des Fürsten Władysław von Oppeln, der es dem Kloster Jasna Góra schenkte, das er zwei Jahre zuvor hatte erbauen lassen. Dort lebten Mönche des Paulinerordens, einer 1246 in Ungarn gegründeten Eremiten-Kongregation. Sie orientierten sich am Vorbild des Apostels Paulus, der 90 Jahre in der ägyptischen Wüste verbracht hatte, übten sich in einer spartanischen und weltabgewandten Lebensart. So durften sie das Kloster nur in Ausnahmefällen verlassen, Verwandtschaftsbesuche waren ihnen strikt untersagt.
Die Pauliner sprachen dem Bild heilige Kräfte zu, lockten damit Scharen von Pilgern an. Der vom Papst gestattete Handel mit Ablaßbriefen machte die armen Mönche reich. Bei den hussitischen Protestanten stieß der Loskauf von Sünden jedoch auf heftige Kritik. 1430 entlud sich ihr Zorn in einem Bildersturm. Eine Gruppe bewaffneter Protestanten überfiel das Kloster und zerstörte die Insignien des Katholizismus. Das beschädigte Bild wurde in Krakau restauriert, wobei zwei Schrammen im Gesicht belassen und mit Zinnoberrot zart übermalt wurden – sie sollten an die wütenden Degenstiche der Protestanten erinnern.
Im 16. Jahrhundert hatte sich das Kloster als wichtigstes Mariensanktuarium Polens etabliert. Adlige und Könige spendeten Juwelen, Münzen und Waffen,

spekulierten auf göttlichen Segen in weltlichen Geschäften. 1652 wurde das Kloster zu einer Festung ausgebaut. Drei Jahre später marschierten schwedische Truppen in Polen ein und belagerten Jasna Góra. Sechs Wochen lang trotzten 250 Mönche den auf 4000 Mann geschätzten schwedischen Einheiten und ermöglichten damit den polnischen Truppen einen Sieg über das feindliche Heer. Die Mönche versäumten es nicht, diese Tat stilgerecht zum »Wunder von Tschenstochau« umzudeuten: Maria habe interveniert, die Geschosse in eine falsche Richtung gelenkt.

Zu Beginn des 18. Jahrhunderts gelang es Rußland mittels korrupter Adelsvertreter, die Geschicke des Nachbarlandes entscheidend zu beeinflussen. In einem Versuch, patriotische Gefühle zu mobilisieren, erklärte 1717 der Klerus die Schwarze Madonna zur Königin Polens. Und auch in der Zeit der Teilungen hielten die Paulinermönche polnisches Nationalbewußtsein konsequent wach: Gegenstände, die an die staatliche Existenz erinnerten, wurden im Kloster als Reliquien verehrt.

*Die »Schwarze Madonna«*

Nach dem Zweiten Weltkrieg führte Kardinal Wyszyński die Traditionen der Pilgerfahrten fort, Jasna Góra wurde abermals zum Brennpunkt einer politischen Mission. Diesmal lautete das Ziel: Sturz der sozialistischen Regierung. Als 1978 Karol Wojtyła zum Papst gewählt wurde, wollten die Bischöfe Polens darin einen Fingerzeig der wundertätigen Madonna erblicken. »Die Wahl eines Polen zum Papst«, so verkündeten sie, »ist nach allgemeiner Überzeugung das Werk der Allerheiligsten Mutter, der Jungfrau von Tschenstochau und Königin Polens.«

Die durch solch göttliches Walten angespornten Kleriker witterten Morgenluft, spürten den Zeitgeist auf ihrer Seite. Ab 1979 verwandelten sich die Wallfahrten zum Kloster Jasna Góra in Demonstrationen gegen den sozialistischen Staat. Als die Arbeiter der Lenin-Werft im Sommer 1980 in Streik traten, befestigten sie eine Kopie der Schwarzen Madonna an ihrem Werkstor und beteten täglich zu ihr. Ihr Führer, der Elektriker Lech Wałęsa, erhielt 1983 den Friedensnobelpreis und stiftete ihn der Gottesmutter von Tschenstochau.

Noch immer sind es Hunderttausende, die jährlich zum Klosterberg pilgern, sich im Gebet Erlösung von ihren Sorgen und Nöten erhoffen. Wer Menschenmassen scheut, sollte Jasna Góra weder an Wochenenden noch an Feiertagen besuchen; inbrünstige polnische Frömmigkeit läßt sich besonders gut am 15. August, am Tag Mariä Himmelfahrt bestaunen: Pilger treffen aus Warschau ein, nachdem sie zuvor einen zehntägigen Fußmarsch absolviert haben. Verehrer der Gottesmutter kommen noch an weiteren Tagen zum Kloster: an ihrem Geburtstag (8. September), am Tag ihrer Empfängnis (8. Dezember), zum Fest der »Gottesmutter von Tschenstochau« (26. August) und am Tag ihrer Krönung (3. Mai).

Die Klosteranlage besteht aus einer Kirche und mehreren Museen. Gegenüber dem Haupttor erhebt sich die große Himmelfahrtskirche mit einem schlank aufragenden Turm. Unter ihm befindet sich der Eingang zur Kirche. Wir passieren die mit einer Kuppel versehene Vorhalle und betreten das Hauptschiff, das überreich mit Fresken und Stuckornamenten geschmückt ist. Der prächtige Barockaltar aus dem Jahr 1728 zeigt Mariä Himmelfahrt. An das rechte Seitenschiff sind zwei Kapellen angefügt, von denen vor allem die erstere sehenswert ist. Sie ist Paulus geweiht und enthält Wandmalereien mit Szenen aus dem Leben des Heiligen.

Vom linken Seitenschiff führt ein Weg zur Kapelle der Mutter Gottes, in der sich das Bildnis der Schwarzen Madonna befindet. Bereits um sechs Uhr morgens bilden sich Menschentrauben um das Bild – sobald die erste Messe gelesen wird, darf die Madonna erschaut werden; ein Fanfarenstoß erklingt, die Silberabdeckung wird entfernt. Doch auch jetzt läßt sich nur mit Mühe das Antlitz der gekrönten Madonna erkennen: Bis an den Hals und die Wangen schmiegt sich ein juwelenbesticktes Gewand, das dem Bild übergestülpt ist. Viele polnische Dichter haben versucht, sich der Madonna literarisch zu nähern – einer von ihnen ist Jan Andrzej Morsztyn, der sein Gedicht schlicht »Ikone« titulierte:

*Hart ist das nur mit großer Not geschmolzne Eisen,*
*Hart der Diamant, den keine Hämmer je zerbeißen,*
*Hart sind die Eichen, die versteinerten und alten,*
*Hart sind die Uferfelsen, die die Brandung spalten.*
*Doch härter als Diamanten, Eisen, Fels und Eichen*
*Bist Jungfrau du, die meine Tränen nicht erweichen.*

Unter dem Bild hängen silberne Herzchen, Ketten und Kreuze. Mit diesen Gaben suchten die Gläubigen Maria gnädig zu stimmen oder bedankten sich nach vollbrachtem Wunder. Auf der ersten Polenreise nach seiner Ernennung zum Papst ließ es sich auch Karol Wojtyła nicht entgehen, der Madonna seinen Dank abzustatten; er stiftete ihr eine goldene Rose, die rechts vom Bildnis befestigt ist. Links befinden sich Zepter und Kugel, Insignien königlicher Macht.

Nördlich der Kapelle führt eine wuchtige Treppe zum Rittersaal mit historischen Gemälden aus dem 17. Jahrhundert. Das Refektorium, eine barocke Halle mit pompöser Deckenkonstruktion, bleibt dem Besucher in der Regel verschlossen. Auch die Klosterbibliothek, die mit Handschriften aus dem 15.–17. Jahrhundert und einem Archiv mit Dokumenten und königlichen Dekreten ausgestattet ist, kann nur mit spezieller Erlaubnis der Direktion besichtigt werden; Interessenten wenden sich an das Informationsbüro am Haupttor.

Offen zugänglich sind dagegen Schatzkammer, Klostermuseum und Arsenal. Die Schatzkammer (Skarbiec) befindet sich über der Sakristei der Kirche; sie ist erreichbar von der Südostseite, zeigt Gold- und Silberschmuck aus Nürnberg, Dresden, Wien und Mailand sowie eine Uhren- und Goldschmiedesammlung. In einem Museum an der Westseite des Klosters werden Bilder zur Geschichte von Jasna Góra und zum Marienkult vorgestellt; ferner finden sich hier Abbildungen prominenter Ordensmitglieder und die Urkunde des Friedensnobelpreises von Lech Wałęsa. Neben dem Museum ist das Arsenal zu besichtigen, in dem türkische Kriegsbeute und Marschallstäbe, reich verzierte Säbel und Haudegen präsentiert werden; auch zwei Bilder von Jan Matejko, auf denen der Historienmaler Schlachtenszenen zelebriert, kann man hier sehen.

Wer noch die Kraft hat, den 100 Meter hohen Turm im Westen der Basilika zu besteigen, darf einen weiten Blick auf die Stadt Tschenstochau werfen. Sie zählt heute über 270.000 Einwohner – doch leider sind es nicht Kirchturmspitzen, sondern rauchende Schlote, die das Stadtbild bestimmen. In den 50er und 60er Jahren war die sozialistische Regierung bemüht, den klerikalen Einfluß durch Ansiedlung von Chemie-, Textil- und Papierfabriken zurückzudrängen. Diese Entwicklung ist jetzt gestoppt. Bürgermeister Tadeusz Wrona setzt heute nicht mehr auf Industrie, größere Verdienstmöglichkeiten erhofft er sich von der Vermarktung der Religion. Er hat den Plan, bis zum Jahr 2000 Tschenstochau nach dem Vorbild des französischen Wallfahrtsort Lourdes zu einem europäischen Pilgerzentrum auszubauen.

- **Anfahrt:** Busse fahren ab Krakau bedeutend häufiger als Züge; die Bahnhöfe in Tschenstochau befinden sich unmittelbar südlich des breiten Boulevards (Aleja Najświętszej Marii Panny), auf dem man – den Menschenmassen folgend – in 20 Minuten die Kultstätte erreicht. Autofahrern ist die Route der Adlerhorste zu empfehlen. Sie führt über Ojców nach Olkusz und Ogrodzieniec – entlang vieler, größtenteils verfallener mittelalterlicher Burgen.

- **Touristeninformation:** Aleja Najświętszej Marii Panny 65 (neben dem Hotel Patria), Tel. 241360: Mo-Fr 9-18, Sa 10-16 Uhr

- **Sehenswürdigkeiten:**
  Kloster Jasna Góra: täglich 6-21 Uhr
  Schatzkammer: tägl. 9-16.30 Uhr
  Museum des 600jährigen Bestehens: täglich 11-16.30 Uhr
  Arsenal: tägl. 9-12 und 15-18 Uhr
  Turm: täglich 8-11 und 14-17 Uhr

# Auschwitz

Was als fremd definiert war, durfte separiert werden; was ausgegrenzt war, durfte deportiert werden. In den Konzentrationslagern von Auschwitz und dem angenzenden Birkenau wurden zwischen Juni 1940 und Januar 1945 etwa 1,5 Millionen Menschen vergast oder erschossen, anschließend verbrannt.

Die Gedenkstätte des Staatlichen Auschwitz-Museums wurde 1947 im ehemaligen Stammlager (Konzentrationslager I) eingerichtet. Den Eingang zum Lager schmücken die zynischen Worte »Arbeit macht frei«. Es besteht aus 28 einstökkigen Baracken, war umgeben von gedoppeltem, unter Starkstrom stehendem Stacheldrahtzaun. Einige Baracken sind heute Dokumentationsräume. Im Block 5 werden Gegenstände ausgestellt, die den Häftlingen geraubt wurden, Beweisstücke gnadenlos fortschreitender Reduktion – von Menschen zu Häftlingsnummern. Hier sind Schuhe und Koffer aufgetürmt, die den Häftlingen sogleich nach ihrer Ankunft abgenommen wurden; die Haare wurden ihnen zwecks späterer Verwertung abrasiert, und auch auf Beinprothesen und Zahngold erhoben die neuen Herren Anspruch. An den Wänden eines langen Korridors hängen Hunderte von Erfassungsfotos: Kinder- und Erwachsenengesichter starren dem Besucher entgegen – mit säuberlicher Schrift sind Häftlingsnummer und Name verzeichnet, Einlieferungstermin und Todesdatum.

Wolfgang Sofsky prägte für das Konzentrationslager den Begriff »Laboratorium der Gewalt«. Der Besucher läßt sich über medizinische Experimente belehren, die an den Opfern vorgenommen wurden, er studiert Folter und Strafvollzug. Er sieht die Hinrichtungsmauer und den Appellplatz, nimmt den Galgen in Augenschein, an dem 1947 als letzter Rudolf Höß aufgehängt wurde. Höß war Lagerkommandant von Auschwitz, im Krakauer Untersuchungsgefängnis verfaßte er vom Oktober 1946 bis Februar 1947 seine autobiographischen Aufzeichnungen.

In Birkenau, knapp zwei Kilometer vom Stammlager entfernt, errichtete man 1942 eine Zweigstelle. Hier entstand das zentrale Vernichtungslager mit Gaskammern und Krematorien. Der Besucher sieht die verbliebenen Baracken im Originalzustand und bewegt sich auf Toten. Ein Mahnmal erinnert an die nationalsozialistischen Verbrechen und nennt die Zahl der Opfer. Hieß es noch vor kurzem, es seien vier Millionen Menschen getötet worden, so wurde nach jahrelangem wissenschaftlichen Streit die Zahl nun auf 1,5 Millionen korrigiert: Menschen aus 28 Ländern, die meisten von ihnen Juden, viele Sinti und Roma, Kommunisten und Demokraten.

Wer erfahren möchte, wer von der industriellen Massenvernichtung profitierte, wird kundig: »Die Liste der Nutznießer liest sich wie ein Firmenverzeichnis der deutschen Industrie.« (Sofsky) Ein Gleisanschluß in Birkenau führte zu den berüchtigten Selektionsrampen, wo Ärzte der SS die Entscheidung fällten, welche Juden sogleich mittels Zyklon B liquidiert werden sollten und wer für den Arbeitseinsatz in den Industrieanlagen der IG Farben (Bayer, Hoechst und BASF) in Frage kam. Bereits seit dem Frühjahr 1941 wurden Häftlinge für den Bau eines Buna-Werkes der IG Farben abgestellt, das sich sieben Kilometer vom Stammlager entfernt befand. Ein Jahr später wurde in unmittelbarer Nähe der Fabrik das Arbeitslager Monowitz errichtet, größtes der insgesamt 39 Außenlager von Auschwitz.

Die Verpflegung der Zwangsarbeiter war mangelhaft, ihnen wurde eine Überlebensdauer von durchschnittlich neun Monaten zuerkannt: »Die Gefangenen«, so Joseph Borkin, »wurden regelrecht zu Tode gearbeitet.« Die Protokolle des Kriegsverbrecherprozesses gegen die IG Farben weisen aus, daß das Unternehmen nicht nur verwickelt war in die Ausbeutung billiger jüdischer Arbeitskraft, sondern auch eifrig am Prozeß ihrer Ermordung verdiente, denn es war – ebenso wie die Deutsche Gesellschaft für Schädlingsbekämpfung – am Vertrieb des

*Eingang zum Stammlager in Auschwitz*

Todesgases Zyklon B beteiligt. Die Haare der Häftlinge wurden von der Nürnberger Filzfabrik Alex Zink zu Matratzen und Steifleinen weiterverarbeitet, das Zahngold wurde der Preußischen Staatsmünze zum Einschmelzen übergeben. Der Erlös dieser Aktion ging auf das Konto des Reichsfinanzministeriums.

Nicht selten gerät der Besuch der Gedenkstätte zum Ärgernis. Ein polnischer Begleiter glaubt uns ausgrechnet an diesem Ort über die Erschießung polnischer Offiziere durch die Rote Armee bei Katyn belehren zu müssen, Mitglieder einer deutschen Schulklasse unterhalten sich lautstark über die Bombardierung der Stadt Dresden durch anglo-amerikanische Verbände im Februar 1945. Doch Unbehagen beschleicht den Besucher auch angesichts jener ausgefeilten, nicht selten pathetisch klingenden Formeln mitgereister Pädagogen, die das »faschistische Unrechtsregime« und seine »Verbrechen gegen die Menschlichkeit« anprangern: verharmlosende Sprechweise, eingebunden in die Ideologie des moralischen Zeigefingers... Und die nicht vom Grauen reden, suchen Zaun und Stacheldraht, Rampe und Baracken auf Zelluloid zu bannen. Ein hilfloses Unterfangen, da die verödete Lagerlandschaft den vergangenen Schrecken nicht preisgibt; Gras und Blumen wuchern idyllisch zwischen den Häuserzeilen, die Ablichtung von Auschwitz verkommt zur Parodie.

- **Anfahrt:** Für die 50 km lange Strecke von Krakau nach Auschwitz werden mit dem Nahverkehrszug etwa 1 Std. 20 Minuten benötigt, der Bus ist etwas schneller. Vom Bahnhof in Auschwitz muß man noch einmal 4 km mit Ortsbus oder Taxi zurücklegen, um zur Gedenkstätte zu gelangen.
  Autofahrer erreichen Auschwitz auf der Schnellstraße A4 über Chrzanów, etwas langsamer, aber schöner ist die Anfahrt auf der E-462 über Wadowice.

- **Information:** Staatliches Museum Auschwitz-Birkenau, ul. Więniów Oświęcimia 20, Tel. 012-32022: geöffnet täglich 8-19 Uhr, im Winter wird bereits um 15 Uhr geschlossen. Wer an einer von ehemaligen Häftlingen geleiteten Gruppenführung teilnehmen möchte, sollte sich spätestens 7 Tage im voraus anmelden (Tel. 32133-25), Kindern bis zu 12 Jahren ist der Besuch nicht gestattet. Auf Wunsch kann auch ein Dokumentarfilm zur Geschichte des Lagers angeschaut werden; Einsicht in die Archive ist nur mit ausdrücklicher Genehmigung des Museumsdirektors möglich.

## Zakopane

Am Fuße des Tatra-Gebirges liegt Zakopane, die höchstgelegene Stadt Polens (840 Meter ü.d.M.), zugleich Wander- und Wintersportzentrum. Die Bewohner sind Abkömmlinge eines stolzen Hirtenvolkes, das sich im 16. Jahrhundert in den Bergregionen der Karpaten niederließ. Sie nennen sich Góralen und präsentieren sich dem Besucher gern in ihren traditionellen Trachten. Die Männer tragen enganliegende weiße Hosen, die verziert sind mit Stickereien; locker haben sie eine weiße Filzjacke um ihre Schultern geworfen, ein schwarzer Hut hängt ihnen tief in die Stirn. Frauen tragen die Tracht meist nur an Feiertagen und während des Festivals der Bergland-Folklore im ausklingenden Sommer: auffallend sind ihre bunten Röcke und die umgehängten roten Holzketten.

Einige dieser Frauen stehen alltäglich auf der Krupówki-Straße, der Lebensader Zakopanes, wo sie Oscypek, geräucherten Schafskäse anbieten; andere sitzen an Holzständen, stricken emsig Pullover und Westen, die sie anschließend verkaufen. Die Männer haben sich derweil mit ihren Kutschen in der Nähe des Tatra-Museums postiert; sie füttern ihre Pferde und warten auf Touristen, die sie spazierenfahren können.

Wer sich für die Kultur der Góralen interessiert, dem sei ein Besuch des Tatra-Museums empfohlen, das in einer schönen Villa in der Krupówki-Straße 10 untergebracht ist. Im Erdgeschoß können Trachten und Kunsthandwerk, Nachbildungen typischer Góralenkaten besichtigt werden; im ersten Stockwerk gibt es Erläuterungen zu Geologie, Flora und Fauna.

Um einen Eindruck davon zu erhalten, wie Zakopane vor 100 Jahren aussah, wandert man die Krupówki-Straße in nordwestlicher Richtung bis zur Kreuzung hinab und biegt dann links ein in die Kościeliska-Straße. Hier findet man noch Holzhäuser der Góralen mit kleinen Veranden und Balkonen. Neben der alten Pfarrkirche aus dem Jahr 1847 steht ein kleiner Friedhof, im Volksmund liebevoll-ironisch »Zakopiański Pantheon« genannt. Viele bekannte Persönlichkeiten liegen hier begraben, z.B. die Schriftsteller Orkan und Witkiewicz, der Arzt Chałubiński und der Dorfpfarrer Stolarczyk.

Zu den sehenswertesten Häusern der Straße gehört die **Villa Koleba** (Nr. 18), 1893 von Stanisław Witkiewicz entworfen. Er war es, der den sogenannten »Zakopane-Stil« schuf, eine Bauweise, die sich an der traditionellen Architektur der Góralen orientierte und sie mit Elementen des Jugendstils verknüpfte. Von ihm stammen auch andere über die Stadt verstreute Holzbauten, z.B. die Villa Pod Jedlami (1897) und die hübsche Kapelle Jaszczurówka an der Straße zum Bergsee Morskie Oko (1908).

*Schutzhütte im Tatra-Gebirge*

An der Kasprusie-Straße kann die **Villa Atma** besichtigt werden. Sie beherbergt ein biographisches Museum für den Komponisten Karol Szymanowski, der hier in den 30er Jahren lebte. In einem Sommermonat, meist im Juli, finden im Museum künstlerische Darbietungen und Konzerte statt.

### Erkundung der Tatra

Auch wer nur einen Tagesausflug nach Zakopane unternimmt, sollte mit dem Lift zu einem der umliegenden Hügel hinauffahren, um die herrliche Bergluft einzuatmen und den Ausblick auf das Gebirgsmassiv der Hohen Tatra zu genießen. Wer sich dafür nur 12 Stunden Zeit nehmen kann, fährt mit der Standseilbahn zum **Gubałówka** hinauf – wer höher hinauf will und über mehr Zeit verfügt, sollte mit der Schwebebahn den Kasprowy Wierch ansteuern.

Die Seilbahnstation zum Gubałówka, einem 1123 Meter hohen bewaldeten Gebirgszug nordwestlich der Stadt, befindet sich am Ausgang des Marktes in nordwestlicher Verlängerung der Krupówki-Straße. Auf dem Bergkamm angelangt, eröffnet sich dem Besucher ein weiter Ausblick auf die Stadt und die im Süden gelegene Bergkette der Tatra; daneben die Landschaft der Podhale, das Beskid-Żywiecki-Gebirge und die sanften Bergzüge des Gorce. Wer nicht nur etwas Höhenluft schnuppern und danach sogleich wieder hinabfahren möchte, hat die Möglichkeit, über gut markierte Wanderwege den Abstieg zu Fuß anzutreten.

Die Talstation der auf den **Kasprowy Wierch** führenden Schwebebahn befindet sich in Kuźnice (1023 m), drei Kilometer südlich von Zakopane. Nach 20minütiger Fahrt, auf der ein Höhenunterschied von insgesamt 908 Metern bewältigt wurde, ist die obere Station knapp unterhalb des Kasprowy Wierch erreicht. Vom 1959 Meter hohen Gipfel genießt man einen weiten Blick auf das Tatra-Gebirge, von der Grenze zur Slowakei trennen uns hier nur wenige Meter. Bei guter Sicht erkennt man im Osten die Berge Świnica, Kozi Wierch und Granaty, im Vordergrund verstecken sich kleine dunkle Bergseen. Im Norden liegt der Talkessel von Zakopane, im Westen sehen wir die Gipfel des Czerwone-Wierchy-Massivs. Wer nicht mit dem Lift zurückfahren, sondern wandern möchte, folgt dem gelb markierten Pfad in östlicher Richtung, auf dem er binnen einer Stunde die Herberge Hala Gąsienicowa (1520 m) erreicht; von dort benötigt er noch einmal 90 Minuten, um nach Kuźnice zurückzukehren.

Wer inzwischen Lust bekommen hat, in der Tatra zu bleiben, dem sei die Adresse einer schönen Berghütte verraten. Sie liegt inmitten der Kalatówki-Alm und darf aufgrund der guten Ausstattung auch als Hotel bezeichnet werden. Fährt man mit dem Lift hinab, so sieht man die Herberge zur Linken, zu Fuß erreicht man sie ab Kuźnice auf einem bequemen Weg in 30 Minuten; sind die Wege verschneit, mietet man sich einen Pferdeschlitten. Die Anschrift lautet: Schronisko PTTK Kalatówki, P.O. Box 194, Kuźnice/Zakopane.

- **Anfahrt:**
  Für die Fahrt mit Bus oder Express-Zug nach Zakopane benötigt man 2-3 Stunden. Bus- und Zugbahnhof befinden sich in Zakopane 1 km östlich des Stadtzentrums, Möglichkeiten der Gepäckaufbewahrung sind vorhanden. Über die ul. Kościuszki gelangt man in 10 Minuten ins Zentrum der Stadt.

- Wer am Donnerstag nach Zakopane fährt, sollte in Nowy Targ eine Pause einlegen. Hier findet in den Vormittagsstunden der traditionelle farbenprächtige Markt auf dem zentralen Platz statt. Schon am frühen Morgen treffen Bauern aus allen Himmelsrichtungen ein, um ihre Waren, vorwiegend Haushaltsartikel, aber auch schöne Pullover und Handarbeiten zum Verkauf anzubieten.

- **Information:**
  Touristisches Informationszentrum (TRIP & Polskie Tatry), ul. Kościuszki 23, Tel. 12211
  TRIP, ul. Zamoyskiego 1, Tel. 15947 und 14577, Fax 66570
  Orbis, ul. Krupówki 22, Tel. 12238

- **Sehenswürdigkeiten und Museen**:
  Tatra-Museum (Muzeum Tatrzańskie), ul. Krupówki 10, Tel. 15205: Mi-So 9-15.30 Uhr
  Szymanowski-Museum (Muzeum Karola Szymanowskiego), Villa Atma, ul. Kasprusie 19, Tel. 63150: Di-So 10-16 Uhr, Fr erst ab 14 Uhr
  Villa Pod Jedlami & Galeria Sztuki, Koziniec 8: Mi-So 9-15 Uhr
  Skulpturen-Galerie Władysław Hasior, ul. Jagiellońska 18b, Tel. 66871: Mi-Sa 11-18, So 9-15 Uhr

- **Restaurant**:
  Redykołka ist das gemütlichste Restaurant des Ortes. Besonders zu empfehlen: Forelle, Kartoffelpuffer mit Fleisch, Rinderfilet mit Pilzen.
  Redykołka, ul. Kościeliska 1, Tel. 66332: 10-21 Uhr

# Info A–Z

## Anreise

Besucher aus Deutschland, Österreich und der Schweiz benötigen für ihren Aufenthalt in Polen kein Visum, es genügt ein Reisepaß, der noch mindestens 6 Monate über die geplante Aufenthaltsdauer hinaus gültig ist.
Wer Katzen und Hunde mitführen will, muß bei der Einreise die Gesundheitsbescheinigung eines deutschen Tierarztes vorlegen. Ist ein mehr als dreimonatiger Aufenthalt geplant, so ist beim Konsulat bzw. bei der Botschaft ein entsprechender Antrag zu stellen.

## Mit dem Auto

Der Polnische Motorverband PZM unterhält Dienststellen an sämtlichen Grenzübergängen. Er informiert über Verkehrsregeln und Reisebedingungen in Polen, auch Geld kann hier gewechselt werden. Bisher wurden folgende Grenzübergänge eingerichtet:
Autobahn E 28 bei Stettin (Szeczecin)
Autobahn E 30 bei Frankfurt/Oder (Słubice)
Autobahn E 36 bei Forst (Legnica)
Guben (Gubin)
Görlitz (Zgorzelec)
Zur Einreise benötigt der Autofahrer den nationalen Führerschein und die grüne Versicherungskarte. Ebenfalls erforderlich sind Warndreieck, Verbandskasten und Nationalitätenkennzeichen. Hat man die grüne Versicherungskarte daheim vergessen, so kann man an der Grenze eine Zusatzversicherung abschließen. Wichtig zu wissen: In Polen riskiert ein Bußgeld von ca. 700 DM, wer nicht nachweisen kann, daß sein Wagen versichert ist.
Für PKW und Motorräder beträgt in Polen die Höchstgeschwindigkeit 60 km/h in geschlossenen Ortschaften, 90 km/h auf Landstraßen und 110 km/h auf Autobahnen und Schnellstraßen; Autos mit Anhänger dürfen auch auf Landstraßen und Autobahnen nicht schneller als 70 km/h fahren.
Wer die Geschwindigkeitsgrenze um 20 km/h überschreitet oder Rotlicht, Überhol- und Parkverbot mißachtet, zahlt etwa 50 DM Strafe. Die Promillegrenze beträgt in Polen 0,2; wer des übermäßigen Alkoholgenusses überführt wird, muß mit einer Geldstrafe von bis zu 5000 DM rechnen.
Tankstellen sind nicht so zahlreich wie in Deutschland, nachts sind sie in der Regel geschlossen; bleifreies Benzin trägt den Namen »Bona 91«.

### Autohilfsdienst:
- Pannenhilfe Tel. 981
- Unfallrettung Tel. 999

## Mit dem Flugzeug

Die polnische Fluggesellschaft LOT bietet Direktflüge ab Köln und Frankfurt, Zürich und Wien an. LOT beteiligt sich am Rail&Fly-Programm und versorgt den Kunden mit einem umfassenden Veranstaltungskalender für das laufende

Jahr (Messen, Ausstellungen, Festspiele, Fachtagungen, Kulturwochen, Folklore). Nähere Auskünfte erteilen die städtischen LOT-Büros, wo auch Flugtickets vorbestellt und gekauft werden können:
10787 Berlin, Budapester Str. 18, Tel. 030-2611505
40474 Düsseldorf, Flughafen Lohausen, Abflug Ebene B, Tel. 0211-4216753
20099 Hamburg, Ernst-Merck-Str. 12-14, Tel. 040-244747
51443 Köln, Trankgasse 7-9 (Deichmannhaus), Tel. 0221-133078
60329 Frankfurt/Main, Wiesenhüttenplatz 26, Tel. 069-231981
A-1010 Wien, Schwedenplatz 5, Tel. 0222-5339810
CH-8001 Zürich, Schweizergasse 10, Tel. 01-2115390
Balice, der Flughafen von Krakau, liegt 18 km westlich der Stadt. Zwar wurde am Flughafen bisher kein touristisches Informationszentrum eingerichtet, doch wer sich in englischer Sprache verständigen kann, wird vom Personal der Fluggesellschaft LOT freundlich beraten. Es gibt am Flughafen die Möglichkeit, Autos zu mieten.
- Flughafen Krakau-Balice, Tel. 116700

Für die Fahrt nach Krakau stehen Taxi und Bus bereit. Der Bus 208 verkehrt zwischen Flughafen und Bahnhof (Fahrtdauer 45 Minuten), die Busse D und 152 zwischen Flughafen und Hotel Cracovia (Fahrtdauer 25 Minuten). Die Buskarten können am Kiosk oder direkt beim Fahrer gekauft werden.

## Mit dem Zug

Direktverbindungen nach Krakau gibt es ab Berlin, Frankfurt, Leipzig und Dresden, außerdem ab Wien, Budapest und Bukarest. Platzreservierung bzw. Buchung eines Liegewagenplatzes sind dringend zu empfehlen. Wer Geld sparen möchte und zusätzliche Mühen nicht scheut, kauft lediglich eine Karte bis zur Grenze, steigt dort aus und löst eine zweite Fahrkarte zum preisgünstigen polnischen Inlandstarif.

Fast alle Besucher werden in Kraków Główny, dem größten und wichtigsten Bahnhof der Stadt eintreffen. Wer die Stadt ohne lästigen Koffer oder Rucksack erkunden möchte, findet am Gleis 1 eine Gepäckaufbewahrungsstelle, die 24 Stunden täglich geöffnet ist. Der zu entrichtende Preis bemißt sich nach dem vom Besitzer angegebenen Wert.
- Bahnhof Kraków Główny (Dworzec PKP), pl. Kolejowy 1, Tel. 222248

## Mit dem Bus

Die Busgesellschaft PKS unterhält Busverbindungen u.a. auf den Strecken London-Brüssel-Köln-Krakau, Hamburg-Berlin-Krakau sowie Frankfurt a. M. -Krakau. Genaue Fahrplan- und Preisinformationen erteilen die POLORBIS-Büros in Hamburg und Köln. Passagiere ausländischer Busse, die nicht im Linienverkehr fahren, seien daran erinnert, daß sie seit Herbst 1993 an der polnischen Grenze eine Einreisegebühr von etwa 7 DM entrichten müssen.

Ankunftsort in Krakau ist der Busbahnhof, dieser befindet sich gegenüber vom Zugbahnhof, nur wenige Gehminuten von der Altstadt entfernt.
- Busbahnhof (Dworzec PKS), pl. Kolejowy, Auskunft Tel. 936: täglich 6-22 Uhr

## Ankunft

Zug- und Busbahnhof befinden sich knapp nordöstlich der Altstadt, der Wawelhügel mit dem königlichen Schloß erhebt sich an ihrer Südseite. An der Pawiastraße westlich der beiden Bahnhöfe gibt es ein zentrales Tourismusbüro, das mit Karten und Broschüren gut ausgestattet ist und den Besucher mit aktuellen Informationen versorgt. Wer sich Hotel oder Pension nicht im voraus hat reservieren lassen, kann im Nachbargebäude auch Privatzimmer buchen.

- Tourismusbüro KOIT, ul. Pawia 8, Tel. 220471: Mo-Fr 8-16, Sa 8-12 Uhr

Bahnhof und Tourismusbüro sind vom grünen Parkgürtel durch eine Unterführung getrennt. Der schönste Weg, um von hier zum zentralen Hauptplatz zu gelangen, führt vorbei am Słowacki-Theater, von dort folgt man dem Menschenstrom durch die ul. Pijarska in die Floriansgasse.

Die Altstadt von Krakau bleibt weitgehend Fußgängern vorbehalten. Auch Bus und Straßenbahn verkehren nur entlang der Peripherie. Auf dem polnischen Stadtplan von Krakau, erhältlich in Buchhandlungen und Kiosken, sind die Routen der öffentlichen Verkehrsmittel verzeichnet; Tickets kauft man an Kiosken oder beim Fahrer und entwertet sie in Bus bzw. Straßenbahn.

## Hinweis für Autofahrer:

Die Altstadt ist in verschiedene Park- und Fahrzonen unterteilt: Zone A ist ausschließlich für Fußgänger, Zone B nur zugänglich für Anwohner und Hotelgäste mit spezieller Fahr- und Parkerlaubnis. In der Zone C, die das Stadtzentrum und die Grünanlagen umgibt, ist die Parkzeit auf 2 Stunden begrenzt; es handelt sich hierbei um das Gebiet um den Hauptbahnhof und die Straßen Dietla, Blich,

Radziwiłowska, Kurniki, Św. Filipa, Biskupia, Batorego, al. Mickiewicza und al. Krasińskiego. Einfahrt in die Zone C ist mit blauen Tafeln bezeichnet; zuvor muß man eine Parkkarte am Kiosk erwerben, unter Angabe von Datum und Uhrzeit sorgfältig ausfüllen und gut sichtbar ins Auto legen.

Auch wenn die Kriminalitätsrate in Krakau bei weitem nicht so hoch ist wie etwa in Warschau, erscheint es ratsam, das Auto stets nur auf bewachten Parkplätzen abzustellen. Bewachte öffentliche Parkplätze befinden sich auf den Plätzen Św. Ducha, Szczepański und Biskupi, in Wawelnähe an der ul. Powiśle und der ul. Karmelicka.

## Auskunft

Vor der Reise:
- Polnisches Informationszentrum für Touristik, Hohenzollernring 99-101, 50672 Köln 1, Tel. 0221-5102240 oder 520025

In Krakau:
- Touristeninformation Jordan, ul. Floriańska 37, Tel./Fax 217764: mit Walkman-Guides und Fahrradverleih, tagsüber Gepäckaufbewahrung

- Zentrale Stadtinformation, ul. Pawia 8, Tel. 220471 und 226091Orbis, Hotel Cracovia, ul. Focha 1, Tel. 224632 und 219880: im Orbis-Büro am Rynek 41 können lediglich Stadtführungen und Ausflüge gebucht werden, auch der Verkauf von Zugtickets findet hier statt.

- Almatur, Rynek Główny 7, Tel. 225942: hier werden Unterkünfte in den Studentenhotels (allerdings nur in den Monaten Juli und August) vermittelt, auch internationale Studentenausweise werden hier ausgestellt.

Es gibt weitere 20 Reisebüros in Krakau, doch diese sind nicht daran interessiert, ausländischen Besuchern Informationen zu Krakau zu geben, konzentrieren sich vielmehr ganz auf den inländischen Markt.

## Autovermietung

Wichtige internationale Autoverleiher haben in Krakau Niederlassungen:
- AVIS, ul. Basztowa 15 (im LOT-Flugreisebüro), Tel. 211066 oder am Flughafen Krakau-Balice, Tel. 111955
Hertz-Orbis am Hotel Cracovia, al. Focha 11, Tel. 371120
Budget, pl. Szczepański 8, Tel. 223745; ul. Radzikowskiego 99, Tel. 370089
Europcar/inter rent, Flughafen Krakau-Belice, Tel. 111955
PZMot, ul. Kawiory 3. Tel. 375575: preisgünstige polnische Alternative

Wer Lust hat, die Altstadt im Elektro-Mini-Auto zu erkunden, wendet sich an:
- Universim, pl. na Groblach 4 (nahe Wawel), Tel. 224018

Umweltfreundlicher und billiger ist eine Rundfahrt in der Rikscha Charliego. Meist ist es der Geologiestudent Paul, der Touristen rund um den Rynek, auf Wunsch auch bis zum Wawel fährt. Die Rikscha Charliego ist benannt nach der Bar in einem der besten Krakauer Kinos, dem Kino Warszawa.

## Diplomatische Vertretungen
In Deutschland:
- Polnische Botschaft und Konsulat, Lindenallee 7, 50968 Köln, Tel. 0221-937300

In Österreich:
- Polnische Botschaft und Konsulat, Hietzinger Hauptstr. 42, 1130 Wien, Tel. 0222-823272 bzw. 0222-827444

In der Schweiz:
- Polnische Botschaft, Elfenstr. 20a, 3006 Bern, Tel. 031-440452

In Krakau:
- Deutsches Generalkonsulat, ul. Stolarska 7, Tel. 218473
- Österreichisches Generalkonsulat, ul. Krupnicza 42, Tel. 219900

## Geld
Währungseinheit ist in Polen der Złoty. Die voraussichtlich bis 1995 geltenden Banknoten erlauben ein Versprechen auf Reichtum, das real nicht eingelöst wird. Die höchste polnische Banknote lautet auf eine Million Złoty und ist mit dem Portrait des Schriftstellers und Nobelpreisträgers Władysław Reymont geschmückt. Ein weiterer Nobelpreisträger, Henryk Sienkiewicz, Autor des berühmten Romans »Quo Vadis«, ziert den zweitwichtigsten Schein, die 500.000-Złoty-Note. Stanisław Moniuszko, den Komponisten und Begründer der polnischen Oper, erblicken wir auf dem 100.000-Złoty-Schein, es folgen der Aufklärer und Reformer Stanisław Staszic (50.000 zł), die Naturwissenschaftlerin und Trägerin des Nobelpreises Maria Skłodowska-Curie (20.000 zł) und der Künstler und Dramatiker Stanisław Wyspiański (10.000 zł). Der Komponist Chopin muß sich mit dem 5000-Złoty-Schein begnügen, nach ihm kommen noch Fürst Mieszko I. (2000 zł), der Astronom Mikołaj Kopernik (1000 zł) und der Nationalheld Tadeusz Kościuszko (500 zł). Am untersten Ende der Skala rangieren Jarosław Dąbrowski, der auf dem Friedhof Père Lachaise erschossene Anführer der Pariser Kommune (200 zł), Ludwik Waryński, Gründer der ersten polnischen Arbeiterpartei (100 zł) und schließlich General Karol Świerczewski, der ab 1943 die Zusammenarbeit der polnischen und der sowjetischen Armee organisierte und 1947 von ukrainischen Aufständischen erschossen wurde (50 zł).
Noten und Münzen in der polnischen Landeswährung dürfen bei der Ein- und Ausreise nicht mitgeführt werden. Reiseschecks werden nur in Banken und Orbis-Hotels eingetauscht, Bargeld auch in Wechselstuben, sogenannten »Kantoren«. Diese sind besonders zahlreich auf der Floriansgasse; der Kurs ist meist geringfügig günstiger als in den Banken, die Öffnungszeiten variieren.

## Medizinische Versorgung
Zwischen Polen und Deutschland besteht kein Krankenversicherungsabkommen. Ärztliche Hilfe und Dienstleistungen müssen deshalb bar in Złoty bezahlt werden. Da eine Erstattung der polnischen Arztkosten durch die deutsche Krankenkasse nicht vorausgesetzt werden kann, empfiehlt sich der Abschluß einer Zusatzkrankenversicherung für das Ausland.

Im Schaufenster einer jeden Apotheke (polnisch: »apteka«) ist angezeigt, welche Apotheke an welchem Tag Nachtdienst hat. Die entsprechende Auskunft erhält man in Krakau auch über Tel. 110765. Hier die Anschrift zweier zentral gelegener Apotheken, jeweils geöffnet Mo-Fr 8-21, Sa 8-15 Uhr:
- Rynek Glowny 13, Tel. 224190
- ul. Szczepanska 1, Tel. 229293

Private Ärzteverbände:
- Sophia, Rynek Główny 34, Tel. 217021
- Eildienst Nagła Pomoc, Tel. 668000

Zahnärzte:
- Igeldent, ul. Sienna 14/15, Tel. 219025
- Privater Zahnarzt-Notdienst, ul. Mazowiecka 22, Tel. 334960

## Öffentliche Verkehrsmittel

Für Busse und Straßenbahnen im Stadtverkehr kauft man Fahrkarten am Kiosk, der Kauf beim Fahrer ist teurer. Die Karte muß nach dem Besteigen des Verkehrsmittels von jedem Fahrgast entwertet werden, sie berechtigt zu einer Fahrt von beliebiger Länge ohne Umsteigen. Wer sich die Arbeit des Abstempelns ersparen möchte, kauft eine Tages- oder Wochenkarte.

Straßenbahnen und Busse verkehren von 5 bis 22.30 Uhr, auf 8 Linien verkehren zusätzlich – in etwa stündlichem Abstand – Nachtbusse, für die spezielle Tickets beim Fahrer gelöst werden müssen.

Wichtige Straßenbahnlinien:

- 1: Salwator – Zwierzyniecka – pl. Wszystkich Świętich – Hauptpost – Westerplatte – Bahnhof – Lubicz – Friedhof Rakowice
- 2: Bieżanow Nowy – Wieliczka – Starowiślna – Hauptpost – Westerplatte – Bahnhof – Lubicz – Friedhof Rakowice
- 3 und 43: Bieżanow Nowy – Wieliczka – Starowiślna – Hauptpost – Westerplatte – Bahnhof – Basztowa – Długa – Kamienna
- 4 und 44: al. Jana Pawła II – Mogilska – Lubicz – Bahnhof – Basztowa – Karmelicka – Królewska – Bronowice Nowe
- 5: Wzgórza Krzesławickie (Nowa Huta) – al. Jana Pawła II – Mogilska – Lubicz – Bahnhof – Basztowa – Długa – Kamienna – Krowodrza-Górka
- 6: Salwator – Zwierzyniecka – pl. Wszystkich Świeętych – Św. Gertrudy – Stradom – Krakowska – Wieliczka – Prokocim
- 7 und 19: Dietla – Starowiślna – Hauptpost – Westerplatte – Bahnhof – Basztowa – Długa – Kamienna
- 8: Borek Falęcki – Krakowska – Stradom – Św. Gertrudy – pl. Wszystkich Świętich – Straszewskiego – Podwale – Królewska – Bronowice Nowe
- 10: Piastów – Mogilska – Lubicz – Bahnhof – Westerplatte – Hauptpost – Św. Gertrudy – Stradom – Krakowska – Łagiewniki

- 12: Bronowice Nowe – Królewska – Karmelicka – Basztowa – Bahnhof – Lubicz – Friedhof Rakowice
- 15: Cichy Kaćik – al. 3 Maja – Piłsudskiego – Podwale – Basztowa – Bahnhof – Lubicz – al. Jana Pawła II – Pleszów (Nowa Huta)

Wichtige Buslinien:

- 100: Hotel Pod Kopcem – al. Krasińskiego – Pawia – pl. Matejki
- 113: Hotel Cracovia – Piłsudskiego – Basztowa – Bahnhof – Lubicz – Grochowska
- 134: Rondo Mogilskie – al. Krasinskiego – Wola Justowska – Las Wolski / Zoo
- 152: Flughafen Balice – Hotel Cracovia
- 208: Flughafen Balice – al. Mickiewicza – Warszawska – Bahnhof

Hinweise für den Zugverkehr:
Vom Krakauer Hauptbahnhof gibt es preiswerte und schnelle Verbindungen u.a. zu folgenden Städten: Warschau, Danzig, Posen, Lublin, Krynica und Przemyśl. Von den in diesem Buch vorgestellten Ausflugszielen kann man Wieliczka, Niepolomice, Tschenstochau, Auschwitz und Zakopane bequem mit dem Zug erreichen. Einige wenige Züge starten ab Płaszów, einer Krakauer Vorstadt; zum dortigen Bahnhof gelangt man mit Straßenbahnlinie 3 bzw. 13.
- Auskunft Inland Tel. 933
- Internationale Auskunft Tel. 222248

Zugkarten kauft man am Bahnhof oder im Orbis-Büro am Rynek Główny 41. Über Abfahrtszeiten informiert man sich an den Tafeln mit der Überschrift »Odjazdy«, Ankunftszeiten sind unter »Przyjazdy« angegeben. Rote Schrift kennzeichnet Schnellzüge, schwarze Schrift langsame Nahverkehrszüge. Für bestimmte Züge, die auf dem Plan mit einem R im Viereck ausgezeichnet sind, ist eine Sitzplatzreservierung, die sogenannte »miescówka« nötig.

## Post

Nur an der Hauptpost kann man all jene Karten und Briefe abholen, die man sich ohne feste Adresse (»Poste Restante«) nach Krakau hat senden lassen. Das Telefonamt im gleichen Gebäude ist über den Seiteneingang erreichbar und rund um die Uhr geöffnet.
- Hauptpost, ul. Wielopole 2/Ecke ul. Westerplatte: Mo-Fr 8-20, Sa 8-14, So 9-11 Uhr
  Post am Bahnhof, ul. Lubicz 4: täglich 8-20 Uhr

## Radio und Fernsehen

In den Sommermonaten braucht sich der Tourist, der sich aus dem Radio über Nachrichten aus aller Welt informieren lassen möchte, nicht mit der Kurzwellenfrequenz der Deutschen Welle zufriedenzugeben. Das erste Programm des Polnischen Rundfunks strahlt jeweils vormittags ein Sonderprogramm mit den wichtigsten Nachrichten in deutscher, englischer und französischer Sprache aus. Radio RMF (Radio Małopolska FUN) strahlt vom Kościuszko-Hügel täglich außer samstags auf 70.06 MHZ Nachrichten in englischer Sprache aus (8.30, 10.30, 15.30, 17.30, 21 Uhr). Der erste Privatsender Polens ist allgegenwärtig, aus vielen Läden, Cafés und Bars tönt seine penetrante Werbetrommel, angereichert um gehetzt vorgetragene Nachrichten, Rock- und Popsongs. Sein Besitzer Stanisław Tyczyński verfügt über langjährige Rundfunkerfahrung: Während des Kriegsrechts entwickelte er einen Underground-Sender, der die Ereignisse aus Solidarność-Perspektive kommentierte; später arbeitete er bei einer französischen Radiostation. Radio RMF gibt sich bürgernah: 1992, als der gesamte Verkehr Krakaus durch einen Streik lahmgelegt war, improvisierten seine Reporter ein alternatives Verkehrsnetz, informierten über freie Plätze in Privatfahrzeugen und sprangen zur Not selbst als Taxifahrer ein.

Das Polnische Fernsehen hat zwei Programme; daneben gibt es mehrere Regionalsender, so auch in Krakau. Mit Hilfe von Satellitenantennen können Programme westlicher Fernsehstationen empfangen werden.

## Reisezeit und Klima

Das studentische Krakau läßt sich am schönsten in den meist sonnig-warmen Monaten Mai und Juni beobachten. Die Studenten verlagern ihre Aktivitäten auf die Straßen, feiern Prüfungsabschlüsse und »Juvenalia«. Auch das Kulturangebot ist im Frühjahr und Frühsommer besonders reich.

In den Monaten Juli und August ist Krakau fest in den Händen der Touristen, und es ist nahezu unmöglich, ohne vorherige Reservierung eine Unterkunft zu finden. Der Juli gilt als niederschlagsreichster, aber auch wärmster Monat, die Temperaturen erreichen im Durchschnitt 25°C.

Verlockend ist auch ein Besuch im Frühherbst, wenn sich Krakau von seiner romantischsten Seite zeigt: ein träumerisch vor sich hindämmernder Marktplatz, Nebelschleier über Fluß und Wiesen, rötlich verfärbtes Laub in der untergehenden Sonne. Die Temperaturen erreichen im September durchschnittlich 19, im Oktober 13°C.

Wer den Besuch Krakaus mit einer Fahrt nach Zakopane verknüpft, sollte bedenken, daß die Temperaturen dort um etwa 5 Grad niedriger liegen als in Krakau.

## Taxis

Taxis sind ein sehr verbreitetes Beförderungsmittel in Krakau, doch nicht alle Unternehmen arbeiten korrekt. Es ist darauf zu achten, daß nach Fahrtbeginn der Taxameter eingestellt wird; der von ihm angezeigte Betrag wird mit einer Zahl multipliziert, die am Armaturenbrett gut sichtbar angebracht sein muß. Zwischen 23 und 5 Uhr sowie sonntags darf ein Aufschlag erhoben werden, bei telefonischer Bestellung reduziert sich der Fahrpreis um 20%. Folgende Nummer ist zu empfehlen:
- Radio Taxi, Tel. 919

## Telefon

Wer von Deutschland aus in Krakau anrufen möchte, wählt die Nummer 004812. Innerhalb Polens lautet die Vorwahlnummer für Krakau 012, für Zakopane 0165. Für den Telefonverkehr von Polen gelten die folgenden Vorwahlnummern:
- nach Deutschland: 0049
  nach Österreich: 0043
  in die Schweiz: 0041

Das Telefonamt Krakaus (24 Stunden geöffnet) ist erreichbar über den Seiteneingang der Hauptpost:
- ul. Wielopole 2/Ecke ul. Westerplatte

Für Anrufe aus öffentlichen Telefonzellen oder auch aus Hotels, Restaurants und Cafés benötigt man »żetony«, spezielle Münzen, die man bei der Post, in Fahrkartenkiosks und an den Garderoben der betreffenden Gaststätten und Cafés erhalten kann. Telefonkarten gibt es vorerst nur in großen Hotels, bei der Post, am Flughafen und am Bahnhof.

Wichtige Telefonnummern, die in ganz Polen gelten und keiner Vorwahl bedürfen:
- 997 Polizei
  998 Feuerwehr
  999 Rettungsdienst
  987 Autopannendienst
  981 Straßenhilfsdienst (Polnischer Motorverband)
  954 Straßenhilfsdienst (Poltos)
  900 Tel.-Vermittlung für Ferngespräche innerhalb Polens
  901 Tel.-Vermittlung für Auslandsgespräche
  905 Telefonische Telegrammaufgabe
  919 Taxi

## Zeitungen und Zeitschriften

In größeren Hotels kann man deutsche Zeitungen und Zeitschriften kaufen; die größte Auswahl deutscher Tages- und Wochenzeitungen bietet das Goethe-Institut, in der Bibliothek dürfen sie eingesehen werden.

Zeitschriften, die das kulturelle Angebot eines Monats vorstellen, sind rar in Krakau. Seit 1993 konkurrieren einige englischsprachige Zeitschriften um die Gunst der Leser; sie sind kostenlos und liegen im Informationsbüro, vereinzelt auch in Cafés, Restaurants oder Hotels aus. Veranstaltungskalender in polnischer oder auch deutscher Sprache sucht man – noch – vergebens.

- Inside Kraków, al. Mickiewicza 31, Tel. 340203
- Cracow's City Herald, al. Krasińskiego 11b, Tel. 228513
- Welcome to Cracow, ul. Św. Tomasza 33, Tel. 221357

Die Krakauer Tageszeitungen enthalten aktuelle Angaben zum Kino-, Theater- und Konzertprogramm – freilich nur in polnischer Sprache:

- Czas Krakowski, ul. Librowszczyzna 3, Tel. 217543
- Dziennik Polski, ul. Wielopole 1, Tel. 227588: die »polnischen Tagesthemen« haben unbeschadet von allen politischen Wenden und Umstürzen ihren Leserkreis erfolgreich halten können
- Echo Krakowa, ul. Wiślna 2, Tel. 224678: Krakaus Abendzeitung
- Gazeta Krakowska, ul. Wielopole 1, Tel. 227588: mit einer Auflage von ca. 105.000 Exemplaren die populärste Tageszeitung Krakaus; sie steht der SDRP nahe, Nachfolgerin der im Januar 1990 aufgelösten Polnischen Vereinigten Arbeiterpartei

## Zoll

Touristen ab 18 Jahren können folgende Waren zollfrei ein- bzw. ausführen:

- Spirituosen bis 0,5 Liter
  Weinerzeugnisse bis 2 Liter
  Bier bis 5 Liter
  250 Zigaretten oder 50 Zigarren oder 250 g Tabak
  Andenken im Wert bis zu 100 US-Dollar

Ein abschließender Hinweis für alle, die daran interessiert sind, Kunstwerke zu kaufen und zu exportieren: Kunstgegenstände und Antiquitäten, die vor dem 9. Mai 1945 in Polen hergestellt wurden, können nur exportiert werden, sofern eine spezielle Genehmigung des polnischen Kultusministeriums vorliegt.

# Anhang

## Kleiner Sprachführer

Westliche Besucher empfinden die polnische Sprache als Zungenbrecher: unaussprechlich scheinen ihnen so einfache Worte wie Glück (szczęscia) oder Liebe (miłość), so mancher ist froh, wenn er nach einem mehrtägigen Aufenthalt »cześć« (hallo) sagen kann.

Polnisch gehört zur slawischen Sprachfamilie, das Alphabet ist – anders als das Russische – latinisiert. Die Betonung der Wörter liegt in der Regel auf der vorletzten Silbe. Folgende Buchstaben sind nur in der polnischen Sprache anzutreffen und bedürfen einer Erläuterung:

ę – ähnlich dem französischen »f*in*«
ą – ähnlich dem französischen »m*on*«
ł – ähnlich dem englischen »*wh*ere«
ś – ist ein weiches s
ć – ist ein weiches c
ń – nj – ähnlich dem französischen »Champa*gn*er«
ó – entspricht u
ź, ż – und rz – ähnlich dem französischen »*j*our«
sz – entspricht sch
cz – entspricht tsch

Alle Vokale werden einzeln ausgesprochen: Buchstabenfolgen wie ie und eu werden nicht zu einem Laut zusammengezogen. Gleiches gilt für Konsonantenkombinationen: so wird z.B. ck nicht zu k verkürzt.

## Allgemeine Begriffe

| | |
|---|---|
| **aleja (Abk. Al.)** | Allee |
| **brama** | Tor |
| **cmentarz** | Friedhof |
| **góra** | Berg |
| **kawiarnia** | Café |
| **kościół** | Kirche |
| **las** | Wald |
| **pałac** | Palast |
| **piwnica** | Keller |
| **plac** | Platz |
| **przedmieście** | Vorort |
| **ratusz** | Rathaus |
| **restauracja** | Restaurant |
| **ruch** | Kiosk |
| **rynek główny** | Hauptplatz |
| **stare miasto** | Altstadt |
| **synagoga** | Synagoge |
| **skała** | Felsen |
| **święty** | Heiliger |
| **ulica (Abk. ul.)** | Straße |
| **zamek** | Schloß |

## Grundvokabular

| | |
|---|---|
| **Guten Tag** | dzień dobry |
| **Guten Abend** | dobry wieczór |
| **Gute Nacht** | dobranoc |
| **Wie geht es Ihnen?** | Jak się Pan (m) / Pani (w) ma? |
| **Wie geht's?** | Jak się masz? |
| **Auf Wiedersehen** | do widzenia |
| **hallo / tschüß** | cześć |
| **danke** | dziękuję |
| **bitte** | proszę |
| **bitte sehr** | proszę bardzo |
| **Entschuldigung** | przepraszam |
| **ja** | tak |
| **nein** | nie |
| **warum?** | dlaczego? |
| **Ich spreche kein Polnisch!** | Nie mówię po polsku! |

| | | | |
|---|---|---|---|
| Ich verstehe nicht! | Nie rozumiem! | Um wieviel Uhr? | O której godzinie? |
| Ich weiß nicht! | Nie wiem! | Wie lange? | Jak długo? |
| Bitte langsam! | Proszę powoli! | Wie spät ist es? | Która jest godzina? |

| | |
|---|---|
| Wieviel kostet das? | Ile to kosztuje? |
| Die Rechnung bitte! | Poprosze o rachunek! |
| Das ist zu teuer! | To za drogo! |
| billig | tanio |
| | |
| klein | mały |
| groß | duży |
| wenig | mało |
| viel | dużo |
| gut | dobry |
| schlecht | niedobry / zły |
| | |
| besetzt | zajęty |
| frei | wolny |
| geöffnet | czynne / otwarty |
| geschlossen | nieczynny / zamknięty |

## Ortsangaben

| | |
|---|---|
| Wo ist...? | Gdzie jest...? |
| Haus | dom |
| hier | tu / tutaj |
| dort | tam |
| links | na lewo |
| rechts | na prawo |
| geradeaus | po prostu |
| gegenüber | na przeciw |
| nahe | blisko |
| weit | daleko |

## Zeitangaben

| | |
|---|---|
| Wann? | Kiedy? |
| morgens | rano |
| nachmittags | po połodniu |
| abends | wieczorem |
| jetzt | teraz |
| später | później |
| heute | dziśaj |
| gestern | wczoraj |
| morgen | jutro |
| Tag | dzień |
| Nacht | noc |
| Woche | tydzień |
| Montag | poniedziałek |
| Dienstag | wtorek |
| Mittwoch | środa |
| Donnerstag | czwartek |
| Freitag | piątek |
| Samstag | sobota |
| Sonntag | niedziela |
| Feiertag | święto |
| Monat | miesiąc |
| Januar | styczeń |
| Februar | luty |
| März | marzec |
| April | kwiecień |
| Mai | maj |
| Juni | czerwiec |
| Juli | lipiec |
| August | sierpień |
| September | wrzesień |
| Oktober | październik |
| November | listopad |
| Dezember | grudzień |

# Zahlen

| | |
|---|---|
| 0 | zero |
| 1 | jeden |
| 2 | dwa |
| 3 | trzy |
| 4 | cztery |
| 5 | pięć |
| 6 | sześć |
| 7 | siedem |
| 8 | osiem |
| 9 | dziewięć |
| 10 | dziesięć |
| 11 | jedenaście |
| 12 | dwanaście |
| 13 | trzynaście |
| 14 | czternaście |
| 15 | piętnaście |
| 16 | szesnaście |
| 17 | siedemnaście |
| 18 | osiemnaście |
| 19 | dziewiętnaście |
| 20 | dwadzieścia |
| 30 | trzydzieści |
| 40 | czterdzieści |
| 50 | pięćdziesiąt |
| 60 | sześćdziesiąt |
| 70 | siedemdziesiąt |
| 80 | osiemdziesiąt |
| 90 | dziewięćdziesiąt |
| 100 | sto |
| 101 | sto jeden |
| 1000 | tysiąc |

# Verkehrsmittel

| | |
|---|---|
| Abfahrt | odjazd |
| Ankunft | przyjazd |
| Flughafen | lotnisko |
| Bahnhof | dworzec |
| Zug | pociąg |
| Gleis | peron |
| Bushaltestelle | przystanek autobusowy |
| Bus | bus |
| Straßenbahn | tramwaj |
| Taxi | taksówka |
| Fahrkarte | bilet |
| Fahrkartenschalter | kasa biletowa |
| Hinfahrt | bilet w jedną stronę |
| Rückfahrt | bilet powrotny |
| Umsteigen | przesiadać się |
| Sitzplatzreservierung | miejscówka |
| für (Nicht)raucher | dla (nie)palących |
| Wie lange dauert die Fahrt? | Ile czasu trwa podroz? |
| Tankstelle | stacja benzynowa |
| Benzin | benzyna |
| Öl | olej |
| Wasser | woda |
| Umleitung | objazd |
| Durchfahrt verboten | przejazd wzbroniony |
| bewachter Parkplatz | parking streżony |
| Panne | awaria |
| Unfall | wypadek |

# Unterkunft

| | |
|---|---|
| Hotel | hotel |
| preiswertes Hotel | dom wycieczkowy |
| Jugendherberge | schronisko młodziezowe |
| Privatunterkunft | kwatera prywatna |
| Unterkunft | noclegi |
| Zimmer | pokój |
| Einzelzimmer | pokój jednoosobowy |
| Doppelzimmer | pokój dwuosobowy |
| Haben Sie ein Zimmer frei? | Czy Pan (m) / Pani (w) ma pokój? |

| | |
|---|---|
| Ich möchte ein Zimmer... | Chciałbym (m) / chciałabym (w) pokój |
| – mit Bad | z łazienką |
| – mit Dusche | z prysznicem |
| – mit Balkon | z balkonem |
| – für einen Tag | na jeden dzień / doba (24 Stunden) |
| – für eine Woche | na jeden tydzień |
| Ist das Zimmer ruhig? | Czy to cichy pokój? |
| Kann ich das Zimmer sehen? | Czy mogę zobaczyć pokój? |

## Essen und Trinken

| | |
|---|---|
| jadłospis | Speisekarte |
| śniadanie | Frühstück |
| obiad | Mittagessen |
| kolacja | Abendessen |
| napoje | Getränke |
| | |
| napoje bezalkoholowe | alkoholfreie Getränke |
| herbata | Tee |
| herbata z cytryną | Tee mit Zitrone |
| kawa | Kaffee |
| kawa z mleczkiem | Kaffee mit Milch |
| kawa z bitą śmietaną | Kaffee mit Sahne |
| kawa mrożona | Eiskaffee |
| mleko kwaśne | saure Milch |
| sok pomarańczowy | Orangensaft |
| woda mineralna | Mineralwasser |
| | |
| napoje alkoholowe | alkoholische Getränke |
| piwo | Bier |
| wino białe/czerwone | Weißwein / Rotwein |
| wódka | Wodka |
| zupy | Suppen |
| barszcz | Rote-Rüben-Suppe |
| barszcz z krokotkiem | Rote-Rüben-Suppe mit Fleischkrokette |
| barszcz z uszkami | Rote-Rüben-Suppe mit kleinen Teigtaschen |
| chłodnik | kalte Gemüsesuppe mit saurer Sahne |
| zupa pomidorowa | Tomatensuppe |
| żurek | Saure-Sahne-Suppe, oft mit Ei |
| | |
| dania mięsne | Fleischgerichte |
| befsztyk | Beefsteak |
| bigos | deftiges Sauerkraut mit Fleisch |
| cielęcina | Kalbsfleisch |
| gołąbki | mit Fleisch gefüllte Krautrouladen |
| kaczka pieczona | gebratene Ente |
| kiełbasa | Wurst |
| kotlet szabowy | Schweineschnitzel |
| królik | Kaninchen |
| kurczak | Hähnchen |
| sznycel | Schnitzel |
| | |
| dania bezmięsne | fleischlose Gerichte |
| jajecznica | Rührei |
| naleśniki z serem | Pfannekuchen mit Quark |
| pierogi | Teigtaschen |
| placki ziemniaczane | Kartoffelpuffer |

| | |
|---|---|
| **surówki & dodatki** | Salate & Beilagen |
| **grzyby** | Pilze |
| **knedle** | Knödel |
| **mizeria** | Gurkensalat mit saurer Sahne |
| **ryż** | Reis |
| **sałata zielona** | grüner Salat |
| **surówka z marchewki** | Karottensalat |
| **surówka z pomidorów** | Tomatensalat |
| **ziemniaki** | Kartoffeln |
| **dania rybne** | Fischgerichte |
| **karp** | Karpfen |
| **pstrąg** | Forelle |
| **śledź w oleju** | Hering in Öl |
| **desery** | Nachtisch |
| **ciastko** | Kuchen |
| **galaretka** | Götterspeise |
| **kompot** | Kompott |
| **lody** | Eis |
| **makowiec** | Mohnkuchen |
| **śmietana** | Sahne |
| **tort** | Torte |

## Post / Telefon

| | |
|---|---|
| **Post** | poczta |
| **Brief** | list |
| **Postkarte** | pocztówka |
| **Briefmarken** | znaczki |
| **Telefon** | telefon |
| **Ich möchte nach Deutschland telefonieren!** | Chciałbym (m) / chciałabym (w) zadzwonić do Niemec! |
| **Wo kann ich telefonieren?** | Skąd mogę zatelefonować? |
| **Telefonnummer** | numer telefonu |
| **Vorwahlnummer** | numer kierunkowy |
| **Falsch verbunden!** | Złe połączone! |

## Arztbesuch

| | |
|---|---|
| **Arzt** | lekarz |
| **Zahnarzt** | dentysta |
| **Krankenhaus** | szpital |
| **Apotheke** | apteka |
| **ich habe...** | mam... |
| **– Bauchschmerzen** | ból brzucha |
| **– Kopfschmerzen** | ból głowy |
| **– Fieber** | temperatura |
| **– Erkältung** | przeziebienie |
| **– Zahnschmerzen** | ból zęba |

## Notfälle

| | |
|---|---|
| **Botschaft** | ambasada |
| **Polizei** | policja |
| **Krankenwagen** | karetka pogotowia |
| **Feuerwehr** | straż pożarna |
| **Hilfe!** | Pomocy! Ratunku! |
| **Ich bin bestohlen worden!** | Zostałem okradziony (m) / okradziona (w)! |

## Glossar deutsch-polnischer Ortsnamen

| | |
|---|---|
| **Auschwitz** | Oświęcim |
| **Birkenau** | Brzezinka |
| **Heller Berg** | Jasna Góra |
| **Hohe Tatra** | Tatra Wysokie |
| **Kattowitz** | Katowice |
| **Krakau** | Kraków |
| **Tannenberg** | Grunwald |
| **Tschenstochau** | Częstochowa |

# Literaturverzeichnis

Boy-Żeleński, Tadeusz. Erinnerungen an das Labyrinth. Krakau um die Jahrhundertwende. Skizzen & Feuilletons. Leipzig und Weimar 1979.

Dekada Literacka. Sondernummern Jg. 2 (1992) und Jg. 3 (1993).

Dedecius, Karl. Zur Literatur und Kultur Polens. 2. Aufl., Frankfurt 1990.

Dedecius, Karl. Von Polens Poeten. Frankfurt 1988.

Döblin, Alfred. Reise in Polen. Freiburg i.Br. 1990.

Filipowicz, Kornel. Der Kater im nassen Gras. Erzählungen. Aus dem Polnischen übersetzt von Klaus Stämmler. Frankfurt 1987.

Das Junge Polen. Literatur der Jahrhundertwende. Ein Lesebuch von Karl Dedecius. Frankfurt 1982.

Koch, Gerhard R. »Altes Pathos in neuen Tönen.« FAZ, 23. November 1993.

Kruczkowski, Leon. Rebell und Bauer. Roman. Aus dem Polnischen von Karl Dedecius. Frankfurt 1984.

Literatur Polens. 1944-1985. Einzeldarstellungen. Von einem Autorenkollektiv unter Leitung von Andrzej Lam. Berlin, 1990.

Miłosz, Czesław. History of Polish Literature. Berkeley 1983.

Der Monarch und der Dichter. Polnische Märchen und Legenden. Gesammelt von Karl Dedecius. Frankfurt 1983.

Przybyszewski, Stanisław. Von Polens Seele: Ein Versuch. Jena 1917.

Scholze, Dietrich. Zwischen Vergnügen und Schock. Berlin 1989.

Stuhr, Michael. Der Krakauer Marienaltar von Veit Stoß. Leipzig 1992.

Szymborska, Wisława. Salz. Gedichte. Übertragen und herausgegeben von Karl Dedecius. Frankfurt 1973.

Szymborska, Wisława. Vokabeln. Gedichte. Herausgegeben und nachgedichtet von Jutta Janke. Berlin 1979.

Auschwitz: Zeugnisse und Berichte. Hg. H.G. Adler, Hermann Langbein, Ella Lingens-Reiner. Frankfurt 1988.

Baumann, Zygmunt. »Auf der Suche nach der postkommunistischen Gesellschaft – das Beispiel Polen.« Soziale Welt 2 (1993), S. 157ff.

Bernstein, Carl. »The Holy Alliance.« Time, 24. Februar 1992.

Borkin, Joseph. Die unheilige Allianz der IG Farben. Frankfurt/New York 1979.

Brandys, Kazimierz. »Der Papst in Polen.« Merian: Polen. Hamburg 1979. S. 79-82.

Cracow: The Dialogue of Traditions. Hg. Zbigniew Baran. Cracow 1991.

Dalos, György. Proletarier aller Länder, entschuldigt mich! Das Ende des Ostblockwitzes. Bremen 1993.

Hirsche, Bruno Hans. Erlebtes Generalgouvernement. Krakau 1941.

Matz, Reinhard. Die unsichtbaren Lager: Das Verschwinden der Vergangenheit im Gedenken. Reinbek 1993.

Mechtenberg, Theo. »Armer Christ sieht das Ghetto.« Dialog, 2 (1993), S. 40f.

Meyer, Enno. Grundzüge der Geschichte Polens. 3. Aufl., Darmstadt 1990.

Schlüter, Veronika. »Wer Geld hat, ist verdächtig.« FAZ, 23. September 1993.
Skorupski, Jan Stanisław. ... um die Polen zu verstehen. Berlin 1991.
Sofsky, Wolfgang. Die Ordnung des Terrors: das Konzentrationslager. Frankfurt 1993.
Wiehn, Erhard R. Kaddisch. Darmstadt 1984.

## Danksagung

Für ihre freundliche Unterstützung danken wir dem Direktor der Graphik-Triennale Prof. Witold Skulicz, Ilona Molicka vom Krakauer Kantorarchiv, Elżbieta Wrzesińska vom Alten Theater und der Leiterin der Touristeninformation KOIT Elżbieta Wojtowicz. Mit Erlaubnis von Tadeusz Bednarski verwenden wir Photographien aus dem Pressearchiv des »Dziennik Polski«. Unserer besonderer Dank gilt Adam Wierzba sowie Gertrud und Gert Dobmaier – vor allem aber Cyryl Gawin.

## Die Autoren

**Izabella Gawin** (geb. 1964) verbrachte ihre ersten acht Lebensjahre in Polen, ihr Vater lebt dort noch heute. Sie studierte Kunstgeschichte und Germanistik an den Universitäten Bonn und Bremen. 1994 promovierte sie über ein Thema der Kulturwissenschaften: Insula Fortunata. Vom Nutzen einer Atlantikinsel. Gran Canaria vom Spätmittelalter bis zur Gegenwart, Ed. Temmen 1995.)

**Dieter Schulze** (geb. 1946) studierte Slavistik, Anglistik und Sozialwissenschaften, 1981 promovierte er mit einer Studie über das moderne Theater. Krakau zählt für ihn neben Oxford, Dubrovnik und Venedig zu jenen Städten, die er am liebsten bereist. Sein nächstes Buchprojekt: eine Studie zu Galizien und den ethnischen Minderheiten im Südosten Polens.

# Index

## A

Adalbertkirche ........................................ 47
Akademie für Bildende Künste ........94, 123
Allerheiligenplatz .................................... 62
Alte Galerie ........................................... 167
Alte Synagoge ................................. 96, 101
Alter Jüdischer Friedhof ...................... 104
Altes Theater ................................... 83, 162
Andreaskirche ........................................ 64
Annakirche ...................................... 20, 82
Anreise ................................................. 197
Antisemitismus ........ 20, 32, 34, 97, 98, 108
Apostel-Peter-Kirche ........................... 135
Apotheken ............................................ 202
Archäologisches Museum .......... 32, 76, 154
August II. ............................................... 22
August III. ......................................... 22, 23
Auschwitz ..................................... 191, 203
   Staatl. Museum Auschwitz-Birkenau 194
Autovermietung ................................... 200

## B

Bagatela-Theater ................................... 164
Ballett ................................................... 170
Banken ................................................. 201
Barbakane ........................................ 59, 88
Barbarakirche ......................................... 58
Bars ...................................................... 174
Bernhardinerkirche ................................ 92
Bernsteinstraße ....................................... 10
Berrecci, Bartolomeo ................ 17, 68, 109
Bielany ................................................... 74
Birkenau ....................................... 191, 192
Bischofspalast ................................... 74, 78
Bolesław I. ............................................. 11
Bolesław II. ........................................... 111
Bolesław III. ........................................... 11
Boner, Johann ........................................ 50
Błonia-Wiese .............................114, 135, 176
Bootsverleih ......................................... 175
Botanischer Garten ................... 80, 90, 176
Botschaften .......................................... 201
Bronowice ............................................ 152
Bückleina-Theater ................................ 164
Buonaccorsi, Filippo ......................... 17, 63
Busbahnhof .......................................... 198
Busgesellschaft PKS ............................. 198

## C

Café Ariel ............................... 101, 102, 143
Café Jama Michalika ...................... 60, 172
Cafés ..................................................... 146
Campingplätze ..................................... 139
Casino .................................................. 174
Collegium Kołłątaj ................................. 82
Conrad, Joseph ................................ 77, 125
Cricoteka ....................................... 130, 151
Czartoryski-Kapelle ............................... 72

## D

Dedecius, Karl ...................................... 161
Deutscher Orden ............... 11, 14, 16, 18, 94
Discos ................................................... 174
Döblin, Alfred ................................... 56, 77
Dominik-Rostworowski-Galerie ........... 156
Dominikanerkirche ................................ 62
Dominikanerkloster ............................... 90
Długosz, Jan ..................... 75, 78, 111, 112
Drachenhöhle .................................. 74, 151
Dürer, Hans ............................................ 70

## E

Einkaufsläden ...................................... 177
Ethnologisches Museum ............... 110, 155
Europa-Akademie ......................... 115, 161

## F

Fahrradverleih ..................................... 200
Feiertage .............................................. 178
Festivals ............................................... 178
Floriansgasse ......................................... 60
Florianskirche ........................... 60, 94, 134
Florianstor ....................................... 60, 88
Fluggesellschaft LOT .......................... 197
Flughafen ............................................. 198
Folklore ............................................... 172
Folklorefestival .................................... 176
Fontana, Baldassare ............... 20, 53, 54, 82
Frank, Hans ................... 33, 34, 65, 100, 120
Franz Joseph I. ....................................... 27
Franziskanerkirche ................................ 77
Fronleichnamskirche ....................... 96, 109

## G

Galerie moderner Kunst BWA ........ 84, 157
Galerien ............................................... 155
Generalgouvernement .................... 33, 153

Gereon-Kapelle .................................... 72
Goethe, Johann Wolfgang von .......... 53, 59
Goethe-Institut ............................... 52, 159
Graphik-Triennale ....................... 157, 180
Grenzübergänge ................................ 197
Groteska-Theater .............................. 164
Grunwald, Schlacht bei ............. 16, 94, 122
Grunwald-Denkmal ...................... 93, 94
Grunwaldbrücke ................................ 112
Gubałówka ...................................... 195

# H

Hauptbahnhof ................................... 198
Hebda-Palais .................................... 76
Heiligkreuzkirche ................................ 89
Henryk IV. ........................................ 12
Hetman-Passage ................................ 50
Historisches Museum .................... 48, 53
Hitler-Stalin-Pakt ............................... 33
Hl. Stanisław, Schutzpatron ........... 70, 111
Hohe Synagoge ................................ 108
Hohe Tatra .......................... 112, 176, 195

# I

Institut Français ................................ 160
Internationales Kulturzentrum .............. 52
Isserle, Moses ............................ 104, 105
Istituto Italiano di Cultura .................... 160

# J

Jadwiga, Königin von Polen
 ............................ 16, 68, 86, 93, 113
Jagiellonen-Universität ........................ 81
 Collegium Iuridicum ..................... 63
 Collegium Maius .................... 78, 81
 Collegium Minus .......................... 82
 Collegium Novum ......................... 82
 Collegium Physicum ..................... 80
 Universitätsgründung ......... 14, 17, 78
Jan-Fejkiel-Galerie ....................... 61, 156
Jan-Matejko-Haus ............................ 149
Japanisches Kulturzentrum ................ 160
Jasna Góra ...................................... 189
 Kloster ..................................... 188
Jazzkonzerte .................................... 170
Jesuitenkolleg .................................. 58
Johann III. Sobieski ........................... 21
Johannes Paul II.
 ................ 37, 38, 78, 116, 133, 136, 190
Jordan-Palais ............................. 101, 104

Jordan-Park ..................................... 176
Joseph II. ........................................ 25
Juden
 Ghetto Podgórze ..................... 34, 100
 Judenverfolgung ........................... 97
 Judenvernichtung ...... 34, 100, 106, 192
 Jüdische Kultur .......... 97, 100, 101, 102
 Jüdisches Viertel .......................... 96
 Krakauer Ghetto .................. 97, 98, 106
Jüdisches Festival ............................. 179
Jüdisches Kulturzentrum .................... 160
Jugendherbergen ............................. 138
Juliusz-Słowacki-Theater ..................... 88
Junges Polen ........................ 27, 76, 124

# K

Kabarett ......................................... 172
Kalwaria Zebrzydowska ............... 134, 178
Kamaldulenser-Kloster ...................... 114
Kanonicza-Gasse ......................... 68, 74
Kantor, Tadeusz ........ 37, 76, 94, 116, 129
Karmeliterinnenkirche ......................... 90
Karmeliterkirche .............................. 113
Kasimir I. ........................................ 11
Kasimir III. ................................. 14, 96
Kasprowy Wierch ............................. 196
Katharinenkirche ............................. 110
Kazimierz ........ 14, 16, 78, 96, 97, 107, 110
Kellerkneipen .................................. 174
Kinderkabarett Drops ........................ 176
Kleparz ..................................... 14, 93
Klima ............................................ 204
Kloster der Norbertanerinnen .............. 113
Kościuszko, Tadeusz
 .................. 25, 44, 54, 68, 102, 112, 121
Kościuszko-Hügel ........................ 25, 112
Kochanowski, Jan ....................... 17, 120
Königstrakt ................................. 60, 62
Kopernikus, Nikolaus. 17, 82, 120, 149, 153
Kopernikus-Denkmal ......................... 92
Krak, Fürst ................................. 74, 112
Krak-Hügel ............................ 10, 25, 112
Kruczkowski, Leon ........................... 127
Krzysztofory-Galerie ......................... 156
Krzysztofory-Palais ........... 48, 53, 85, 152
Kulturinformationszentrum ................. 165
Kulturinstitute ................................. 159
Kunstpalast ............................... 84, 157
Kupa-Synagoge ............................... 107
Kurzfilmfestival .................. 117, 133, 165

## L

Lenin, Wladimir Iljitsch ............................ 29
Leonhard-Krypta ....................................... 72
Liberum veto ................................ 20, 21, 24
Litauisches Kulturzentrum ............... 90, 160
Lubomirski-Palais ..................................... 87
Ludwig I. ................................................... 14

## M

Mały Rynek ................................... 58, 59, 90
Marienkirche .................... 16, 54, 56, 57, 58
Markuskirche ............................................ 86
Martinskirche ............................................ 65
Matejko, Jan ................ 27, 94, 122, 148, 191
Matejkoplatz ........................................ 93, 114
Mazowiecki, Tadeusz ................................ 39
Medizinische Versorgung ........................ 201
Mehoffer, Józef .......................................... 77
Meyer, Krzysztof ..................................... 167
Mickiewicz, Adam ................. 27, 46, 72, 92
Mickiewicz-Denkmal .......................... 46, 47
Miłosz, Czesław ...................................... 136
Mieszko I. ................................................. 10
Mieszko II. ................................................ 11
Miniaturbühne ......................................... 164
Mrożek, Sławomir ............................ 37, 133
Museen ..................................................... 147
  Archäologisches Museum ............ 76, 154
  Cricoteka ............................................. 76
  Czartoryski-Palais .............................. 149
  Erzbischöfliches Museum ................. 151
  Ethnologisches Museum ............ 110, 155
  Ghetto-Museum .................................. 153
  Jan-Matejko-Haus ....................... 61, 149
  Kościuszko-Museum .......................... 112
  Museum der Geschichte
    der Fotografie ............................ 50, 152
  Museum der Theatergeschichte
    Krakaus ........................................... 151
  Museum des Alten Theaters ............... 83
  Museum des Jungen Polens ............... 152
  Museum für jüdische Geschichte
    und Kultur ........................................ 102
  Museum polnischer Kunst
    des 19. Jahrhunderts ....................... 148
  Nationalmuseum ................................ 147
  Naturwissenschaftliches Museum .... 155
  Pharmazie-Museum ..................... 61, 154
  Rathausturm ....................................... 153
  Staatliche Kunstsammlung
    im Schloß Wawel ..................... 68, 150
  Stanisław-Wyspiański-Museum ......... 76
  Szołajski-Museum ...................... 84, 147
  Universitäts-Museum ........................ 153
Musikfest ................................................. 180

## N

Nationalmuseum ....................................... 46
Naturwissenschaftliches Museum .......... 155
Neuer Jüdischer Friedhof ........................ 106
Neuer Platz .............................................. 106
Niepolomice ............................................ 203
Niepołomice ............................................ 183
  Jagdschloß .......................................... 183
Nowa Huta ........................... 36, 38, 116, 117
Nowodworski-Lyzeum ............................. 82
Noworolski-Café ....................................... 46
Nowy Targ .............................................. 196

## O

Öffentliche Verkehrsmittel ..................... 202
Ojców ...................................................... 185
  Jama Łokietka-Höhle ........................ 185
  Naturkundliches Museum ................. 185
  Pieskowa Skała .................................. 186
Ojców-Nationalpark ................................ 185
Oper ......................................................... 170
Operette ................................................... 170

## P

Paderewski, Ignacy ................................... 94
Pannenhilfe ............................................. 197
Paulinerkirche ................................. 111, 112
Penderecki, Krzysztof ............. 36, 130, 167
Peter-und-Paul-Kirche .............................. 63
Pharmazie-Museum ................................ 154
Piano-Nobile-Galerie .............................. 156
Piaristenkirche .......................................... 87
Piłsudski, Józef ............................. 30, 32, 72
Piłsudski-Hügel ....................................... 114
Plakatgalerie ........................................... 158
Planty ........................................ 44, 88, 92, 93
Płaszów, Konzentrationslager ................ 100
Pod Baranami .......................................... 173
Pod Baranami-Palais .......................... 48, 52
Polański, Roman ............................... 37, 131
Polnische Küche ..................................... 141
Polnische Vereinigte Arbeiterpartei .... 36, 39

Poniatowski, Józef .................................. 72
Popper-Synagoge .................................. 104
Post ........................................................ 204
Potocki, Ignacy Graf ............................... 52
Potocki, Jan Graf .................................... 52

# R

Rakowicki-Friedhof ................................ 94
Rathaus ................................................... 48
Rathausturm ............................................ 48
Reformiertenkirche ................................. 84
Reiten ................................................... 176
Remuh-Friedhof ............................. 101, 105
Remuh-Synagoge .......................... 101, 104
Restaurants ........................................... 141
Rotunda, Studentenclub ....................... 170
Rundfunk .............................................. 204
Rynek Główny ................................. 44, 48
Rynek Kleparski ..................................... 93

# S

Salwatorkirche ...................................... 112
Salzbergwerke ........................................ 14
Schwarze Madonna ....................... 188, 190
Schwimmbäder ..................................... 175
Sigismund I. ............................... 16, 17, 68
Sigismund II. August ....................... 16, 19
Sigismund III. Wasa ............................... 20
Sigismundkapelle ..................... 17, 72, 109
Sikorski, Władysław .............................. 41
Skałka-Hügel ........................................ 125
Skarga, Piotr .................................. 64, 122
Solidarność .............................. 38, 39, 136
Słowacki, Juliusz ............................ 72, 134
Słowacki-Theater ................................. 163
Souvenirs ............................................. 177
Spielkasino ............................................. 61
Staatliche Philharmonie ....................... 167
Staatsarchiv ............................................ 90
Städtisches Arsenal ................................ 88
Stanisław II. August Poniatowski ........... 24
Starmach-Galerie ................................. 156
Stoß, Veit ...................... 16, 56, 58, 63, 71
Szymanowski, Karol ............................ 195
Szymborska, Wisława .......................... 126

# T

Tataren .................................................... 11
Tatra-Museum ...................................... 196
Taxis ..................................................... 205

Technische Universität ........................... 94
Telefon ................................................. 205
Tempel-Synagoge ................................. 106
Tennis ................................................... 175
Theater ................................................. 162
Theater STU ......................................... 164
Theaterfestivals .................................... 165
Touristeninformation ........................... 200
Tschenstochau ...................... 180, 188, 203
   Himmelfahrtskirche ....................... 190
   Jasna Góra ...................................... 189
   Klostermuseum .............................. 191
   Schwarze Madonna ....................... 188
Tuchhallen ....................... 12, 17, 46, 177
Tyniec ............................................. 74, 184
   Benediktinerabtei ........................... 184

# U

Ukrainisches Kulturzentrum ................. 160
Unfallrettung ........................................ 197
Universitätsbibliothek .......................... 161
Universitätsmuseum ................ 81, 120, 153

# V

Volkskunst ............ 46, 50, 75, 110, 155, 177
Volkskunstmesse .................................. 180
Volkstheater ......................................... 164

# W

Währung ............................................... 201
Wajda, Andrzej ....................... 37, 132, 165
Wandahügel .......................................... 112
Wałęsa, Lech .................................. 135, 189
Waryński, Ludwik .................................. 76
Wasa-Kapelle .......................................... 71
Wassersport .......................................... 175
Wawel ..................................................... 65
Wawelhügel ............................................ 74
Wawelkathedrale ..................... 41, 65, 70, 74
Wawelschloß .......................................... 68
Weichselfahrt ......................................... 74
Weihnachtskrippen ............. 47, 53, 177, 180
Wenzel II. ............................................... 12
Wieliczka .............................. 14, 182, 203
   Salinenmuseum ............................. 182
   Salzbergwerk ................................. 182
Władysław I. .................................... 14, 50
Władysław II. Jagiełło ............... 16, 78, 93
   Denkmal .......................................... 94
Wodzicki-Palais ...................................... 86

Wola Justowska..............................115, 161
Wolnica-Platz......................................... 109
Wolski-Wald......................................92, 114
Wyspiański, Franciszek .......................... 75
Wyspiański, Stanisław .............. 28, 58, 123

# Z

Zakopane...................................... 194, 203
    Tatra-Museum.................................. 194
    Villa Atma......................................... 195

    Villa Koleba ..................................... 194
Zalipie......................................................92
Zanussi, Krzysztof................................. 165
Zderzak-Galerie......................................156
Zeitungen................................................206
Zimmervermittlung ...............................138
Zoll .........................................................206
Zoo................................................ 115, 176
Zwierzyniec............................ 92, 112, 113

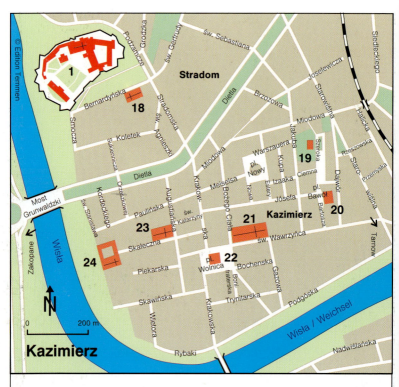

1 Wawel
   (in der Karte: Kathedrale; Schloß)
2 Tuchhallen
3 Rathausturm
4 Adalbertkirche
5 Marienkirche
6 Heiligkreuzkirche
7 Slowacki-Theater
8 Florianstor
9 Czartoryski-Palais
10 Barbakane
11 Markuskirche
12 Altes Theater
13 Annakirche
14 Collegium Maius
15 Franziskanerkirche
16 Dominikanerkirche
17 Peter-und-Paul-Kirche
18 Bernhardinerkirche
19 Remuh-Synagoge
20 Alte Synagoge
21 Fronleichnamskirche
22 Altes Rathaus
   (Ethnographisches Museum)
23 Katharinenkirche
24 Paulinerkirche